现代政治经济学

前·沿·译·丛

Economics of Income Redistribution

(Second Edition)

收入再分配的经济学（第二版）

Gordon Tullock

[美] 戈登·图洛克——著

范飞 刘琨——译　陆铭——校

上海人民出版社

再版前言

12年前，我写了一本关于收入再分配的书。我自认为它与那时的实际情况还是相当符合的。而在第二次印刷并售出了很多之后，出版商建议我重新出一本修订本。当时我觉得没有这个必要，因为世界并没有发生什么大的改变。

几年又过去了。与12年前相比，当今世界在许多方面都已经发生了根本性的变化。在全世界，养老金体系和医疗制度都处在一种危机状态。更为重要的是，一种新的政治动向似乎正在形成当中。它偏离了我在写本书第一版时多少算是正统的那种收入再分配方式。当然，这本书的第一版没能预测到未来的这些变化，没有提出一种新的体制，也没有反对这些主张。所以，有些论题虽然在当时是切合实际的，但是却不适合当前的状况了。

本书所做的任何改变都是为了能够更加符合当前的实际。各种描述性或者是分析性文字发生的变化并非出于我的某种政治目的，而是由于我相信一个经济学家的职责就是分析事实并给出相应的建议。这样，选民(或者某些时候是独裁者)就可以采取行动以尽可能地达到他们自己的目的。

跟许多南美国家一样，墨西哥的养老金系统正处在严重的危机中。当我访问墨西哥时，一些经济学家跟我讨论应该如何应对这场危机。我的回答是，要么增税，要么减少养老金的支付。这显然不是他们愿意听到的答案。无论如何，我坚持我的回答。它是一个由分析得来的正确答案。

本书与第一版有着相似的框架结构。首先讨论我们现有的收入再分配体系，然后给出经济学的分析。一般来说，我不会给出消除这些方案的灵丹妙药。因为经济学家扮演的角色就是使得选择变得更加明确，并为人们提供信息，帮助他们根据自身的需要来做出选择。而我自己偏好哪个福利状态则是无关紧要的。

在本书第一版中，我曾试图区分各种偏好。对此理查德·马斯格雷夫(Richard Musgrave)批评我"作了些毫不相干的对比"，不应该把第三世界的贫困现象与美国这类国家里的贫困现象相比较。

我的意思其实很简单：一项计划声称说要消除贫困，但是却又只给第三世界国家很少的钱，那么这显然是相互矛盾的。如果愿意，我们当然可以完全忽略第三世界的穷人，但是如果真这样，那么我们就不应当说自己是多么热切地期望付出巨大的努力去帮助穷人中最最贫困的人。

敲响收入再分配的警钟

——图洛克《收入再分配的经济学》中译本序

陆 铭*

有两种关于收入分配的无知：一种是，认为收入差距是很正常的事，不需要特别在意；另一种是，认为出于良好愿望的收入再分配政策总是有益的。在中国，当前一类无知逐渐被抛弃的时候，对后一种无知保持清醒的认识尤其重要。这时，图洛克教授的《收入再分配的经济学》中译本出版，可谓及时。

人类社会天然就是不平等的，而不平等的最为集中的体现就是收入不平等。在当今世界，面对收入不平等的扩大趋势，经济学家、社会学家和政府官员们纷纷给出各种解释和政策，而关于这些解释和政策的争论从来没有停止过。不同的人拥有不同的教育水平、不同的能力和责任不同的工作岗位，收入自然不同。当收入不平等是由这些因素导致的时候，通常不会引起人们强烈的反感，因为贫富差距的形成过程本身似乎是“公正”的。但是，另一类形成收入不平等的原因却特别容易引起人们的不满，比如说，有些人通过他的社会关系获得了别人得不到的资源，或者有人拥有某种政治特权，或者有些人处在垄断部门……

* 作者为复旦大学经济学院教授，复旦大学就业与社会保障研究中心和中国经济研究中心研究员。

总之，如果说收入不平等主要来源于市场竞争，那么，这类收入不平等就是比较接近于公正的。而如果不平等更多地来源于市场的不完全竞争，那么，不平等就在很大程度上意味着不公正。当然，公正和不公正之间并不总是泾渭分明的，如果一个人受到了良好的教育，从而收入更高，看上去是合理的；但是，如果良好的教育是因为他父亲花钱贿赂了教育部门的官员，或者是因为他比一般人更能利用社会关系和政治权力，那么，更高的收入当中，就有一部分仍然会被人质疑其公正性。一个社会的资源配置过程如果出现知识精英、经济精英和政治精英的结合，那么，市场经济和收入分配的公正性就非常值得怀疑了。

收入不平等是一个全球性的趋势，自从20世纪70年代以来，收入差距的扩大与技术进步有非常密切的关系。以计算机为核心的科技革命使得人类社会出现了技能偏向的技术进步(skill－biased technology change)，其结果是，在制造业里的大量常规岗位被数字化的机器所替代。随之而来的是工作岗位的两极分化，普通劳动者从传统的制造业中被排挤出来，他们如果不能成为电脑替代不了的大学教授、医生和金融家，就只能进入酒店、办公室和家庭，提供熟练的服务。新技术革命方兴未艾，全球化的浪潮又使得国家间的竞争趋于白热化。全球化带来了资本和商品的更为自由的流动，劳动力虽然难以流动，但当来自发展中国家的廉价商品卖到发达国家的时候，发达国家的劳动密集型企业只得关门。与此同时，全球化真正使得资本的幽灵在世界的上空游荡，在资本家拿着巨款从一个国家到另一个国家，从一个城市到另一个城市的时候，缺乏资本的发展中国家为了增加就业，半推半就地打开了国门。在全世界无产者还没有联合起来的时候，如果偏离本国劳动力所能创造的价值，而过多地为劳动者争取利益，善良的愿望就会筑就通往地狱之门。在新技术革命和全球化浪潮的双重推动下，劳动者弱势的局面得以形成，劳动占国民收入的比重出现下降趋势。

中国在1978年明白了自己所处的时代。尽管30年前还没有“知识经济”和“全球化”这样的词汇，但“知识经济”和“全球化”的时代已经到来，中国不得不放弃关起门来图发展的旧梦，主动将自己融入了国际分工体系。在这一过程中，发生了两个影响全球的事件：中国有几亿的农民进了城，其中一部分至今仍然在农村和城市之间流动；同时，市场机制取代行政力量，成为决定中国人收入水平的主导力量，也使中国劳动力低价优质的比较优势得以凸显。在这个过程中，中国的收入差距也在逐渐地扩大。在发展至上的政策导向下，大量的经济资源向城市集中，而城乡分割的经济政策却使得大量的农村劳动力未能充分地分享经济增长的成果，城乡差距持续扩大。在全球化的大背景下，生产要素和经济活动都向更接近国际市场的东部沿海地区集聚，地区间差距持续扩大。在人与人之间，教育的回报终于摆脱了计划体制的束缚，企业的管理者得到了更多的物质激励，民营经济的发展为人们提供了更多的施展才能的机会……人际间的收入差距也持续扩大。整个80年代，收入差距扩大的同时，各种背景的人们都纷纷抓住市场的机遇，不同收入阶层之间的收入流动性也非常高，人们对未来充满了希望。

然而，随着收入差距逐渐扩大，人们日益感觉到，除了国际上的知识经济和全球化两大趋势，以及中国自身的市场化趋势之外，一些“不公正”的力量正在悄悄地嵌入中国的市场经济体制。社会关系似乎越来越重要，行政权力配置资源的现象广泛存在，如果私人领域的社会关系和公共领域的行政权力结合在一起，腐败便得以孳生。与此同时，20世纪90年代中期以来，中国的城镇劳动力市场改革大踏步前进。一方面，传统的国有和集体部门有大量的劳动力被推向劳动力市场，另一方面，大量的农民工进城务工，进入劳动密集型的制造业和服务业，而这一切又都是在劳动保障欠缺的背景下进行的。劳动力市场竞争加剧对发挥中国劳动力低价优质的比较优势功不可没，但是，这场竞争却基本上没有对国有垄断部门产生影响。我们的研究显示，中国的行业间收入差距在90年代中期之后呈快速上升趋势，而且在形成总体收入差距的过程中显得越来越重要。在今天的中国，要提高收入，就需要有高教育，要有关系。知识精英、经济精英和政治精英相结合的现象正在出现，其结果必然是——社会的收入流动性下降！

很多人认为，中国的收入差距扩大是必然的，这话对了一大半。由于中国的改革起点是一个教育回报受到抑制的计划经济，再加上渐进式的改革过程保持了社会中原有的权力结构，这样的市场化进程的确难以避免收入差距的扩大。然而，这并不意味着收入差距的扩大是一个不需要政策关注的问题。政府是一个提供公共品的机构，而人类社会一直需要这样一个公共品，那就是“平等”。人类对于平等的需要既是因为人有将“公正”作为基本价值的需要，也是因为不平等对于社会经济发展的负面影响非常之大。经济学家们的研究（包括我们自己的研究）发现，收入差距对于经济增长、贫困治理、促进健康、增进信任、改善环境等均有负面的影响，从这一意义上来说，追求适度的收入均等并不只是为了“公正”本身，也是为了社会和经济的持续发展。恰恰是因为收入的适度均等有利于持续发展这样一个公众目标，使得“平等”本身成了社会需要的公共品，而它却是只能由政府来提供的公共品。有了这些认识，经济学家就可以告诉人们，收入的适度均等化不应该只是一个良好的愿望，特别是当不同的人对于什么是“公正”不能达成一致时，出于可持续发展的目标而追求适度的收入均等应该成为社会的共识。

经过30年市场化导向的经济改革，在当代中国，收入差距的持续扩大还导致了经济发展的内外“双重失衡”。从内部来看，收入的不均等抑制了国内需求的增长，因此，中国的高速经济增长（特别是在1994年之后）更多是由投资和出口这两驾马车拉动的。在国内，由于消费需求增长缓慢，于是，政府为了经济增长，常常采取加大政府投资的手段，但这在宏观上造成了供给相对需求的过快增长，又使得90年代中期以后，中国基本上没有出现通货膨胀的压力，相反，却出现了产能过剩和通货紧缩的现象。而企业层面则过于依赖低廉的劳动力价格，缺乏通过创新提升竞争力的动力，中国的经济增长陷入了过于依赖低成本的困境。从外部来看，中国的宏观经济已经走入了左右为难的困境。

2005年以来，中国对外贸易顺差和外汇储备迅速扩大，给人民币带来了巨大的升值压力，也加重了流动性过剩的问题，宏观风险日渐积累。从根本上来说，中国的宏观困局源于经济中的结构性失衡，由外汇储备高企引发的一系列宏观失衡问题除了与人民币币值低估有关外，也与中国的劳动力成本、环境成本和资源产品价格过低有关。从劳动力成本来看，中国在2004年前的10多年时间里，民工工资几乎没有上升过，这与民工市场竞争激烈、社会保障缺乏有关。而1996年之后，城市部门劳动力市场改革加速，又对劳动成本产生了向下的压力。这些条件使得中国迅速成为新的全球性的制造业大国，出口和外汇储备猛增。于是，中国经济的"内部失衡"又进一步地引发了"外部失衡"。

适度地缩小收入差距成为当代中国经济走出困境的关键所在。作为一个经济学者，我反对任何认为收入不均等无需成为政策目标的无知，我更反对认为经济学家只关心效率，不关心不平等问题的误解。然而，正当我们把适度的收入均等作为一个目标交给政府的时候，我们却可能面临着一种新的悖论，甚至是危险，那就是，政府有可能在收入均等的政治口号下，为特权的存在提供借口，最后，政府的政策是扩大了差距，还是缩小了差距，成为一个未知数。正当经济学家们努力揭示出收入过度不均等所可能导致的社会经济后果，以促成合理控制收入差距的社会共识的时候，图洛克教授在《收入再分配的经济学》一书中对政府再分配政策的怀疑不失为振聋发聩的一记警钟。

图洛克教授的一个基本担心是收入再分配可能过度。他试图说明，在一个投票机制下，贪婪(想有更多收入)和有忌妒心(希望某些其他人收入更低)的人可以迫使那些贪婪并且慈善(希望某些其他人收入更高)的人们支付更多的收入转移支付。相比之下，如果慈善的人可以做出个人选择的话，他们将支付得更少些。这种担心从精神上继承了公共选择学派对于政治过程是否可能实现社会最优的怀疑。图洛克还认为，政策制定者(包括经济学家)有时可能会成为好事者，会怀疑人们判断自己的效用的能力，从而为包括再分配政策在内的政府政策提供一个理由。不巧的是，有时，我也认为，人的短视行为，或者人对于社群内部其他人的行为的模仿，都可能使个人的选择偏离社会最优的状态。政策的干预在理论上是有可能改善社会的福利状态的，但是在现实中，政府是否能够做到就是另外一回事了。

在我看来，与阐述这本书在中国出版的背景和意义相比，任何对于此书内容的过多的解释都可能是不明智的。在这本书里，图洛克教授肯定没有形成有关收入分配政策的完整的看法，但是，在时下中国政府雄心勃勃地要采取收入再分配政策的时候，对于像我一样对收入平等怀有期许的人来说，如图洛克教授那般对政策的形成机制及其有效性保持些许的怀疑，恐怕是非常必要的。我们必须意识到，并不是所有的经济和社会问题都可以通过实施某个新的政策得以解决，否则，可能使社会陷于问题越来越多和政府管得也越来越多的恶性循环。

戈登·图洛克是国际上最为重要的公共选择经济学家。他出生于1922年，在2001年的一份长达57页的简历里，我们可以在第一页读到，他未婚，曾经在1949—1952年期间分别在耶鲁和康奈尔大学学习中文，他最近的一个教授职位是在乔治·梅森大学的法和经济学研究中心。之后的一页是他的荣誉和职业经历，再之后，是他的著述目录，长达55页。他最为重要的合作者是诺贝尔经济学奖得主布坎南，他们共同将经济学的理性选择分析引入了政治行为和政治决策的研究。

图洛克教授的同事，乔治·梅森大学公共选择研究中心的罗杰·D. 康格尔顿(Roger D. Congleton)在一篇总结图洛克在政治经济学领域的成就的文章中说："公正地说，很少有公共选择学者能够像戈登·图洛克那样对于公共选择研究的许多领域贡献得如此之多，并且如此深入。图洛克教授的工作不仅考虑了在良好的法律秩序内部的政治和契约关系，而且涉及了寻租社会内部、企业内部、法庭上、交战中的社群内部、酝酿革命的行为当中以及产生于无政府状态或陷入无政府状态的行为等等那些不寻常的政治行为。他的成果是非同寻常的完整的政治经济学，包括了国家起源理论、官僚主义、独裁、民主和法庭内部，以及科学本身内部的决策行为。同样可以公正地说，戈登·图洛克教授使用了相对简单的工具来分析这些深远的课题……使得图洛克的工作区别于其他使用理性选择方法的社会科学家的是，尽管他使用了简化的工具，但他的工作在本质上却倾向于反对简化主义，而不是简化主义。许多图洛克的工作都使用简化的模型去证明了，与之前人们所认为的状况相比，世界显得更为复杂……在图洛克的脑海里，决定一项特定研究的价值的是思想和分析的原创性，而不是用来传递思想的文字和数学模型的质量。”

在今天的中国，学术研究一方面有成为象牙塔里的自娱自乐的倾向，一方面又有沦为快餐化的政策咨询和形势分析的趋势。工具取代了思想，热闹赶走了冷静。这时，一本并不算太新的著作的中文版得以问世，或许能够帮助我们了解什么是经得起时间考验的学术，而这样的学术的一个重要特点就是，过若干年再读它，仍然觉得它在说当代的事，并且继续在引起新的争论。

2008年6月29日

定稿于上海家中

目　录

第一章　再分配的理由

许多人认为，再分配就是劫富济贫。毫无疑问，这种行为总是在发生，无论是在现代政府，还是在历史上的各个政府中。但是在现代，对穷人的救济只是政府所有转移支付行为中冰山之一角。大多数转移支付不是给了穷人而是那些有良好政治组织的群体。当然，对穷人提供帮助仍是现代社会各国政府的目标之一。“再分配”这个词也包含了这个意思。如果我们把“再分配”扩展到指政府把资金或财富从一个群体转移到另一个群体的所有现象，那么再分配就比普通的对穷人的转移支付含义要广阔多了。

在现代，再分配可能是大多数政府最重要的一项职能了。当然它也是政府的传统职能之一。所有有记载的政府都或多或少担负着收入再分配的功能。实际上，就像后面讨论的那样，政府成立的最初动机极有可能就是为了进行某种再分配。

尽管再分配在政府各项行为中占据着突出的地位，但这个领域的科学研究却少之又少。人们收集了有关收入和财富分配方面的统计数据，并对如何改变分配方式提出了不同的建议。他们也对收入再分配的效率结果进行了研究。然而，无论从数量还是质量上来看，对这个领域的研究都还远远不够。

出现这种状况的原因可能是受一种观念的影响，即再分配本质上属于道德范畴，而不是科学要研究的问题。人们赞成或者反对某种收入再分配方案基本上也是出于道德的考虑。他们认为科学和道德是不能很好地融合在一起的。大多数人还认为科学应该为道德服务，这种观念使得他们不重视建立在收入再分配方案基础之上的科学研究。既然再分配方案是否合乎道德的要求取决于人们用哪种道德标准来衡量，那么人们就有了足够的动机去赞成或者反对某些方案，而不再进一步研究方案本身了。

也许正是这种对道德的重视，使得大多数关于收入和财富再分配的讨论都集中于一点，而这一点只是所有收入和财富再分配中的很少一部分。当然，大部分现代国家为了实现再分配的传统道德目标，确实会在某种程度上帮助穷人。然而，毫无疑问这也仅仅只占政府整个收入再分配方案中的很小的一部分。

在 1993 年的那一财政年度，美国花了很大一笔资金用于官方所谓的转移支付。这笔资金足够向处于社会底层的 10%的人口每人支付大约 40 000 美元，或者是向处于社会底层的 20%的人口每人支付大约 20 000 美元。这意味着属于这两种类型的一个四口之家分别能拿到 144 000 美元和 72 000 美元。这是一件很荒谬的事。事实上，即使这两种类型的群体没有其他任何收入，仅靠政府的转移支付就能处于美国的平均收入水平之上了。

在美国，穷人到底得到了些什么，是很难说清楚的。因为美国有各种各样的再分配方案，使得那些穷人有时候符合接受救济金的要求，有时候又不符合条件。美国没有一个针对所有人的普遍的收入保障方案，但对于不同的人却有许多不同类型的方案。在美国一个富裕的州，一个没有工作的妇女带着三个没成家的孩子居住在受补贴的住房里，他们这种状况甚至还没有接近前面所说的那些数字，但他们的经济条件也不是特别困难。

一个失业的成年男子，健康状况良好，但他的失业保险金已经用完了，这可能使他再也得不到任何救济了。那些无家可归的人，受到了社会的广泛关注，尽管其中有许多人长期吸毒，嗜酒如命，或者是精神状况不稳定，但从某种程度上说，他们应属于上述的第二种类型群体。然而，这些无家可归的人却不能直接从政府那里领到救济金，因为他们不属于政府发放救济金中的任何一类群体。

我必须指出的是，美国没有一个普遍的收入保障方案，虽然会在许多方面有不利之处，但这样却有一个很大的好处。在欧洲，失业保险金额更大，保险的时间更长，大量的人可以依靠失业保险金生活，从而没有任何想找工作的意向。但是在美国，失业保险金额较小，很快就耗尽，这个事实意味着美国有较低的失业率。

读者有可能会问，余下的再分配资金去向如何，这本书的后面部分会关注这个问题。实质上，现代政府有个习惯，就是向老年人这种功能性群体进行大量的转移支付，尽管他们并不贫穷。这个习惯从俾斯麦宰相开始就有了。我自己并不贫穷，却从那些再分配方案中得到了许多转移支付。我还是宁愿他们只救济穷人，包括那些年老的穷人在内。

除了这些常规的转移支付之外，政府在许多方案中还会采取激进的转移措施，把财富从社会的一个部分转移到另一个部分。美国的工会组织竭力阻止美国与墨西哥之间的自由贸易，他们认为自由贸易会使资金从本国的劳动者手中转移走。这种想法是非常正确的。但是即使一定量的资金会转移到墨西哥人手中，转移的数额却并不大。然而，由于墨西哥对外贸易的效率极大地提高了，他们的生活水平就会有所上升；同样，美国的生活水平也因此而上升。鉴于墨西哥人比美国人贫穷得多，如果工会组织真正对收入的平均分配感兴趣的话，他们无疑会对成立北美自由贸易区表示赞同。

更进一步地说，大部分政府支出给予人们的好处与他们所支付的税收不成比例。就拿公共教育来说，一项主要由地方政府出资的庞大计划，其受益人几乎就是那些纳税人，但又决不一一等同。另外，虽然穷人能像其他人一样，免费接受初等教育，但他们决不是主要受益者。

我不希望引起人们的误解。在美国，穷人的确得到了大量的救济金，[1]但比起整个转移支付的资金来说还相差甚远。大部分转移支付还是给了那些政治上组织良好、具有影响力的群体。

事实上，无论是在现代，还是在历史上，政府进行收入转移的主要动机都很简单，也就是受益者们想要拿到这些钱，而且他们能够凭借自己政治上的权力，有的时候凭借的是运气，来实现这个愿望。的确，在一个民主社会里，即使穷人有选举权，他们也明显不可能从自己的选票中得到回报。

在学术上，有一个关于转移支付的普遍的困惑。著名学者托马斯·谢林(Thomas Schelling)对此进行了很好地阐释。他说："政策问题应首先考虑以补偿的方式帮助不幸的人和弱势群体："[2]

> 大多数人对政策问题的兴趣，可能常局限于与自己相关的某些方面，从而有针对性地去做一些事情。他们不会花很多时间去考虑不切实际的道德观念。在一些数量有限的问题上，他们可能有着强烈的道德观念，因为这些问题的结果并不是实现了他们的利益。但是，对于一些被称之为"生计"的问题，他们却接受这样一个道德标准：在政治上，为自己的利益着想，同时期望别人也为他们自己的利益着想，这是一件很公平的事。尽管学术界中的很多人试图严肃地，而不是仅以个人立场，来对待分配问题。学生抗议学校收取高额学费，他们很不愿意承认这样做是为了给自己省钱。他们抗议，是为了维护那些更穷的人的利益。再则，教授维护自己的薪水，人们并不认为他们是在玩道德游戏。但是，种烟草的农民关心自己家庭的福利状况，却不会引起学者们的兴趣。[3]

谢林的这篇文章有很大篇幅都是在讨论，通过经济政策把富人的收入转移给穷人这种方式是否能够帮助穷人。当然，谢林很清楚地知道，政府的大多数政策没有涉及帮助不幸的人和弱势群体，但这些政策却维护大学教授、学生以及种烟草的农民等人的利益。这很好地解释了为什么到目前为止这种近似精神分裂式的收入分配方式充斥着文献。

于是，收入转移的动机更加复杂化了，而不是简单地为了帮助穷人。从某种程度上说，大多数人都富有爱心，他们愿意做出一些牺牲，去帮助那些境况比他们差得多的人。[4]更有甚者，许多人不仅会向穷人慷慨解囊，还会因为某些原因而向他们喜欢的人提供帮助。

当然，一个很明显的例子就是，家庭成员之间的相互赠予构成了国民收入中的很大一部分。虽然这本书不涉及家庭成员间的相互赠予，主要是因为我首先考虑的是政府进行的转移支付，但是却举了很多例子，赠送的财物是给了那些并不贫穷的人。英国女王是这个世界上最富有的人之一。她定期通过议会从英国人民手中拿到大量的钱，而人们对此却毫无怨言。1963 年，李·哈维·奥斯瓦尔德（Lee Harvey Oswald）在达拉斯枪杀了蒂皮茨（Tippett）警官之后，不断有私人给蒂皮茨警官的妻子捐款。然而有趣的是，有 20 多美元也捐给了玛丽娜·奥斯瓦尔德（Marina Oswald）。同样，在美国，各种各样的政治组织，从山峦协会（保护自然生态的）（Sierra Club）到自由游说（Liberty Lobby），也会得到很多捐赠。那些捐赠者是想要使整个国家受益。当然，在很多时候，一个人会把“使整个国家受益”定义为，对捐赠者也有利的某种特殊的政策，不过这恰好表明了人们的种种动机常常是混杂在一起的。在这本书的后面部分，我将详细探究人们的多重动机。

虽然人们喜欢向别人提供捐赠，尤其喜欢向那些比他们境况差得多的人捐赠财物，但是这些行为似乎表明了，在大多数效用函数中，利他主义只是一个相对次要的动机。读者可能会思考，在过去的一年中，人们到底会把收入中多大一部分赠予直系亲属以外的人呢？就算包括宗教捐赠在内，能捐出自己收入 5%以上的人就已经很难得了。

在美国，自愿捐赠的总量还远不及个人收入的 5%，就连这一部分也没有多少是给穷人的。如果我们把联邦预算里给穷人的那部分加上去，两者的总额仍然少于国民生产总值的 5%。[5] 虽然联邦政府开展了各种各样的活动，间接地帮助穷人，但许多时候却损害了穷人的利益。政府对穷人转移支付的总量，5%可能已经是最大限度的估计了。

我们发现，人们喜欢追求个人收入最大化，可是我们没有理由被这一发现干扰。我们从各行各业来观察这个问题。一般情况下，人们还是有爱心的，不过只有一点点罢了。他们首先考虑的还是自己的利益。

政治权力通常在很小的方面是用来帮助别人的，而在很大程度上却是用来为自身谋利益。对此，我们不应该感到惊讶。

嫉妒是引起收入再分配的又一动因。我们或多或少都会嫉妒那些比我们境况好得多的人。因此，我们没有理由不去利用政府的力量来缩小收入差距。事实上，大多数人不愿意承认嫉妒是他们的动机之一。的确，在收入分配方面，有一个不容忽视的行业能使嫉妒变得更加理性。美国州、县、市的政府雇员联盟打的一则政治广告就是一个很好的例子。[6]这则广告先描绘了一个蛋糕，以此来表现人们的嫉妒之心，并强调了这样一个事实：里根的减税政策能给收入为 100 000 美元的家庭减轻 3 300 美元的税收负担，给收入为 15 000 的家庭减轻 185 美元的税收负担。接着，又回到了税收方面，它把这种减税上的差异称作“差别对待”。所有这些都能让读者感觉到，他们并不是真正嫉妒那些富有的人，而是在履行他们道德上的义务，建议富人应该支付更多的税收，不要歧视穷人。

这则广告的又一有趣的特点是，它好像并不关心穷人。广告词是这样说的，“当然，我们应该把预算中的肥肉剔除掉。但是，当我们在干个不停的时候，也要把中产阶级工人的心都挖出来吗?”接着，它又说，“如果中层收入者吃了亏……那么，就让他们吃蛋糕吧”。这个组织的所有成员几乎都处于收入金字塔的上半部分，他们大概是想为这些人谋利益吧。很显然，他们争论的焦点主要是嫉妒，以及中层和中上层成员的额外收入，然而却把帮助穷人这件事抛到了九霄云外。这个例子就是一个典型。

民主党希望能赢得 1996 年的总统大选，他们重申共和党从中产阶级手中拿钱，是为了给“他们的富人朋友”，这显然是花了大量的工夫激起人们的嫉妒之心。共和党统治下的国会使得收入体系发生了一些非常复杂的变化。显而易见，这些变化几乎能让你想要的任何一个群体受益。

值得注意的是，社会和健康基金的支付，从某种意义上说的确是累退的,即富人支付的金额占其收入的比例比穷人小得多。民主党人极力支持这种论断。但是,似乎很有可能共和党人和民主党人都认为这仅仅是一个党派政治争议,因而双方都不是特别重视这个问题。他们认为,他们的立场将会帮助其赢得大选。

虽然不可否认嫉妒是再分配的真正动因之一,不过在我看来,这只是一个很次要的动机。嫉妒主要影响对富人的收入转移,然而它只占整个收入再分配的很小一部分。在美国,收入和财富再分配的主要动机差不多明确了,也就是受益者们想要拿到这些钱。第二大动机是希望帮助不同的人,尤其是穷人(例如慈善之心)。我确信,嫉妒在这三大动机里面只能排第三。在这本书的后面部分,技术性的讨论很少涉及嫉妒,主要还是关于前两个动机的讨论。在有关收入再分配的讨论中,嫉妒有点别具一格,因为它强调的是收入再分配体系中不帮助而且不打算帮助穷人的那部分。

我认为学者们通常忽略这一点的原因,是由于他们本质上还是利用道德方法来解决问题的。美国农民中的百万富翁还要从那些只能维持基本生活的比他们穷得多的农民那里拿取转移支付。对此,任何道德上的理由似乎都无法解释。但是,现实中确实存在这样的转移支付方案。道德家一向都对这个方案视而不见,而且没有公开指责它。但是如果他们确实提到了这个方案,也很少是在进行再分配的研究时提及。

我努力去避免用道德来评判事物,并把讨论限制在不同再分配体系的经济和政治层面。不过可能做得还不是很成功。因此,从我的立场上来看,多数人都有帮助穷人的愿望,但这个愿望只是一个简单的动机,跟人们想吃巧克力的愿望没什么区别。我试图在帮助穷人这一方面来讨论再分配体系,就像我也会花同样的精力来讨论能满足巧克力需求的那部分经济一样。

在讨论转移支付到达穷人手中时,我可能无法做到非常客观。从理论上说,我应该把这些视为人们追求利润最大化行为的又一例子。

但是我必须承认，我个人并不喜欢这样的行为。我努力用一种严肃的科学态度来对待这件事，而又无法不受到这种偏见的影响。

在讨论收入转移时，并不仅仅出现我提到过的三个动机（收到转移支付的欲望、慈善之心和嫉妒）。迄今为止，似乎还没有哪个谨慎的学者能用专业术语来解释诸如农场计划这类事物，他们仅仅说是农民想要得到一些钱，并且利用其政治权利来得到这些钱。[7]对于由爱心所引起的或者说在更小程度上由嫉妒所引起的转移支付，人们常常用其他理由来表示赞同，而不说是这些简单的动机引起的。的确，现代知识分子间的一项支付金额很高的活动一直是为农民的收入转移设计新的合理性。[8]

尽管对穷人进行收入再分配有很多“理由”，但这些理由又不仅仅是对慈善动机的重新表述。霍克曼（Hochman）和罗杰斯（Rodgers）[9]因仔细考察慈善动机而著名，但他们称之为“效用函数的相互依存性”误导了一些没有学过经济学的读者。事实上，这只是慈善之心或者利他主义的一个更加复杂的名字。

不管怎样，人们多次努力寻找理由，证明帮助穷人不是简单地由慈善之心引起的。阿巴·勒纳（Abba Lerner）是最早提出这个观点的人。[10]他指出，如果收入的边际效用是递减的，那么在给定的产量水平下，收入的平均再分配能实现社会的总体效用最大化。当然，勒纳深信平均主义会降低总产品，认为一个社会应该寻求能实现效用最大化的最佳点。[11]

这个论断看起来很正确，尤其是在布瑞特（Breit）和卡伯特森（Culbertson）提供的更为现代化的版本中。[12]问题是，没有人真正相信它。如果说人们想要实现总体效用最大化，那么除了收入的平均分配之外，还应该有另外一些方法来达到这个目的。比如说，用勒纳的边际效用递减的假设，在不影响实际产品的前提下，增加人口总数就能提高总体效用。事实上，这样做会提高总产量，只是提高得不多罢了。当人们问到勒纳有关的问题时，他简单地回答说，在讨论收入再分配时，效用最大化只是他提出的一个目标而已。但对于人口政策来说，他并不认为这是一个合适的目标。这似乎表明了他不是真的很看重效用最大化这个问题。

以实现效用最大化为目标的第二个问题是，为了使勒纳定理起作用，尽管布瑞特和卡伯特森把它现代化了，也很有必要假定所有人在给定的收入水平下都有完全一样的创造效用的能力，或者说我们没有任何有关这种能力的信息。在同样的收入水平下，如果不同的人能创造出不同的效用，那么为了把收入集中在能有效地创造出效用水平的人手中，勒纳原则可能会导致收入再分配的极度不平均。

有一个很突出的例外，就是所有支持勒纳提议的人总是不愿意承认，这种不平均分配是他们想要的结果。通常他们总是说从没做出过这样的评价，并以此来掩饰他们的不情愿。我无法准确地区分这些人，但是从人类行为的观察结果来看，很明显有些人排斥一些东西，而另一些人则不排斥。似乎还没有哪种显而易见的自然法则，暗示我们无法找出一种科学方法来区分这两种类型的人。[13]

我认为大多数勒纳计划的支持者们不愿意承认这种可能性的原因很简单，如果一个人能区分那些能有效地创造效用水平的人，我们就会为那些不能有效地创造效用水平的人感到遗憾，同时也觉得更多的资金应该支付给他们。不管怎样，这就是我个人的回答。[14]

让我们来看一个非常鲜明的例子。那些患有多发性硬化症的人，他们高度残疾，永远都不能自由活动，其收入所产生的效用当然是少之又少了。用于帮助这些人的每一美元所产生的边际效用是非常低的。如果我们试图实现总体效用最大化，我们自然应该减少对这些人的支付，同时增加对 Malibu 的沙滩男孩的支付。在我看来，本书的读者中没有一个人会赞成这种政策。

不过有一个例外很值得注意。约翰·哈萨尼(John Harsanyi)极力主张说，我们应该使效用最大化，而有意把收入转移给那些能产生更多效用的人，而不转移到那些创造效用能力很低的人手中。他讲了一个小故事。故事中他想把一个小玩具给他两个孩子中的一个。其中一个男孩活泼开朗，似乎对什么事情都感兴趣；而另一个则很内向，不表露出对任何事物的满意。哈萨尼建议把玩具给那个开朗活泼的男孩，因为他能使总体效用增加得更多。[15]

总而言之，我觉得我们应该把这个主张的特殊界线降低为理性。人们是有慈善之心的，但却不愿意承认这是他们的动机；因此，他们需要一些东西来掩饰一下。还有许多其他类似的动机。据说，转移一些钱给穷人能减少他们反抗或犯罪的次数。但是，事实证明这两种效果都不是很明显。无论如何，在这两种情况下，一个毫无怜悯之心的人会选择用无情的镇压手段，而不会选择转移支付这种方式。只有具备高度"效用依存性"的人，才会认为转移支付是一种可供选择的办法，用来减少街上持机关枪闹事的人，以及发生频率很高的所有犯罪行为所造成的严重损失。从一项可靠的成本-效益分析来看，机关枪和鞭子支配着一个收入再分配体系。

然而，这并不是在批判那些无情的镇压，也不是在帮助穷人说好话。我没有因为他们放弃某些理性而要求他们改变自己的态度。在这个例子中，有一点很荒谬，那就是人们普遍认为慈善是一种美德，因而没有理由需要用科学的屏风来隐藏你的慈善动机。然而，许多人明明感觉到一定程度的理性分析是必要的。不幸的是，我并不认为他们已经找到了合理的分析。

在近期的一次收入再分配合理性讨论中，罗尔斯(Rawls)[16]建议我们应该假设自己站在无知之幕后面，纠正一些经济学家们认为错误的计算方法，[17]从而得到均等化的结果。当然，我们无法确定罗尔斯的逻辑推理过程是否能得到大量的均等结果。如果事实证明平均征收所得税的激励效应很大的话，他所用的最大化原则得到的是不均等。尽管如此，我认为，罗尔斯虽然相信这些激励效应的作用很大，但也没有大到能从他的逻辑推理中得到均等结果的程度。大多数经济学家也是这样想的。

然而，这里仍然有些问题。第一，很奇怪，站在无知之幕后面，我们竟然知道我们是美国公民或者至少是发达国家的公民而不是这个世界上非常贫穷地方的一员。[18]第二，罗尔斯并没有真正地直面一种可能性，那就是当我们从无知之幕后面出来时，可能会发现我们健康状况非常糟糕。可能我们身体受到了永久性的伤害、罹患癌症而在死亡的边缘挣扎或者是受到多发性硬化症困扰。如果我们确实有罗尔斯宣称的那样的动机，那么我们可能会偏爱这样的收入转移方式：不仅为这样的人提供医疗保障和最低的生存保障，而且尽可能地努力让他们的效用上升到跟正常人一样的水平。换句话说，我们会对较好的人征税而使得生病的人的收入能够显著提高，提高的程度与他生病的程度成比例，目的是达到近似相同的效用水平。然而罗尔斯却不偏好这样一套体系，虽然从他的一般推理中[19]看不出为什么不是这样。

在罗尔斯的辩护中存在着一个更严重的问题：它实际上只是一个道德理论。他并没有说我们是处在无知之幕后面而是说如果我们是的话应当怎么做。我不是挑剔他的道德理论，而是实际上有其他的人持有不同的道德观点。

文献中也有其他的一些关于收入再分配的观点。莱斯特·瑟罗(Lester Thurow)[20]最近提出了一种实质上是政治学的观点。由于我将在后面详细讨论它，[21]这里我就不介绍了，但是给我的感觉是，瑟罗的书受到广泛欢迎是因为他把大多数人想做的事情以新的方式给合理化了。

当然，从相反的方面也能写出畅销书来，比如，乔治·吉尔德(George Gilder)。[22]他从道德的角度提供了一个案例反对收入再分配，虽然他自己并不反对帮助非常贫穷的人。从两个方面你还可以举出很多其他的例子，都是很合乎情理的。

当然，我没有穷尽所有对更加公平的追求的讨论。我们看看莱格兰德(LeGrand)在私人信件中的观点：“如果人们相信一些人得到的超过了他们‘应得’的，而另外一些人所得又少于‘应得’的，那么这就已经成为要求从前者向后者转移收入或者资源的最有力的动机了。这与慈善动机不同，因为如果人们得到了你认为他们应该得到的，那么你就会认为他们不是合适的慈善捐赠的对象了。”虽然逻辑上这与慈善不同，但是我不可避免地觉得“应得”实质上来自于怜悯心理，而且又夹杂着一定的对好于我们的人的嫉妒在里面。

上面讨论了一些我认为是收入再分配的一些基本原因。现在我们转向另外两个理由。它们导致了一些似乎是再分配政策的产生。换句话说，那些政策只是事实上具有再分配功能，但并非真正意义上的收入再分配。我们用两个例子来说明这两个理由。第一理由我们可以通过美国的，特别是军队里的养老金计划来说明。很明显，那些非常复杂的养老金制度安排是为了如下这个目的：在服役期间，对那些愿意在部队呆很长时间的军人给付的报酬少于没有这种安排时。虽然我不相信这是一个有效率的安排，但是很大程度上，收到的养老金只是对以前服役应得的报酬的简单推迟而已。与此类似，为军人提供培训的各种安排，比如，把他们送到一些大学里继续读书作为对他们在报酬低于私人市场时仍然选择服役一段时间的回报——这应该算作是对他们的补偿，而不是任何的福利。

当然，得承认，实践中那些政策绝非如此简单。大多数人都会觉得对军人负有一定道义上的责任，特别是对那些曾经经过战争和在战争中受过伤的人。因此，那些政策制定时，有些慈善的动机在里面。另外，退役军人通常组织良好，并且努力争取提高养老金和其他的福利。所以，我们通常站在他们的角度为他们说话。

所以，这个计划总的来说是一个补偿性的计划。这样，我们对现役军人支付的报酬就比没有这些计划时要少。但它的确又包含了一些慈善的因素，以及那些得到转移支付的人努力争取的因素在里面。很难把这三个因素完全分割开来。特别是由于国会试图尽可能对现役军人少支付，而人们在做出是否参军或复员的决定时，又会将以后的养老金多少考虑在内。

这里,我们认为有些计划的特征让人对它们背后的动机产生迷惑。我试图区分它们,至少从概念上,但是许多计划背后都有很多动机。进一步地来看,正如我将要指出的,许多计划在某种意义上都是错的。比如,目前的制度安排使得公务员在他们常规的养老金之外还取得了不菲的社会保障收入,而实际上他们并没有对社会保障基金有相应的贡献。显然,这项制度在设立之初就没有特别的理由说明他们应该有如此的待遇。所以这从一开始就是一个错误。但是应该指出的是,公务员,作为一个保护得很好的并且非常有势力的群体,以极大的热情去争斗以保留这项不公正的特权,这意味着一个肯定拥有高收入的人群从那些平均来说收入比他们要低的人们那里获得了转移支付。

下面是另外一个进行了错误转移支付的例子。这是关于 1973 年在 OPEC 开始起作用时对原油价格进行管制的计划。随着进口原油价格的飙升,显然那些拥有油井的美国人的财富也会迅速增加。油井的拥有者虽然在政治上很有影响力,但是肯定比不上所有将为高价油买单的人那样数目庞大。一项计划被实施用来限制油井拥有者本来应得的佣金。但是,遗憾的是,这项计划同时也间接地补贴了那些从阿拉伯国家进口的原油。

当时我做了一项研究,仔细考察了相对弹性,最终得出的结论是:油井拥有者因为这个计划每减少 3 美元应得的收入,汽油消费者只能少支付 1 美元,而另外的 2 美元则被阿拉伯的油井拥有者得到了。很清楚,转移支付的目的在于少支付的那 1 美元,给阿拉伯油井拥有者[23]的那 2 美元纯属意外的副产品。每当我把这个事实告诉美国的车主时,他们总是对计划的这种后果很愤怒,但极少有人会同意取消油价管制政策。

这项政策继续存在着,但是,那曾经流向阿拉伯人的 2 美元却逐渐转向支撑了一群美国企业家。他们为了利用该政策而建立了一些特殊的炼油厂。需要指出的是,虽然这些企业家已经做得够好了,但他们得到的肯定远少于 2 美元。这些炼油厂都只是为了利用该政策,它们在技术上是没有效率的，并且对建立新的这样的炼油厂也没有任何限制。所以，这些炼油厂的回报率最终跌落到正常的资本回报率水平。取消管制将会使所有的这些特殊的炼油厂变成废厂。这个严重的政治风险也使得投资于炼油厂的资本贴现率非常之高。

这些仅仅是意外的再分配的两个例子。我想，两个政策在最初都不是以那个特殊的再分配效果为目的的，虽然它们的基本目的是为了再分配。在第一个例子中，受益的人努力地保持着他们的特权，而据我所知，那些阿拉伯人绝没有在华盛顿游说以保持他们的优势。当然，也可能是他们在暗地里活动。在任何一个例子中，都没有明显的证据表明他们采取了什么行动以支持自己。还有很多类似的、意外的再分配的例子。总之，我们应当记住，有些意外的再分配不是故意的，而可能只是为了其他的目的采取措施的副产品。

另外政府还有一类行为，就是在 A 和 B 之间分配基金也经常被认为是再分配性质的。虽然在我看来，把它视为以政府认可的方式强迫 A 扩大收入更为恰当。一个明显的例子就是强制保险。这也许是许多现代政府政策很重要的一方面。这与自愿保险是不同的。无论这个自愿险是私人公司承保的，比如火灾保险，或者是国有公司承保的，像洪灾险或储蓄存款保险。[24]那些政策与火灾险之间的区别不是很大。当然，任何这类保险计划都可以被看作是收入的再分配。那些房子没有遭到火灾的人通过保险公司转移支付给那些房子遭到火灾的人，结果就是：相对于没有保险公司时来说，财富在社会上分配更平均。但是，我想大多数情况下在谈到收入再分配时指的都不是这种再分配。

这种特殊形式的再分配，或者说是保险类型的行为，与那些更加传统的对穷人的转移支付一样，具有一些降低效率的特点。实际上，塞缪尔·科尔特(Samuel Colt)拒绝为他的工厂投保。他声称，作为一个基督教徒，在地球上像一个管家那样照顾好他的财产是他的职责；如果他投了保的话，他就不会再那样努力工作了。现在，大多数人持有这样的宗教看法了，但是他关于激励机制的陈述却仍然是适用的。如果你投了火灾保险，你就不会再像没有投保时那样小心谨慎了。这与你有了失业保险，你就会不那么积极地寻找工作一样。

但是这指的是自愿保险，强制保险则非常不一样。在后面我们将详细讨论社会保险体系，但在一方面它也是强制保险的例子。在一个稳定的州，个人必须将大约15%的收入(最高可达60 000美元)交给政府，而政府则承诺在将来给付养老金。在1977年之前，这些养老金还是相当于一生所支付的税金的公平回报的。这样对个人一生的收入影响是很小的，它也可以被看作是一个保险。

当然，这不是社会保障体系的一个完整的描述，但是从这个简化的角度看，很清楚，它的动机不是说在不同的人群中进行收入再分配，而仅仅是干预人们的支出决策，强迫人们购买一种特殊的保险。这种行为是否适宜不是取决于再分配是否恰当，而是取决于是否应当让人们在这个领域里自己来做出决定。

许多其他的法规限制了人们选择的自由。比如禁止购买毒品的法律或者是汽车必须要有一定的安全设备的规定。那些规则可以从经济上进行分析，但是它们与再分配无关——意外的再分配除外。还有一些规则，特别是与社会保障体系有关的，与收入再分配也紧密联系在一起，我们有必要在后面花较多的篇幅来讨论它们。但是，要求人们购买保险只是仅仅为了改变人们的消费习惯的一个例子。

但是，有一个例外，大多数人都会把这种保险看成是收入再分配。假设有这样的一个保险安排：如果在你挣很多钱的时候，部分收入被拿走；如果你最终只挣了很少或没有钱，你将会得到补偿。更进一步假设，补贴与拿走的在精算上平衡，这样一种保险我相信大多数人都是愿意购买的，虽然决不会有一家私人公司会提供这样的产品。但是政府的再分配政策确实在从富人向穷人转移支付，从这个角度来看，它就像上述的保险产品。

这种计划，比如火灾保险，不是说在同一个人生命中的不同时期来转移基金，而是在不同的人之间进行转移，转移的多少取决于他生命中的运气。据我所知，虽然在我写作《一致的计算》[25]时发明它之前，没有见过这个思想出现在出版物中，但是我认为这个想法的确存在于一些人的观念之中。这些人偏爱一种可以称之为罗宾汉式的行为——劫富济贫。在我看来，几乎不可能区分出来，哪些政策是基于对上述保险的考量做出的，哪些计划又是基于慈善的动机做出的，哪些计划是出于慈善和妒富心理做出的。我只能表达我自己的观点，那就是虽然这种特殊的动机在理智上是值得尊敬的，并且我想至少目前也存在于许多倾向于向下分配资金的人的想法中，但是它没有利他主义那么重要。

当然，绝大多数实际生活中的再分配计划都是许多动机的混合体。但是，为了分析的必要，我们试图将它们分离开来。本书的前面一部分讨论那些一种动机占主导的再分配计划。具体地说，在第二、三章，我们首先讨论转移支付的唯一的理由是受助者希望进行转移支付的情形。因为它是最重要的一种动机，同时分析上也是最简单的，所以把它作为我们的起点。在第四章，我们讨论唯一的动机就是帮助那些境遇不好的人——赠予动机的情形。在第五章，我们将转向更加实际一些的、各种动机混杂的情形。我们将在第七至十二章里分析一些具体的政策。同时第十二章也会给出一些关于改革的建议。

关于动机已经说得够多了，本章还剩下最后一个任务，那就是定义。几乎所有的政府行为以及大量的私人行为都会导致资源的再分配。哪些可以叫做“再分配”？哪些又不能呢？给出两个具体的例子。弗吉尼亚州布莱克本的西部咝咝(Sizzling)牛排屋开张使得 Rustler 牛排屋倒闭了。这是一个私人行动引起财富再分配的例子。[26]类似的，州际公路系统一旦确定下来对不同地方的房产拥有者的财富影响也非常显著。实际上，各个地方的房主都做了大量的游说工作试图影响公路系统的位置。但是显然支持州际公路系统的人原本不是为了产生这种转移支付的。

我们如何才能区分那种我们将称之为再分配性的政府行为和实际上引起了哪怕只有一点的财富再分配的传统的政府行为呢？关键在于

那些行为的动机。我们可以设想一个政府对再分配完全没有兴趣，它处理任何事情都是从其他角度出发。也许它会进行成本-收益分析，并且只做那些有正的净收益的项目。在现实世界肯定找不到以这样的方式行事的政府，但是我们可以把它作为分析转移支付的基准。当我们观察到一个政府行为不是以提高经济效率、保卫国家或者制止谋杀为目的时，我们就称它为再分配性质的。因此，在古代，那些仅仅是为了维持军队驻扎在法国边境的政府支出就不能被视为是再分配性质的，虽然看起来一些官员被支付了过多的报酬。但是，我们应当把国王建造豪华的寝宫的那部分税收看成是对国王的转移支付。

但是应当注意，在这里我的分析中既没有假设体制在进行再分配活动前是有效率的，也没有说这个再分配活动是没有效率的。我们来考察一个极端的例子，在西班牙占领了大部分新大陆以后，一种叫做监护征赋制（encomiendia）的制度建立起来了。在这种制度下，西班牙居民名义上拥有印第安人，但是只在一定的期限内而并非是永久的。在这期限内，他们以一种竞争性出价的方式得到监护征赋制。这意味着，那些西班牙人有动机让他们的工人尽可能多地工作，而不管在这个期限结束后他们的健康状况。在这个制度被推崇的这段时期，新大陆的西班牙语区的印第安人口锐减。虽然还有其他几个因素，但监护征赋制也是导致人口减少的原因之一。[27]

很明显，以任何的标准来看，这个制度是极度缺乏效率的。也有人向国王进言，指出这个缺陷，但是他们更多地谈及道德方面，认为这对印第安人非常不公平。如果国王从纯道德的原因出发决定废除这项制度，让所有的印第安人得到自由，那么，它肯定可以大幅度提高西班牙印第安殖民地的效率，即使国王的动机只是道德上的一种把财富从西班牙转移给印第安人的愿望（我把它仍然称为再分配）并且事实上提高了效率。

通常，这就是我们采用的技术。我们关注现状的任何改变，并仔细考察它是否是再分配性质的。我们没有假定现状本身是有效率的，也没有假定再分配性的改变会降低效率。整体上来看，为了分配的改变而进行的分配的变动通常会降低而不是提高效率。但这只是可能而已，而非绝对。在许多情况下，比如刚才我们举的监护征赋制的例子，再分配实际上会提高效率。

但是，我们在这里暂停一下来看那些场景下效率的确切含义，如果那个国王不是让印第安人获得自由，而是将他们由一定年限的奴隶转化为永久性的奴隶。印第安人在为哪个西班牙人工作，就会永远成为他的奴隶。这样，奴隶主就有动力保存奴隶的劳力了，就像主人永远不会让他的马挨饿那样。

显然，这两种制度是完全不一样的。遗憾的是，很难比较它们哪一个更有效率。在讨论收入再分配时以及考察完全自由制度与奴隶制度的相互转换比较时，传统的经济学帕累托效率标准就不起作用了。

据说是自由人工作比奴隶更勤奋，但是最近关于美国南北战争之前的奴隶制度的研究成果对这个命题提出了质疑。如果自由人确实比奴隶工作更勤奋，那么那些奴隶就可以通过一种信贷安排从奴隶主那里赎回自由，并且这种过程不涉及任何转移支付。所以，如果那位国王让奴隶们得到自由，他们得到的转移支付就不是作为自由人能创造的全部价值，而是他们作为奴隶的价值。在帕累托框架下，我们无论是考虑潜在补偿原则还是真实补偿原则都行不通。因为通过转移支付得到的正好等于别人失去的。如果安排补偿，那么转移支付就完全抵消了。特别是考虑到大多数的转移支付都至少会有一些管理费用，那么净效果肯定就是转移支付的成本大于净收益。

这个困难带来的后果就是，大多数人在涉及收入再分配、财富的转移等问题时都使用一个老式的度量效率的方法——有多少产品被生产出来了。这也经常与主观效用结合起来使用。通常，在使用这个老式的方法时，人们并没有进行特别的讨论说这样的确是有效率的。我也继续遵循这个传统。因此，如果我说某种转移支付是无效率的，我不是指受益者无法补偿受损的人——虽然的确可能是这样，而是指总产出更少。也很有可能总产出更少而总效用却更大了。

所有这些都令经济学家很迷惑。收入再分配的话题引起了那些关于效率衡量的问题，我尽我最大的努力来澄清有效或无效的各方面。例如，在一个转移支付可能会降低总产品但是增加了效用时，我们通常会从两方面来考察，而不是仅根据其中某一方面。

这章的题目是“再分配的理由”，在我看来，毫无疑问有一些再分配是基于纯粹的利他主义动机，但是却远远没有作为接受转移支付的人出于自私动机的再分配多。嫉妒也在起作用，本书主要关注慈善和自私。

可能我需要说明一下我自身的处境。因为有些人可能会认为这会在一定程度上影响我的判断。我是一个有些钱财的老人，同时也领取养老金。现在我付的税金比我领取的养老金还多，但是养老金本身比我一生所交给社保计划的现值要高。

我同时也有权利接受免费医疗。事实上，我有两份医疗保障：一个是作为陆军退伍军人身份去军人医院；另一个是利用我所在学校的医疗政策，该政策主要由联邦政府资助来为老人服务的。我自己觉得我个人的这两个方面的特点不会影响我在书中的分析，但是也许读者不会同意。如果的确是这样的，那么他可以仔细研究那些我的处境可能会影响到我的分析的情况。

注释

[1] 为了避免又一种误解，在本书中我将主要使用美国的数据，因为它很容易得到。据我所知，欧洲福利国家的情况与美国类似，但是更加极端。

[2] Thomas C. Schelling, "Economic Reasoning and the Ethics of Policy," *Public Interest*, 63(Spring 1981): pp. 37—61.

[3] Ibid., pp. 39—40.

［4］我这里使用慈善动机可能会被认为是过于简化了。参见 Thomas R. Ireland and David B. Johnson，*The Economics of Charity*，(Blacksburg：VA，公共选择研究中心，1970)。它那里试图分解导致人们仁慈的复杂原因。相同主题的一个最近的考察是由 Orley M. Amos，Jr. 在 1981 年南方经济协会的会议报告“Empirical Analysis of Motives Underlying Individual Contributions to Charity”。

［5］Danziger，Haveman 以及 Plotnick 认为联邦预算份额大约是国民生产总值(GNP)的 2%。我不完全同意他们的划分，但是一些人也许会同意支出上的这种分类。Sheldon Danziger，Robert Haveman，Robert Plotnick，“How Income Transfer Programs Affect Work，Savings，and the Income Distribution：A Critical Review，” *Journal of Economic Literature* 19(3)：pp. 976—977。

［6］*Washington Post*，May 5，1981，p. A10.

［7］在美国的农业政策刚开始推行时(在瑞士也有类似的争论)，这样一种思想广为宣扬，即农业是一种重要的行业，在任何情况下，我们社会都要求有一部分人从事这个行业，因此需要对农民进行补贴。然而，只有在当他们不能通过务农挣到足够多的钱而要停止这份工作时，才需要提案帮助贫困的农户。这样的话，它实际上与最终实施的政策并没有多少关联。

［8］John Rawls，*A Theory of Justice*（Cambridge，MA：Harvard University，1971)；Lester C. Thurow，*The Zero Sum Society*(New York：Basic Books，1980).

［9］H. M. Hochman and J. O. Rodgers，“Pareto Optimal Redistribution，” *American Economic Review*(59)4(September 1969)：pp. 542—557.

［10］许多经济学家在勒纳之前提出了相同的思想，但是他第一次正式发展了它。

［11］A. P. Lerner，*The Economics of Control*(New York：Macmillan，1944).

［12］W. Breit and W. P. Cullbertson，“Distribution Equality and Aggregate Utility：Comment，” *American Economic Review* 60(3)(June 1970)：pp. 435—441.

［13］事实上，的确在一些决定中会对效用进行某种程度上的度量。陪审团通常像衡量身体伤害一样考虑“精神损失”。显然，它是基于我们能够在某种程度上评价其他人的效用，并对效用的损失进行赔偿。参见另外一个关于婚姻权(conubium)的例子，它虽然已经过时但是有众多的文献支持。

［14］这同样也是阿玛蒂亚·森(Amartya Sen)的回答。虽然他的论述在数学上要更加复杂，但是很清楚，他感觉到应该给予那些低效的效用生产者更多的关注。然而，在他的例子中，并不是要努力使效用平均化，而只是简单地让由于低效而产生的效用不平等小于由于收入均等化带来的效用不均等。

［15］John J. Harsanyi，*Essays on Ethics，Social Behavior，and Scientific Explanation*(Dordrecht：Reidel，1976)：pp. 15—23.

［16］Rawls，*A Theory of Justice*.

［17］Kenneth Arrow，“Some Ordinalist-Utilitarian Notes on Rawls's Theory of Justice，” *Journal of Philosophy* 70(9)(May 10，1973)：pp. 245—263.

［18］这里也许对罗尔斯有些不公平，但是我自己并不这样认为。这里的语言完全不清楚。参见我的文章"The Rhetoric and Reality of Redistribution," *Southern Economic Journal* 47(4)(Washington, DC: April 1981): pp. 895—907。

［19］我的一个同事戴维·弗里德曼(David Friedman)暗示说，大多数人认为他们在生病时不如在健康时能够从收入中获得效用，因此人们会至少偏爱将收入主要集中在身体健康时期的政策。如果他是正确的，而我又无法通过经验方法确认或者驳倒它，那么它也许为罗尔斯式的对待严重疾病患者提供了说明。

［20］Thurow, *The Zero Sum Society*.

［21］G. Tullock, "Two Gurus," *Policy Review* 17(Summer 1981): pp. 137—144.

［22］Geroge Gilder, *Wealth and Poverty*, (New York: Basic Books, 1981)。在 Tullock 的文章"Two Gurus"也有评论。

［23］这个政策毫无疑问有很强的稳定卡特尔组织的作用，可以想象没有它的话卡特尔早就解体了。

［24］那些政策中没有一个是完全自愿的，因为它们跟其他的政府政策捆绑在一起的，但是同样可以说，如果你不想参加而且也愿意牺牲其他政策的好处的话，也没有人强迫你一定要购买这两类保险。

［25］Gordon Tullock, James M. Buchanna, *The Calculus of Consent: Logical Foundations of Constitutional Democracy*, (Ann Arbor: University of Michigan Press, 1962).

［26］事实上，这也使我的财富稍微减少了。我更偏好 Rustler 牛排屋。

［27］Alfred B. Thomas, *Latin America: A History*, (New York: MacMillan, 1956), p. 101.

第二章 横向转移支付

本章和下一章将讨论一个很简单的模型，即钱从 A 单向转移到 B。这是因为 B 需要这些钱，而不是 A 有把钱转让给别人的愿望。我认为，在现代社会里这样的转移支付还是很常见的。显然，转移支付也常常是政府行为的一部分。追求利润的个人会通过国家强制力量从别人那里获取资金，从而谋取私利，对此我们没必要感到惊讶。据说亚历山大大帝叫人把一个海盗首领带到他面前，这个海盗说，"我们之间仅有的差别，就是你比我拥有更多的人手和船只"。虽然这句话并不能拯救这个海盗首领的生命，但实际上这却是对当时情形的准确评价。

的确，虽然亚历山大可能还有其他动机，比如说传播希腊文明，但在那次与波斯王国之间的成功战役中，他的首要动机无疑是把他自己从希腊北部一个小国的世袭国王变成全世界的统治者。这确实提高了他个人的生活水平，但是现在人们却认为，他的死是因为他享受了太多的奢侈品，而这些奢侈品都是他在征服其他国家的战役中取得的。

亚历山大并不是这类事件中唯一的例子。不久之前，在弗吉尼亚州的布莱克斯堡（Blacksburg），某一房地产的所有者要求地域管辖委员会改变其房地产的所属区域。其实，他们的动机既简单又直接：新的区域类型能使土地的价格上涨 50 万美元。他的提议遭到了周围很多住户的反对，因为他们都知道如果接受了这一变化，他们的房价将会下跌。同时，他们的动机也非常明了，可是据说争议的双方花了很长时间为自己的观点辩护，他们争论的焦点在于，根据真实、公正和美观的原则这块土地该属于哪种区域类型。

所有这些不应该让我们感到惊讶，也并不是为了批评亚历山大大帝以及那个海盗和我在布莱克斯堡的邻居。他们所做的事情正如我们所设想的人类所做的那样。的确，如果那个海盗能够做得更加成功，在地中海上的某个小岛上建立自己的王国，毫无疑问，每个人都会慢慢地忘记他曾经是一个海盗。

通常人们在文学著作中找到的关于民主国家政府的讨论，实际上是建立在非典型历史经验的立场上的。

当今世界大部分地区在某种程度上是由不同种类的专制君主所控制，而并不是一个民主的社会。纵观历史，民主政府其实是一种极其罕见的形式，跟以前相比，现在的状况更民主了。当前，民主政治似乎有点倒退了。这到底是因为大趋势改变了，还是仅仅只是朝着更加民主的方向前进的大趋势中的一个小波浪，在这个时间点上还是很难说清楚的。

我们所掌握的历史知识里的最初的一些政府并不是民主政府，而是专制政府。据我们所知，历史上民主都是由专制发展而来的。人们集中起来共同决定建立一个组织来生产公共产品，这是一个神话，[1]一个对于某些政治和社会分析来说非常有价值的神话。

可是如果你看看这个现实世界，创办政府并不是因为它像一个自愿跟其他人合作的人，而是像一个在暴力方面具有比较优势的人，为了征税这个特定的目的而去征服他的邻居们。[2]部落或村庄组织很有可能比人类的历史更加悠久，也就是说，我们可能是沿着由猿到组成了打猎队的人这条线在前进。然而，人们不得不建立较大的组织机构，凭我们仅有的有关早些时期的知识，较大的组织显然是通过简单的征服而产生的。当然，征服行动通常在政府的发展过程中非常重要。美国的创立者能够在费城见面的原因是早些时候的那些征服行为，美国市民提出的稳步征服美洲大陆的方案极大地提高了建立者的工作的重要性。如果我们的祖先没有采取强制的方法进行大量的财富转移，与这种情况相比，征服行动让我们变得更加富有。

然而，本章的目标并不是政府通过国际行动所进行的强制性转移，尽管进行或者阻止这种转移是一种主要的政府行为。本章的分析对象是内部转移——不是像亚历山大大帝那样的转移，而是像那个想要改变地域类型的邻居所进行的转移。另外，虽然像决定地域类型这种行政行为对于许多人的财富来说当然非常重要，但是我们将开始一种方案，在这种方案里 A 被征税，而这些税收又以某种方式增加了 B 的收益。通常，我们将会看到，B 得到的收益是间接的，而税收也可能是间接的，但总的来说，有必要用这种方式来进行转移支付。

我们来看一下，对 A 征一种人头税，用于直接支付给 B。经济学家们通常把这种税收视为有效率的。他们说，税收仅仅从帕累托最优边界上的一点移到了另一点。经济学家最多讨论一下，将来由这种税收带来的人为的改变是否会导致自然产量的下降。

另外一种形式的效率就是，即使这种改变对产量没有影响，或者是有负影响，但它却增加了总效用。除了对穷人的转移支付这个特殊的例子之外，经济学家如果要讨论的话，也很少涉及这种形式的效率。在更普遍的情况下，如果因为某些原因我们相信 B 手中的 1 美元产生的效用比起这 1 美元还在 A 手中的时候产生的效用要大，那么通过转移我们可以增加总效用。不幸的是，虽然有时候可以进行一些粗略的判断，但是我们却很少有这类与效用相关的直接依据。此外，我们将稍后进行正式的分析。

应该说在本章和下一章里我们并不讨论从高收入群体到低收入群体的转移支付。这内容以后再讨论。这里，我们假设转移是横向的，支付给差不多是相同收入阶层的人。虽然有一些讨论是说转移支付会形成一种给高收入群体造成损失的趋势，但基本上我们只讨论人们之间的转移支付，不考虑他们的相对收入。在 A 拥有比 B 更多的钱时，可能会发生从 A 到 B 的转移支付；同样，如果 A 的钱比 B 少，这样的转移支付也可能发生。

做出这样规定的原因是，更容易把慈善的转移支付和由接受者想收到一笔钱的动机所引发的转移支付区别开来进行讨论分析。不幸的是，在现实世界里这两种倾向往往是融合在一起的。在分别讨论了由这两种动机引起的转移支付之后，我们有必要在后面的章节里把它们合在一起考虑。然而，我必须要求读者目前先把探究真实世界情形的欲望撇到一边，仅仅只考虑一些简单化的模型。我希望这个过程带来的结果会更加通俗易懂。

是介绍一些正式的分析工具的时候了。用这种工具时，假设我们已经知道各种团体对收入转移的需求。既然已经有了需求的推导过程，[3]我们也意识到在操作中可以画出这条需求曲线，因此，也就能够合法地使用它。然而我必须说明的是，虽然需求曲线的一般形状是正确的，但在这本书里所使用的需求曲线仅仅是假定的，而不是由经验研究得来的。

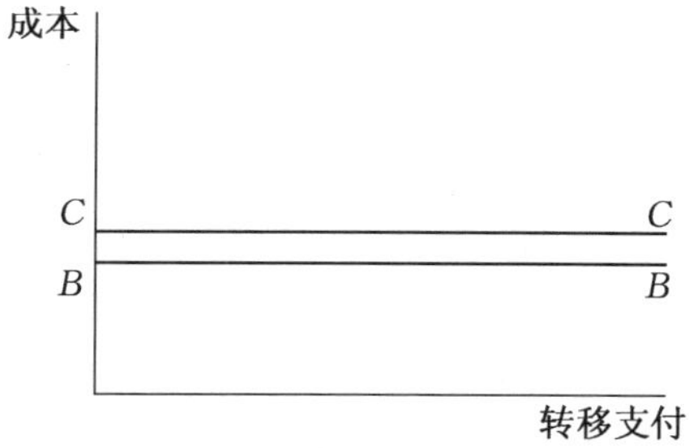

图 2.1　不同规模下的转移支付成本

在图 2.1 中，我们用横轴来表示从 A 到 B 的转移支付的规模大小，纵轴表示通常情况下 1 美元所需要的转移成本。因此，BB 线代表从左到右连续的相等单位的转移；转移得越多，从左向右延伸得越远。需求推导过程允许我们在需求曲线中画出各类群体对任何政府行为的需求。然而在这个例子中，并不复杂。A 对每单位转移支付的需求是 0，因为他从这些转移支付中得不到任何好处。B 对每单位转移支付的需求是横线 BB，这条线也就是总需求曲线。很明显这些直线不会相交，如果我们的讨论到此为止的话，我们无法判断最优转移支付的数量，除非它是 0。然而事实上，至少在对 A 征税和把钱交付给 B 时会产生少量的执行成本，我们在直线 BB(转移收益)上方画一条直线 CC(转移成本)来表示。因为转移需求(直线 BB)随时都位于转移成本(直线 CC)之下,根据需求推导法则,最优转移支付量就应该是 0。这并不会让人们感到惊讶。但如果我们所依据的现实情况是转移支付已经发生了,那么最优转移支付量不是 0 的情况应该存在。终止转移支付所耗费的成本是直线 BB,也就是 B 收到的转移支付,收益是直线 CC,也就是转移支付给 A 带来的损失。由于直线 CC 始终位于直线 BB 之上,在我们目前的简单模型中,这种反向的转移支付是有效率的。这里也没有什么好惊讶的。我们从来没有观察过这种简单而又直接的转移支付,可能是因为上面的推导过程很显然。在这种转移支付里,只有在 A 的财富比 B 多得多时,才会对 A 征税,从而使 B 受益。

需求推导过程所揭示的是需求(人们会支付多少钱购买某物),而不是从中获得的效用。很显然,B 从转移支付中得到的效用可能比 A 多得多。例如,假定 B 是一个有钱有地位的人,他喜欢几乎所有的东西,而 A 是一个效率低下的效用生产者。在这种情况下,如果我们重新画一张图来表示效用,直线 BB 的位置就会远远高于直线 CC 了。

不幸的是,对于人们生产效用的效率问题,我们没有任何可靠的相关信息,所以也就无法画这张图。作为效用生产者,B 的效率可能比 A 高,也可能比 A 低。就产生效用的效率来说,我们有足够的理由假设转移支付的接受者和受益者在很多情况下可能是一样的。

尽管如此,关于效用的生产这个问题,有几个方面我们还可以说一下。第一,我们谈论的是货币的转移,并且在一个很低的水平之上,货币收入受制于递减的边际收益。几乎每个人都同意这一点。如果这一点成立,那么无论 B 得到了多少效用,其边际效用会从左向右持续递减。同样,若用一张效用图来表示,对于 A,即应税者来说,递减的边际效用表明成本曲线从左往右逐渐上升。如果我们不知道双方的效用,并且以效用的形式画了他们的需求曲线,那么即使 B 是一个比 A 更有效率的效用生产者,这两条曲线还是有可能相交。

正如我先前提到的那样，在讨论收入转移时，我们常常使用一个罕见的方式来定义效率，即对自然产品或者标准产品的总量所产生的实际影响。转移支付会对以这种方式衡量的效率产生什么样的影响呢？前面的假设实际上毫无意义，因为在边际上没有发生任何变化，而且从 A 到 B 进行的转移支付应该能产生可以相互抵消的财富效应，即增加了一个人的财富，同时也减少了另一个人的财富。此外，所有这些假设我们对双方了解得并不多，因为一方或者另一方有可能对财富的变化特别敏感。

在现实世界里，我们几乎找不到这种简单的现金转移。我们能够找到的都是非常复杂的转移支付形式。这些转移支付有着明确的经济效应。为什么这些为数较多的转移支付要稍后才讨论，然而，我们最好停下来去考虑一种现实的转移支付形式，观察它的效率效应。

假定政府对牛奶的销售额征税，用于对奶酪的销售额进行补贴。这似乎很荒谬，但事实上，能产生这种净效应的安排是美国政府对乳制品业进行规范的一部分。[4]据我所知，设立这种税收最初并不是为了使全脂牛奶的销售商受损，使奶酪的销售商得益，而是为了增加饲养奶牛的农民的收益。另外，为了增加乳制品业的收入，政府做了一整套安排对该产业进行控制，这只不过是其中的很小一部分而已。尽管如此，在我们看来，这却是一个非常好的简单的例子，而我即将描述的转移支付效应确实会发生。[5]

关于这种特殊的税收我们首先要说的是，奶酪制造商得到的好处以及全脂牛奶销售商受到的损失都是非常适度的。两者都用了相同的原料，牛奶都是来自奶牛养殖场的。从某种程度上来说，税收的净效应是农民在销售牛奶时能提高牛奶的价格。然而，如果价格真的上涨了，其上涨的幅度也很小。奶酪生产商的收益只不过是他们能以较低的价格销售更多的奶酪。[6]表面上看奶酪的价格下降了，而牛奶的价格上涨了，实际上是消费者承担了其中的部分成本，他们将重新调整消费预算以达到自己认为的最优状态。但是如果政府没有实行这个方案的话，他们用等量的资金获得的满意程度更大。

然而奶酪生产商有一定数量专门生产奶酪的设备，有了补贴之后，他们对设备的需求量比以前更大。在一段时间内，他们将会从奶酪生产能力中得到稀缺租金，这从本质上来说就是他们收到的所有的转移支付。相反，牛奶销售机构发现他们有过剩的销售能力，因为牛奶的成本上升意味着他们可以销售更少量的牛奶，因此在一段时间内，他们将面临着该行业的衰退，得到的收益比资本投资的正常收益还少。

随着时间的流逝，我们期望资本市场的流动性能调整这些因素。更多的资金会流向奶酪制造行业，直到资源收益达到正常水平。同时，资源从牛奶行业流出，直到资源又一次地得到正常收益。那时，最终结果将是这样一个情形，牛奶和奶酪制造行业在技术上都是有效的，都只能获得正常收益。从某种程度上说，整个社会将会受到损失，因为消费者在奶酪和牛奶之间进行的预算分配效率很低，乳制品业销售牛奶的价格可能会增加。

这里我们讨论的转移支付明显是缺乏效率的，而没有效率的转移最终不会给任何人带来收益。[7]

不幸的是，我们逻辑推理过程的第二个部分——转移支付表明其结果是最优的——并不是很清楚。如果税收和津贴都被废除了，在一定时间内，奶酪制造业会出现资源过剩，而牛奶业则会出现资源短缺。这会导致两个产业所使用的资源都比最优状态下使用得少。而从严格的技术意义上来说，两个产业将会保持某种非有效的状态，直到将来作了必要的资本调整。

没有哪种自然法则可以证明牛奶销售机构的所有者增加的收益比奶酪生产者的损失要大。的确，我认为相反的情况才成立，因为牛奶行业的资本调整比奶酪行业要快得多，牛奶销售机构的所有者当前所增加的收益应该少于奶酪厂主的损失。更不用说，我并没有得出要持续对奶酪行业进行补贴的结论。然而，这却是一个更加复杂的情形。

正如我们在下面所看到的那样，这其实是一种非常典型的转移支付，由接受者想要收到转移支付的欲望所引起的。在某些情况下这种转移支付会持续下去——比如说，一个中世纪的男爵占领了摩洛哥，他能顺利地将其留传给他的子孙后代。但更一般地说，这种转移支付很快就会消失。资本和其他资源会从征税的行业（可能是整个经济制度的状况）流入受补贴的行业，直到两个行业的收入都达到正常水平。

一旦资本调整已经发生，没有人能从这种新的安排中获益，但是我们期望奶酪生产商能努力保持这种状态，因为如果取消补贴，他们将遭受损失。在这个例子中，奶酪厂主将会站在普通大众这边，因为他们可以从结果中获益。

这种低效率转移支付现象显然很普遍。甚至在短期内，对奶酪和牛奶的价格调整带来的纯利润并不等于价格变化。奶酪行业的产量将会上升，牛奶行业的产量将会下降，但是利润的净变动量比两个行业收入的总变动量要小得多。在征税和补贴时，总变动量的现值就是下降的利润和损失的现值，甚至在第一年，其变动量也要比收入的变动量要小得多。但是价格的变动或多或少将会是持续的，即使资源的转移会随着时间而产生某些变化。

但这些损失决不是仅有的总成本。正常情况下，这种转移支付不只是令人感到意外；受益者们会以游说的方式来支持这种转移支付，而受害者们也会用游说的方式来反对它。[8]整个事件被称为“寻租”，我们将稍后进行讨论。但必须说明的是，政府转移支付的潜在受益者用来提倡这种转移，以及潜在受害者用来反对这种转移所使用的资源总量，可能与净转移支付本身的数量相等。因此，很有可能这种效率低下的转移支付并不会给任何人带来大量的净收益，甚至其造成的损失还是相当大的。

但是，正如我所说的那样，转移支付对任何人都有害无益，那为什么我们能看到这么多的转移支付呢？的确，进行这样的转移支付是现代政府最大的单独行为了。这个问题的答案归因于政治程序的本质，其本质使得政治上需要进行转移支付，即使在长远的情况下人们并不需要它。

那么，让我来讨论一下这些转移支付的政治学。我从一个简单的模型开始，读者可能觉得这个模型并不现实。我同意读者的意见，但这个模型在相关的公共选择文献中讨论得很多，而现实世界中也能观察到这个模型的某些方面。在图 2.2 中，我们展示了一个国家组织拥有五个市民——*A*、*B*、*C*、*D* 和 *E*。在情形 1 中，*A*、*B*、*C* 和 *D* 的收入是 10 美元，*E* 的收入是 20 美元。这个特殊的国家组织通过简单的多数投票原则（majority voting）来做出决定。因此，至少在理论上，*C*、*D* 和 *E* 可以联合起来对 *A* 和 *B* 征税，没收其财产，然后在他们中平均分配这些钱，就像情形 2 中显示的那样。

	A	*B*	*C*	*D*	*E*
1	10	10	10	10	20
2	0	0	$16\frac{2}{3}$	$16\frac{2}{3}$	$26\frac{2}{3}$
3	0	20	20	20	0
4	1	0	0	21	38
5	0	1	1	0	58
6	0	0	20	20	20
7	15	30	0	0	15

图 2.2　通过简单多数投票进行决策的五人政治

当然，三个人的联合不能仅仅因为再分配这个目的而持续下去。在情形 3 中，我展示了另一种三人联合的情况。这时是 *B*、*C* 和 *D* 联合，通过他们的多数投票剥夺了 *A* 和 *E* 的全部资金。注意看 *B*、*C* 和 *D* 进行这种联合后的状况比他们在情形 2 中好得多。此外，由于这个原因，还有许多其他的联合会优于情形 1、情形 2，或者是情形 3。

情形 4 中的联合使得收入分配比情形 3 好，尽管它不如情形 1。这只是一个理论上的例子，说明了通过一系列的投票，不平等的多数投票制是如何获得收入的。如果情形 2 是用来替代情形 1 的，那么它能获得多数票。如果情形 3 是用来替代情形 2 的,它也能得到多数票。如果情形 4 是用来替代情形 3 的,情形 4 还是能得到多数票。当然,在实际操作中,任何投票体制都不会采用像情形 4 那样的结果,因为通过实行一系列的投票来得到这个结果,需要进行某种程序控制,然而没人能够进行这种控制。此外,如果情形 4 被采纳,在下一轮的投票中,它也将会被淘汰。在另一种极度不平等的联合中,他们的收入用情形 5 来表示。假设个人仅仅为有利于他们的改变而投票,情形 5 也可能战胜情形 4。在现实世界中,不可能发生这样的情况,但是情形 5 确实表明了,由于这个投票过程,群体里最富有的成员(在这个例子里是 E)将会表现得非常好。这并非一件难以想象的事。

当然,在实际操作中,三方以平等分配的方式结束的联合比像情形 2、4 和 5 那样的不平等的联合更有可能发生。E 开始有更多的收入并不会对最终结果产生大的影响,因为通过多数投票原则,所有的钱可以按人们想要的任何方式进行分配,包括他所有的 20 美元和其他四人每人所拥有的 10 美元。一共有 60 美元要通过多数投票来分配,E 起初拥有 20 美元的事实与其结果并不相关。这是此模型里我认为能应用在现实世界中的一个要素。富有的人可能是联盟里的成员,但联合又倾向于平等主义。就拿情形 6 来说,它与情形 3 其实是一样的,除了 E 现在是获胜联盟成员之一,以及他的状况确实比情形 3 要好得多,即使他仅仅是维持了原有的财富,没有获得任何收益。一个潜在的高纳税人成为获胜联盟中的一员并不合适,除非他愿意接受最终的结果是用税收和支付来使他状况或多或少跟联盟中别的成员一样。如果他想要得到更多,那么他就不可能得到这些。

上面的观点只是对于冯·纽曼(Von Neumann)和摩根斯坦(Morgenstern)的一般看法的一个特殊应用,他们认为投票的联盟将是平均主义的,这并不是说整个社会都应该平等地对待,而是说获胜联盟的成员在他们之间是相对平等的。支持这一观点的仅仅是情形 4 中的 D,或者是情形 4 和 5 中的 E 处于极度危险的境地。其他人有可能找到另一种联合方式，使得 D 或者 E 被排除在外。

差别可能并没有这么极端。如果每个人仅仅为他个人的利益投票，在情形 7 中，我们展示了一种可能优于情形 3 的联合。然而，假设 A 和 E 向 B 提供这种联合的方式。除非 B 能用非法的方式绑住他们，可以证明 B 应该拒绝这个提议，因为一旦他打破了情形 3 中的联合，很有可能 A 和 E 跟 C 或者 D 形成一个更加平等的联盟。因此，在某种程度上，这种纯转移型联合趋向于在获胜者内部和失败者内部实行平等主义，而不是在获胜者与失败者之间进行平等化。

事实上，在现实世界里，这种类型的转移支付并不多见。不仅我们看不到以这种方式进行的直接现金转移，而且如果我们来看看以非现金形式分配于社会的各种政府福利，无论谁掌权，这些福利并不都是给了投票人。顺便说一下，正如美国那样，在英国这样一个没有宪法约束的国家，这也是事实。

是什么阻止了这种类型的收入再分配以一种极端的方式进行？我认为，有三个理由可以解释，其中的两个并不是特别技术性，而且解释能力也不强。第一个理由仅仅是因为人们觉得这样的转移是不道德的。考虑到他们投赞成票的其他转移支付形式，我发现这个理由是值得怀疑的。这个争论的另一种形式——如果他们这样做了，不久之后其他人也会对他们做同样的事——仅仅是从本质上符合道德规范的立场进行的理性的争论。

在社会中，我们确实能够找到许多在别的情况下由其他方法所引起的转移支付，所以我并不相信这些道德准则能够站得住脚。道德准则的确存在一种政治效应：它们为理性化打开了市场。如果人们用政府来掠夺邻居的财产，至少他们会隐约地产生负罪感，所以他们需要持续稳定地进行争论，去证明他们没有掠夺邻居的财产，证明邻居的钱最初是通过行窃得来的，他是个恶棍，历史之神是站在你这边的等等。一些特殊利益集团找到了证据来证明对他们的直接转移支付是为了公众的利益，而这些特殊利益集团的数量只是一种传说。似乎类似事件的市场是存在的，而有许多知识分子致力于去满足这种需要。

对于是什么阻止了极端的收入分配的发生这个问题，第二个非技术性的理由仅仅是因为激励效应非常不受欢迎。如果通过多数投票原则产生的简单的现金转移是政府的一个主要的功能，那么社会的首要活动可能就变成了重新安排或者抵制这些转移支付。生产的决定变得不明智，因为你可以把钱从你身上转移走。这很像一个私人盗窃成了合法行为的社会，在这个例子中除了你甚至不能阻止自身的负收入转移。与此同时，总产量也大大减少。[9]人们会说没有人想参加这场游戏。[10]你总会有兴趣去组织一个联盟，因为你是否组织一个联盟对其他人是否这样做产生不了什么影响。最好一开始就成为获胜联盟的成员之一，而不要在最初联合时就成为一个失败者。

尽管如此，正如我之前所说的那样，在现实世界中我们观察不到这样的政治联盟。此外，当转移支付是以非现金形式进行时，我们甚至无法看到一些联盟把他们所有的利益都集中在获胜者一方。在现代社会里，大多数转移支付采用公共劳动项目、竞争性产品的税收以及规章制度等形式。当然也存在对特定群体（这些群体与社会保障体系有关，而且数量很庞大）的直接转移支付，但是这些转移支付从本质上来说跟我们现在所说的转移支付差别还是很大的。

以一件没有发生过的事情为例，当英国的工党获胜时，他们通常会颁布各种各样的法律，在某种程度上使他的成员受益，同时也使那些为保守党投票的人受损。然而以这种方式转移的资金是非常有限的。我们来看一个显而易见的例子。为工党投票的行政区在公共劳动项目上似乎并不比为保守党投票的行政区做得好。的确，做得最好的行政区似乎是那些边缘地区，他们的投票可能是为了下一场选举。当然，边缘地区的坚定立场显然在政治上是很明智的，但是他们为什么不花些钱在安全保守的行政区呢？

这些问题的答案并不是很明确。一种答案是，我们正在讨论的大型的转移支付联盟在本质上是很不稳定的。[11]简而言之，联盟内部的动态性处于一种持续而又严峻的紧张状态，因为失败者至少能向获胜联盟的一些成员提供边际改善的建议，从而成为改变联合状况的激励。因为在现实世界中，这些转移主要是以特殊工程而不是以直接的现金形式进行的，完全的平等主义是不可能实现的。在这种情况下，这种联合在组织结构上的问题就很严重了。

但是我们确实看到了许多转移支付是通过民主投票体制进行的。这又是如何操作的呢？答案是他们使用的是另外一种投票方式，称为明确的互投赞成票（explicit logrolling）。[12] 再回到图 2.1，假设在星期一，A 告诉 B 和 C 他将为一个议案投票，在这个议案里将会对每个人征收 2 美元的税收，从而给 A 支付 10 美元，或者说 A 得到 8 美元的净收益。A 建议 B 和 C 参加类似的对他们有利的议案，并且表示在这些方案提出时他将投赞成票。这样，A 能得到 4 美元的净收益；B 和 C 只要同意，这个议案就通过了。到了星期二，B 与 A 达成了一个协议，他去接近 D，说他将来会为 D 的类似议案投赞成票。有了 A、B 和 D 的投票，这个议案就被通过了。星期三，C 参加了一个议案。他已经能保证 A 投赞成票，所以他去拉拢 E，提出建议说如果 E 能给这个议案投票，将来他会为了 E 而给类似的议案投赞成票。E 如果答应，有了 A、C 和 E 的投票，这个议案也会被通过。星期四，D 去拉拢 E，说如果 E 能给 D 的议案投票，将来他也会给 E 的议案投赞成票。协议一旦达成，这个对 D 有利的议案在 B、D 和 E 投赞成票的情况下通过了。接下来的一天，在 C、D 和 E 投赞成票的情况下，对 E 有利的议案也通过了。

这种投票方式的最终结果当然是每个人得到的钱跟他最开始拥有的钱相等。下面我们将看到，在实际的政府转移中，这样的描述并不是太坏，然而政府转移支付通常至少会造成一些资源的浪费，从而使所有人的状况最终会变坏。

当然，我所假设的这个高度对称的结构不可能只有五个投票者参加。有了大量的投票者，就变得不太现实，但是我们先忽略这个问题，同时也忽略投票过程中的低效率，以后再对其进行讨论。我们现在只考虑当前的模型。第一，注意如果其中一方拒绝参加这些协定，他自己会受损，同时别人会得益。例如，假设 E 不愿意加入这个协定，唯一的结果可能是通过的四个议案（跟最合适的大多数一起）是 $A(A, B, C)$，$B(A, B, D)$，$C(A, C, D)$ 和 $D(B, C, D)$。E 要支付 8 美元，而得不到任何的回报。像前面那样，一个人在相互投赞成票的议案中，如果对他有利的议案通过了，他将得到 8 美元。作为回报，他将被迫对两个税收议案投票，每个方案将使他损失 2 美元。他投赞成票的所有议案的最终结果是他得到了 4 美元的净收益，而在他投反对票的议案中他将损失 2 美元。E 每投一次反对票就会损失 2 美元，他总共损失了 8 美元。

反对这种方案的一个可能的理由仅仅是因为一个固定的联盟，如 A、B 和 C 联合，他们的状况明显比在这种互投赞成票的情况下要好得多。这是事实，但并没有经常发生，因为要维持这样一个固定的组合还是很难的。然而，更重要的是，虽然我们承认议案会随时间而改变，并且个人有强烈的动机让人们认为他们在将来的交易中是靠得住的，但这样的议案是没有机会在议会中提出来的。A 仅仅是用简单的建议去拉拢 B 和 C，让他们为他投票，同时 A 也会分别为他们投票，这样做比起 A 为 A、B 和 C 去组织一个全面的联盟来说要容易得多了。当然，如果像现在这样只有五个人的话，两种做法的区别是非常小的，但是众议院有 435 个成员，要把他们中的大多数联合起来会更加困难，所以只需要跟他们半数的人就某一特定的议案签订互惠协议即可。[13]

如果我们考虑一下这种有众多参与者的交易，正如大多数立法机关那样，没有人被排除在外的原因就非常明显了。从本质上来说，存在这样一个市场，任何人都可以通过简单的权衡，以较低的价格出售他的选票。有了合理有利的信息，一个人能通过讨价还价的方式以大致标准的价格参与交易。这的确符合实际情况。给每一个选民支付的报酬跟其他人是差不多的，尽管报酬采取的具体形式可能有差异。例如，农业委员会的成员在农业议案中有特权，在其他领域的同等待遇中，他们得到的更少，并以此来进行支付。然而总的来说，选民在这方面的花费还是相当均等的。

然而，读者已经注意到了与这种形式投票有关的严重问题。它可能是在一个立法机关里的均衡，但是这又通常会导致立法机关的所有成员被选下台。把钱从一个选民转移到另一个选民时，至少会存在一些执行成本。如果是这样的话，任何选民总共获得的钱比他所失去的要少。如果这些支付是以现金形式进行的，很明显选民们会有动机频繁地把恶棍驱逐出局。正是这个事实才可能解释转移支付几乎从来不用现金形式的原因了。

如果我们察看一下政府的所有传统行为，很显然，许多行为在某种意义上来说都是有利可图的，因为总收益明显超过了总成本。警察局是一个显而易见的例子。在大多数城市里警察局都是总预算的一个很小的组成部分，但它却能给市民创造巨大的收益。那么，我们希望政府能采取大量的行动。在这些行动里，政府对市民征税，目的是为了提供一些价值高于税收的服务。

这里我们必须注意一下，因为这有可能被用作取代私人行为的借口。政府所做的很多事情，在私人市场里也可以进行——即个人可以直接购买政府行为所提供的任何物品，而且消费者剩余没有变化，或者说在所有可能的情况下会变得更多。尽管如此，虽然我们必须注意，但是毫无疑问，在许多政府行为中市民都得到了大量的好处。的确，我的意见是，政府总体上是一个使其国民受益的机构，即使这个政府像路易十四政府那样具有明显的剥削性质。

假定纳税人的钱可以用来进行这种类型的投资。如果所有的投资都用于公共产品，可能不需要任何投票协议就能通过这项议案了。每个选民都能得到好处。虽然这样的事的确会发生，但是绝大多数政府行为要么是提供私人产品，而这些私人产品由私人市场来提供效果会更好，要么提供一些能给许多人带来好处的产品，而并不是使整个国家组织受益。[14]

比如说公路。从总体上来说，公路是任何一个国家的巨大的收益，但是公路的每一个部分常常只能给大多数市民带来小小的好处，而给它的所在地带来大量的好处。我们来看一下从我家门前经过的一条路(River Road)：这个地区来来去去的交通比以前更加方便，所生产的物品也能在外面以更低的价格出售；对于从外面引进的产品，本地区的居民将愿意支付比没有这条公路时更高的价格，这些事实几乎让所有人都在很小的程度上受益。

然而，显然是那些经常使用这条公路的人获得了主要的收益。各种不同的人对公路的利用情况在很大程度上依赖于每个家庭或者企业的具体情况。从理论上来说，可以建立一个特殊的集体组织来处理与这条公路有关的事件，对所有个人征税，以公路对人们的重要程度来加权他们的投票。[15]很明显，这个项目的执行成本高于其收益。另外，在美国，政府行为都会产生外部性，如果为所有的事件都建立一个单独的机构来处理相关事宜，每个选民都会面对各种各样的行政机构并为其投票。这个负担超出了选民所能承受的范围，在多数的投票活动中，他可能会不厌其烦地投票，但是他显然不会投出可靠的一票。

我们需要的是另外一种制度，在这个制度里政府机构的组成情况很简单，它处理着所有可能的收益。[16]很不幸这些收益给了不同的人：我是 River Road 改造的受益人之一，同时也是大学周围环境改善的受益人之一，但是居住在 River Road 两旁的居民中有不足 1/3 的人是属于第二种类型，不到 2%或者 3%的人既能从大学周围环境的改善中受益，也能从 River Road 的改造中受益。解决的办法是，设立一系列的政府机构(只能是有限的数量，因为投票的问题)，每个机构处理许多不同的问题，所造成的外部性就会重叠，但也并不是一模一样的。互投赞成票是一种解决办法，但我并不主张它是解决这个问题的唯一办法，也不是最理想的办法。[17]

不幸的是，一旦我们建立了这样一个体制，未来选民承担的大量的成本将成为现实，把这些成本用于直接的转移支付也将成为现实。回到图 2.2。假设除了直接的转移支付外还有五个道路修缮项目，每个项目能使四个市民更加方便。在这个例子中，完成道路修缮项目后，住在道路附近的居民能获得 8 美元，从某种程度上说，其他市民与道路附近的居民见面更方便，因此每人也能得到 1 美元的收益。那么，净收益就是 12 美元。再假设道路修缮项目的成本是 10 美元，同时为了实现这个项目，提出一个议案将对每个人征收 2 美元的税收。很显然，从社会的角度来看，这是一个令人满意的议案。如果我们假设给其他人带来方便的类似议案也会被通过，社会作为一个整体将会因为通过这些议案而受益。然而，如果没有互投赞成票的选举，这五个议案都不会被通过。另外，如果我们试图把所有问题都集中在一个议案里，常常会以只修缮五条公路里的三条这个结果而告终。

多种议案结合起来却失败了，这似乎不符合议会的实际情况，但是把整个一系列的项目集中到一个大的议案中明显只是为了节省时间。只为大多数人谋利益的联盟不可能实现，因此，在委员听证会之后，会颁布一个融合多个项目的议案，这个方案所产生的结果跟进行联盟是一样的，就好像所有的议案都同时变成了一个议案。

不幸的是，没有明确的例子能证明在互投赞成票的选举中能增加社会福利。互投赞成票也能造成社会的损失。假设我们把上面例子的一个方面稍作改变，每个人从他的道路修缮中得到的直接利益降低到 5 美元。在这种的情况下，修缮道路能使他获得 5 美元，其他人每人得到 1 美元，或者说总收益是 9 美元，而总成本是 10 美元。修缮这条道路并不能令社会满意。

很不幸，互投赞成票会导致道路被修缮。如果 A 让 B 和 C 为修缮他的道路投票，并以同意为修缮他们的道路投票作为回报。他假定自己将会为这场交易支付 6 美元的税收，他能从修缮自己的道路中得到 5 美元，从修缮 B 和 C 的道路所产生的外部性中获益 2 美元，或者说是总共得到了 7 美元的收益。从他的角度和 B、C 的角度来说，这是一场有利可图的交易。在这种情况下，互投赞成票的循环也会发生，从而使得所有的道路都被修缮。

作为一个一般规则，我们所描述的这种简单的互相投赞成票的方法能用来在议会中通过任何议案，所获得的净收益高于净成本的一半。的确，实际情况甚至更糟糕。如果像美国那样，我们拥有的是单一成员的选区，在多数行政区域里，议员的大部分选民的收益就是能通过议会确立一个议案。因此，如果收益的分配方式是正确的话，一个议案的净收益只是其净成本的 26%。[18]

然而在我们沿着这条推理的线条走下去之前，有必要察看一下政府给社会中不同群体所提供的有差别的特殊项目的实际福利效应，以及投票的信息是否充分。正如我们将要看到的那样，这些被允许的转移支付，隐藏在政府的投票项目中，从社会的一部分成员转移到另一部分成员。在大多数现代社会里，这些转移支付的数额似乎很大，尽管实际度量它们是一件很困难的事。然而，我们可以确定地说，这些转移支付的数额要比支付给穷人的数额大得多。

注 释

[1] 偶尔也会有不同于这个的事情发生。那些已经实行民主制度的人们拥有提供被改进了的民主制度的宪法传统。我所举的费城(Philadelphia)例子，个人认为，完全是名副其实的。

[2] 对于人类学文献中关于州的起源的简洁论述，请参见 Robert H. Bates, "The Centralization of African Societies," Social Science Working Paper 400, California Institute of Technology，以及 Fred H. Willhote, Jr. Coe College, "Reciprocity, Political Origins, and Legitimacy"。在 Willhote 的文章中前面几页是生物学方面的，可以跳过。

[3] 对于基本的解释，请参见 Gordon Tullock and T. Nicholas Tideman, "A New and Superior Process for Making Social Choices," *Journal of Political Economy*(October 1976): pp. 1145—1159。

[4] 注意到这一点的历史意义大于现实意义。虽然这样的制度安排仍然存在，但是它已经完全被该政策的其他方面盖过。

[5] 下面的讨论将全脂牛奶和奶酪的供应商区别开来。但实际上，两个行业有高度的重叠，常常是一个供应商同时经营两种商品。

[6] 现在他们将它的很大一部分出售给了政府，以与欧洲的经济组织竞争最大的老牌奶酪和黄油供应商的名头。

[7] 如果奶牛养殖也的确从这项转移中获益的话，可以预料，必然有人进入这个行业直到这些获益消失。

[8] 在这个具体的案例中，转移的根本原因是由于奶农的游说，而不是奶酪行业的游说，但是有可能奶酪行业与这个具体的管制有关系。

[9] 从富人向穷人的转移也会有激励效应，但是这非常微弱。

[10] 这假定宪法允许这类转移支付。英国以及其他许多国家的宪法的确允许，但是不清楚是否美国的宪法也是这样。这需要小心地设计起草条款。我们在英国没有观察到它们。

[11] 参见我的文章“Why So Much Stablity,” *Public Choice* 37(2): pp. 189—202。

[12] 对于互投赞成票的详尽分析及其效率后果，请参见 James M. Buchanan and Gordon Tullock, *The Calculus of Consent* (Ann Arbor: University of Michigan Press, 1962)。

[13] Candor 强迫我告诉读者，这就是我对于在没有一般联合的情况下实现大规模的现金转移的解释。并不是所有的公共选择的学生都对这种说法没有异议。实际上，《公共选择》(*Public Choice*)杂志正在对这个问题进行讨论。在任何情况下，我们必须承认，在民主社会通过这种联合实现多数人从少数人那里攫取大量的现金转移的情形是未有过的，除非是特别富有的人作为少数人时。但是即使是对富人，他们也只是极少的一部分，并且他们也不会受到特别大的损害。

[14] 也有一些政府产品，它们产生的好处外溢到了没有生产这种产品的国家。在那样的情况下，外国就可以搭便车，就像北约(NATO)搭乘美国军队的便车一样。

[15] 事实上，需求显示过程使得这极有可能行得通。参见 Tullock and Tidemand, “A New and Superior Process for Making Social Choices,”以及《公共选择》关于它的恰当的解释的特刊。

[16] 这个推理过程主要沿用了我的文章“Federalism, Problem of Scale,” *Public Choice* 11(Spring 1969): pp. 19—31。

[17] 除了上面讨论的需求显示过程外，还有一个海弗雷(E. T. Haefele)所称的“通用代表”。他是由每个地区选出来处理特殊事务的代表中的一个。那些不同地区的政府管辖着不同的区域，但是它们包括在这个代表的范围里。在一个法案中，每个区域的代表将会与其他代表进行交易，在交易中他会将对其他区域的得失考虑在内。

[18] 同样，这个问题在《一致的计算》中有更加详细的讨论。

第三章 信息与互投赞成票

本章的主要目的是分析民主制度里的信息问题以及对互投赞成票和由此引起的特殊的转移支付所产生的效应。然而，首先必须更加仔细地观察一下互投赞成票的福利含义。这里我必须说明——为了那些对收入转移感兴趣的人的利益，这些人不习惯经济推理，也不习惯经济在政治问题中的特殊应用——我们总是举一些只有少数几个人的例子，仅仅是因为这样的例子更简单易懂。人们把这些例子视作为缩小了的现实世界的模型。然而在只有少数几个人的小模型中，各方之间的谈判可能会消除导致我们预期结果的那些问题。因此，从这方面来说，缩小的模型是不切实际的。我们基本上假设在少数几个人之间，如100 000个人以内，是不会发生谈判和讨价还价的。所有这些都会使推理过程变得更加容易，而且不影响结论，但是这也给讨论增加了某种不真实性。

有了以上的说明，图3.1表示一个在只有三个人的国家中筹划的项目，比如说道路修缮项目。纵轴表示以美元计价的成本，而横轴表示修缮道路的数量。如果我们假设道路修缮能用每单位美元来衡量，那么直线CC表示每单位数量道路的修缮成本。在我们这个小型社会中有三个人：A，他对道路修缮的需求很大(直线A)；B，他的需求相对较低(直线B)；以及C，他对道路修缮的需求为0(横轴)。如果我们把这些需求纵向相加，我们能得到直线$A+B$，它也包括了C的需求，因为C的需求为0。社会的最优选择在O点，它是道路修缮的总社会需求与总成本的交点。在这一点上，除去成本后的社会净收益最大。

然而，必须用税收来支付道路修缮的成本。林达尔(Lindahl)税对每个人征收的税在数量上等于图中一个区域的面积。这个区域的高由

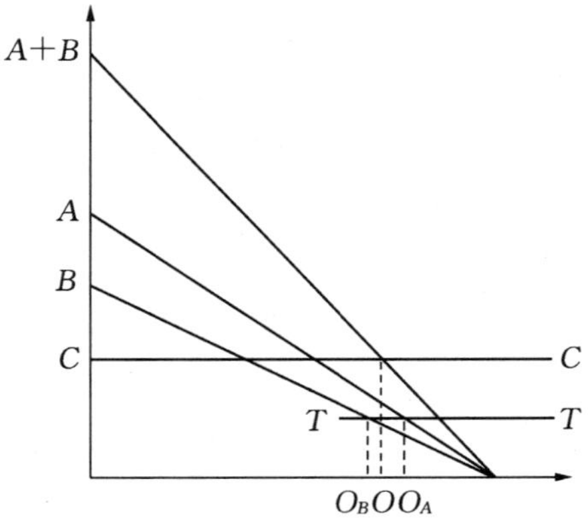

图 3.1　三个人组成的国家筹划的项目

每个人的需求曲线和直线 O 的交点决定，其宽是原点到O点的距离。通常林达尔税的总和正好等于提供产品的总成本，而每个人对每单位公共产品支付的是他们的边际估价。

需求推导过程提供了一种估计这种林达尔税的方法。[1]这是一个有趣的事实。然而，在现实世界中，没有哪个地方采用这种税收。使用这种税收能消除大量被称之为副产品的转移支付——在这样的情形下，政府以很好的理由购买了某种公共利益，但其成本和收益的分配却是很不相同的，由此所造成的结果是，一种有效的转移支付会从一部分人手中转移到剩下的人手中。

但是，假设我们不采用林达尔税，让我们来考虑一个很简单的系统，在这个系统里社会的三个成员都支付等量的税收，每个人支付总成本的三分之一，用直线 TT 来表示。在这样的税收安排中，C 宁愿所有道路都不被修缮，B 只想要修缮 O_B 数量的道路，而 A 想要修缮 O_A 数量的道路。用多数投票原则，中间投票人 B 会胜出，O_B 数量的道路将被修缮，但对于全社会来说，这并不是一个最理想的选择。

然而，假设互投赞成票发生了。很明显，在 A、B 和 C 之间不可能发生互投赞成票的情况。假设有一个更大的社会，他们只是其中的三个市民。在图 3.2 中，我们把 A 和 B 视作一个集团。我们把这个集团称作政府服务的高需求者。直线 A 表示他们对服务的需求。每单位服务的社会成本仍用直线 CC 来表示。从社会的角度来看，最优选择是 O 点。然而，这个社会中数量很大的其他人对这个项目毫无兴趣，但是他们却要为此而支付税收。另外，我们假设税收 TT 在市民中平均分配。

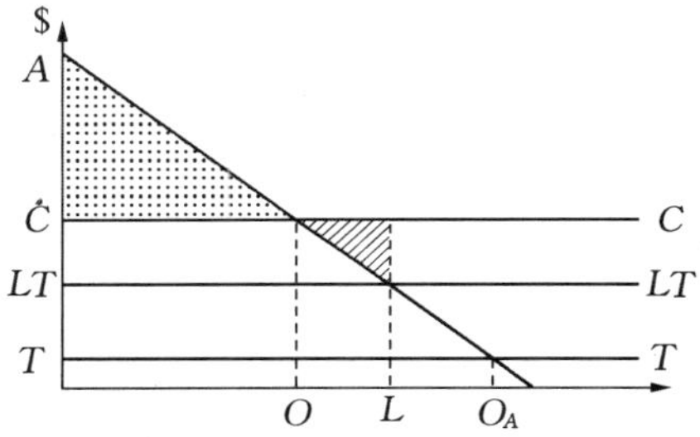

图 3.2　一个多于三人的国家筹划的项目

我们用多数投票原则解决这个问题。如果没有需求的人的数量远远多于高需求群体，其结果就是不提供此服务。然而，如果用互投赞成票的方法，结果就不是这样了。高需求者的需求量由他们的需求曲线和成本曲线的交点决定。他们的成本曲线是直线 TT，因而最优选择是 O_A。因为他们无法得到这么多的服务，所以不得不与其他人达成协议。在这个协议里，他们为其他项目的投票作为人们为他们的项目投票的回报。然而，高需求者只需要收买一半的立法者即可，所以其成本也就不等于总成本，即直线 CC，而等于游说成本，即直线 $LTLT$。提供服务的总量是 L，它比社会的最优选择要高得多。过度供给所造成的社会成本由带阴影的三角形来表示。注意在这个特殊的图表中，消费者从最初提供的服务中得到的收益（由加点的三角形表示）比带阴影的三角形大得多。当然，这是我在图表中人为画出来的。这两个三角形的关系可以是任何一种情况。比如说，可能不会出现加点的三角形。

注意看这个项目的收益和成本的分配。高需求者增加的收益等于由纵轴、直线 LT 和直线 A 所围成的三角形的面积。那些加入此协议为项目投赞成票的低需求者或许在别的地方已经得到补偿了。在这个项目中，他们可能做得与高需求者一样好，就像在他们作为高需求者的其他项目中一样。那些不属于这一系列特殊交易成员的人，将会为此议案的通过支付一定的成本，数量上等于由纵轴、直线 L，直线 LT 和直线 C 所围成的矩形的面积。既然每个人都是某些互投赞成票交易的获胜者，同时也是其他交易的失败者，那么总产出的净效应就会大大减小，但是由于不太严格的对称性，社会中会存在大量的转移支付。

如果议会的每个成员的选择仅仅使他的选民的大部分人受益，那么这可能对社会造成很大的损失。另外，正如我们将要看到的那样，当我们讨论信息状况时，从真实的意义上来讲，所有这些都低估了政府项目的过度开支行为。

在我们探讨信息问题之前，通常有些问题需要考虑一下。第一，虽然在许多情况下，互投赞成票会导致过度提供政府服务，但需要说明的是，在其他情况下，互投赞成票会使政府提供令人满意的服务量。这种合适的服务量在其他情况下并不会发生，因此，社会的状况变好了。我并不是主张政府和互投赞成票应该被废除，也不是想要互投赞成票的净成本为负。如果把政府看作一个整体，我认为这时的情形有点像图 3.2——即政府早些时候提供的服务所产生的消费者剩余超过了后来的生产成本。由政府提供服务明显优于由非政府来提供，但是，选择性调整的政府将比我们现在讨论的政府更好。

我们所观察到的政府中的普遍低效率现象，以及我们稍后将进行讨论的普遍低效率现象，没有必要包含转移支付在内。效率低下的项目并不是太明显的转移支付，但是它们可能有很强的转移成分。第一，政府实行的许多项目都是非常直接的转移支付，而没有正的产出量。很明显的一个例子就是农业项目，无论是对我们不需要的农作物生产实行补贴，还是对畅销农作物的生产进行限制。这两种方法都会导致农田的价值上升，或者被保持在一个人为上涨的价值上，同时也会导致市民来支付——通过税收或者限制性的规定，或者两种形式都采取——农产品上涨的价格。这里仅仅发生了转移支付。另外，这种转移支付效率极其低下，因为它给市民带来的成本比农场主得到的收益要大得多。还有许多其他项目也属于这一类。

然而，政府行为通常包括生产一些确实能增加社会收益的产品，即使社会收益远远低于其成本。让我们来看一下我喜欢的政府为讨好选民而进行的项目，用纳税人的钱把俄克拉荷马州的塔尔萨（Tulsa）转变成一个深水港。[2]毫无疑问，这个项目是能带来经济上的好处的，但是这些经济上的好处无疑比它的总成本要小得多。

我们应该把这个项目算作一种转移支付吗？首先要注意的是，如果它是一种转移支付，大部分资金是用来增加河水的深度，并没有转移给任何人，资金在增加水的深度这个过程中耗尽了。这项工程的承包人得到的利润并不比美国其他地方的承包人高，但是这项工程却增加了对某些工程活动的需求，从而可能增加美国所有工程的收益。我猜测增加的幅度是非常小的，而且很分散。那些拿到挖深运河合同的承包人无疑会感激政府，然而他们是通过竞标的方式拿到这份合同的，可能赚的钱也不是很多。

运河增加了一些房地产的价值，而这些房地产的所有者就成了最主要的受益者（房地产所有者对增加的幅度非常失望，因为比他们预期的要少）。由于交通条件改善了，住在塔尔萨和俄克拉荷马州其他地方的许多市民，发现他们能以稍高的价格卖出物品，同时也能以稍低的价格买进物品。这些人得到的总收益仅仅是美国所有纳税人的总成本中的很小一部分。这一点是非常确定的。为了修建这条运河，或许塔尔萨的市民支付的税收甚至比他们得到的收益还要多。对这条运河竣工的解释，不能仅仅归因于简单的互投赞成票，而应该归因于增加了信息问题的互投赞成票。在本章的后面部分我们还将针对信息问题进行讨论。

然而问题是，“这个项目中存在转移支付吗？”这是一个定义问题，而一个达成一致意见的定义非常重要，但在这里却不是很明显。如果你想要把俄克拉荷马州运河称作由我们剩下的人对塔尔萨的一种特殊的转移支付，或者说，如果你想说这个项目是互投赞成票的一个效率极低的产物，那么与其他项目相比，它在很小的程度上增加了塔尔萨部分市民的财富，却使其他人的财富大量减少。我并不会为此争辩什么。然而我们应该记住，这类项目能正常地完成是因为项目的接受者们希望它们能完成，而且他们希望得到特定的、有限的收益。因此，他们背后的动机在很大程度上是接受转移支付的欲望。而那些反对项目实施的人在他们力所能及的范围内通常会反对纳税，也就是说，他们要保护自己不因转移支付而遭受损失。在塔尔萨的例子中，其最终的效率是很低的，但无疑存在一些事例，在这些例子中类似的互投赞成票会造成一些工程的开工，而这些工程的价值要高于其成本。比如，我猜想我们道路网中的很大一部分都是这样的。

不管怎样，至于这样的行为是不是一种转移支付，我留给读者来决定。从本质上来说，存在三种类型的转移支付。一种政府行为会增加一些市民的财富，而不产生任何经济价值，或者说在许多情况下，降低了总产量。大量农业项目就属于这一类。第二类情况就是，政府行为确实能生产一些具有经济价值的产物，但是其价值要低于(通常要远远低于)成本。第三种情况就是政府生产的产品的经济价值高于其成本。在这三种情况下，收益有可能集中在少数人手中，同时也是少数人支付其成本。在政治上，这三种情况看起来是一样的。它们都是互投赞成票的例子。受益的国会议员和国会选区可能并不愿意区分这三种类型。然而，我们把它们区分开来还是很明智的。

现在我们转到信息问题。很不幸，民主投票中的信息问题是很极端的。基本上没有理由让选民对任何事情都具有特别充分的信息。他也许有一些关于这个世界的信息，如果他要投票，只有利用了这些信息才是明智的，[3]但他只有很小的动机，或者没有动机来得到更多的信息。此外，如果他拥有的信息实际上是虚假的信息(也就是误传)，那么纠正这个错误对他来说所能得到的收益是非常少的。出现这种情况的原因可以从下面的等式中看出来：

$$\text{净回报} = B \cdot A \cdot D - C_V \tag{3.1}$$

$$\text{净回报}' = B \cdot (A + \Delta A) \cdot D - C_V - C_l \tag{3.2}$$

$$\text{净回报}'' = B \cdot \Delta A \cdot D - C_l \tag{3.3}$$

$$= \$10\,000 \cdot 1/4 \cdot \frac{1}{10\,000\,000} - \$100 \tag{3.4}$$

$$= \frac{1}{4\,000} - \$100$$

$$= -99.75$$

其中，

净回报＝没有特殊信息的投票的净回报

净回报$'$＝在选民自己费尽心思知道更多信息后的净回报

净回报$''$＝搜集信息的净回报

B＝如果选民所在方获胜，他期望得到的收益

A＝选民判断准确的概率

ΔA＝得到更多信息后 A 的变化

D＝投票所造成的差别

C_V＝投票的成本

C_l＝获取信息的成本

等式(3.1)表示一次投票的净回报，假定投票人仅仅利用他所拥有的信息，没有去获取更多的信息来改善他的投票结果。一开始他就拥有一些信息，显然会影响他的投票。然而，正如等式(3.2)所示，为了投出消息灵通的一票，他可以去获得更多的信息。

然而，让我们仔细检查一下等式(3.1)。前三项代表他自己所在一方获胜后，或者是他支持的一方获胜后他能得到的收益估计。注意，这包括他可能得到的任何主观收益，因为他希望整个世界都能获益。A 是他对自己判断的准确性的估计。这是等式中的一个不平常项，但改善信息状况唯一确定的效应就是你对自己的选择更加充满信心。A 也

很与众不同，因为这个概率在 0 到 1 之间变化。它为 0 时，表明你觉得正确和错误的可能性是相等的；为 1 时，表明你确信自己是正确的。这种加入一个估计项的方式仅仅是为了让数学变得更加简单。D 表示单个人的投票会对结果造成影响的可能性，C_V 是选民的成本。必须指出的是，C_V 不一定是正数。选民有可能从投票中得到正的满意度，它要高于参加投票的成本，但是不参加投票会让他感到内疚，而内疚的主观成本比参加投票的成本要大。在这两种情况下，他估计投票成本是负数，所以不管 B、A 和 D 的收益是多少，他都有动机参加投票。

等式(3.2)表明为了改善投票而获取信息的效应。改善你的信息并不一定会增加或减少你认为自己会从结果中得到的收益。它有可能是增加，也有可能是减少。当然，这些信息也会导致你朝反方向投票。然而，朝反方向投票也不一定会增加或者减少你从自己所在方获胜中得到的收益。因此，B 在等式中是个常量。然而，你对自己所作选择的正确程度的确定性会随着信息的改善而增加。你只有在之前对自己准确性的估计完全错误，以及改善的信息让你得出一个更低、更合适的估计时，这一点才不成立。这似乎不大可能出现。

D 是你的投票会对结果产生影响的概率，它也是一个常量。投票的成本也不变（记住它有可能是负数），但是却存在获取信息的成本。通常成本不以现金的形式支付，而是会耗费时间，如去图书馆，观看不能让你得到任何消遣的电视节目，咨询一些不能让你得到任何娱乐价值的问题等等。你也可能会观看你想看的所有电视节目，阅读你想读的任何报纸，因此在等式(3.1)中可能不会耗费成本。等式(3.2)仅涉及为了改进你的投票你可能获取的信息，而不涉及你因为其他原因而获取的信息。

为了算出净回报，我们用等式(3.2)减去等式(3.1)，就得到了等式(3.3)。当然等式(3.3)的含义非常简单，就是你投票准确性的增加量乘上收益和你的投票能产生影响的概率作为第一项，获取信息的成本作为第二项。在等式(3.4)中，我们加入了一些合理的数据。我假设你估计自己所在的一方获胜，你能得到的收益为 10 000 美元。具体的数据在这里无关紧要。至于 A，我又假设你之前觉得自己决策正确的可能性是 3/4，这在我们的体系中能给你一半的收益，而且获取更多信息的结果是你现在觉得自己决策正确的可能性为 7/8，这能让你得到 3/4 的收益，这两者的差异是 1/4。

对结果造成影响的概率是一个非常粗略的数据，但在一般的美国总统选举中，可能并不是很不准确。当然在实际操作中，你必须仔细观察选票，并做出估计。这个估计在 1964 年和 1972 年比1/10 000 000要小得多，但在 1968 年和 1976 年就大一些了。接着，我又假设使你的信息增加的成本是 100 美元。另外，我认为这是一个非常适中的数，不过几乎任何合理的数据都会得到大致一样的结果。接下来进行计算，人们会注意到获取信息的净效应是你损失了 99.75 美元。这个细心的、消息灵通的选民将得出一个结论，认真对待投票和去获取更多的信息后所得到的回报竟然是负数，而且的确是一个很大的负数。所以，只有在能得到正的享乐，或者是当你偶尔翻到运动版面时突然得到了这个信息，你才会去获取政治上的信息。

这个理论上的论断在一开始由安东尼·唐斯(Anthony Downs)提出来时，[4]许多人都感到震惊，但是那些选民似乎早就知道了。对于各种各样的问题，所有来测定选民对各种问题知道多少的努力都表明，选民的无知程度是非常令人震惊的。他们经常不知道议员的名字，即使刚经过一场选举。

作为对这个问题的特殊解释，里根阵营使用信息的方法非常科学，他们进行了很多民意测验来了解人们的想法。他们发现，大多数人认为在尼克松和福特政府期间，以及艾森豪威尔执政期间，这样的事情不仅发生在里根共和党身上，也发生在国会身上。其调查的最终结果使得里根阵营实施了一个项目，使选民相信自 1954 年以来国会就已经变成民主党的国会了。在总统选举运动后期进行的民意测验表明，教育运动起作用了。参议院组织结构的变化在一定程度上是这场运动所造成的，当然还包括许多其他因素的影响。

注意，这里并没有说选民是不理性的。认为他们对政治一无所知也不符合实际情况。生活在总统选举投票的当天，对政治一无所知，这肯定是不可能的。另外，谈论政治是一种标准的谈话开头。在某种特定的文化中，任何事情突然间变成了一个很受欢迎的话题，人们去了解这些事情是为了能参与到愉快的交谈中去。然而，在通常情况下，通晓政治似乎并不能改变人们基本的地位。的确，一个选民如果获得的信息越多，那么他从一方转变为另一方的可能性就越小。[5]这更进一步地证明了，人们获取更多的有关政治的信息并不是为了改善他们的投票，而是为了各种各样的社会原因。他们获取信息并不是为了改变他们的选票。当然，他们所拥有的任何信息都可能改变他们的选票，但这并不是他们获取信息的理由。

所有这些都让许多政治学教授感到震惊，他们以前习惯了告诉学生说，他们不仅有参加投票的义务，而且有投出信息充分的选票的义务。然而，我猜想他们的学生将来的行为就如同末代政治学家的学生一样：他们并不会变得消息灵通，除了那些把政治当作爱好的人。[6]

意大利的著名经济学家帕累托(Vilfredo Pareto)清楚地了解了这一状况。他在差不多一个世纪以前写道：

> 让我们假设在一个拥有三千万人口的国家，有人以某种借口提议，让每个居民每年支付 1 法郎，再把这些钱分配给 30 个人。每个捐赠者每年放弃 1 法郎，每个受益者每年就能得到 100 万法郎。两个群体对这种状况的反应大不相同。那些希望每年得到 100 万法郎的人将在白天和黑夜都无法休息。他们将通过财物来诱使各大报纸都代表他们的利益，并且竭力争取各方的支持。一只用心良苦的手会温暖贪婪的立法者甚至是大臣的手掌。……另一方面，被掠夺的人没有他们那样活跃。发起一次选举运动需要大量的资金。如今，无法克服的物质上的困难阻止了要求每个居

民都贡献少量的生丁。他们不得不让少数人做出巨大的贡献。但是对于这些人来说，他们每个人对这场反对掠夺的运动的贡献，以正在讨论的方法来计量的话，有可能超过他们所能承受的损失上限。……当选举日到来时，他们也会遇到类似难题。那些想独自得到100万法郎的人，在各地都有代理人，他们蜂拥似地拜访选民，告知他们，健康而文明的爱国主义需要他们适度的计划以取得成功。如果有需要的话，他们会做更多的事，为了使候选人能实现他们的利益，他们时刻准备支付现金来获取必要的选票。相反，有可能每年损失1法郎的个人——即使他完全明白正在发生什么事情——他们不会为这点小事而影响了去乡村野餐，也不会为此跟有利用价值的，或者志同道合的朋友闹翻，更不会为此跟市长或者其他官员对着干！在这种情况下，其结果不用怀疑：掠夺者会获得自上而下的支持。[7]

当然，帕累托基本上是正确的，但必须指出的是，我们能看到的这类直接的现金转移支付真是少之又少。虽然存在这类现金转移，但是一般的转移支付都被区分为其他的形式。一个公务员得到的收入可能比获得适量的帮助所必要的收入要多，铺设一条道路是为了增加某几片房地产的价值，政府可能放弃陆地上巨大的潜在矿藏开采权，而保持它的“完整性”，这是为了满足少数喜欢游览那个地方的上层收入者，或者为了增加眼科医生的收入而可能对验光师的行为进行一些限制。所有这些都是从大多数人到少数人的非常直接的转移支付的例子，但是没有哪一个是通过直接的现金转移进行的。我认为，其原因是信息问题。如果我们承认帕累托讨论的是他的真实想法，这个项目必然会引起报纸的注意，几乎所有的人都会知道他们将损失1法郎，而仅有的受益者只是那些将要得到这笔钱的少数人，那么这个项目肯定得不到实施。帕累托把这个行为说成是“以某种借口”而发生的，但我们通常观察到的是，这种借口必须是非常复杂的，而且如果有直接的现金支付的话，其造成的结果是双方（纳税人和受益者）的状况都能得到改善。

思考一下我上面给出的各种转移支付：假设这个公务员得到的收入比他所提供的服务多 5 000 美元。注意，这个假设其实很接近直接的现金转移，就跟我举出的任何一个例子所描述的情况一样。如果我们给他 4 995 美元，直接作为养老金，他的状况或许要好得多。那么我们可以雇用任何人来从事他这份工作，也可能是雇用这个人，然后付给他所提供服务的真实的经济价值。这意味着他将有更大的自由，当机会来临时，他很容易就能跳槽，同时政府也有更多的自由去雇用那些更胜任某项工作的人。与直接的现金支付不同，把养老金与工作联系在一起，会降低社会总产量，但是现金支付很容易被人看出来，而且在一个民主的制度里不容易被通过。

直接的现金支付对整个经济来说花费的成本较小。这个事实在其他情况下更为明确。在最佳的地理位置铺设公路，再对那些能从公路中获益的人征一种特殊的税，并把这些钱转移给政治上有影响力的人，他想要用另一种方式来铺设这条公路，从而使其对整个经济更有利。奥杜邦（Audubon）基金不仅是为了保护政府的土地不被破坏，而且它拥有一定量的属于它自己的荒地。它允许在这些土地上签订采矿契约，同时却反对政府发放类似的特许权。我怀疑这是对他们自己有利的行为，通过减少竞争来增加他们自己的矿藏资源的价值，但是这又表明了，对于奥杜邦基金来说，土地未被破坏的自然状态的价值要低于采矿契约的价值。然而，在政府土地的例子中，奥杜邦基金的成员可以享受土地还未被破坏时的自然状态，但普通纳税人将会从契约的收入中获益。在这种情况下，他们更希望土地不被破坏。当然，这些土地的使用者能得到一些现金支付，其数量要少于采矿契约的价值，这就可以补偿他们出租土地了。[8]

至于眼科医生和验光师的问题，对眼镜征收的简单税收用于给所有的眼科医生支付一定的费用。这样设计税收比当前的安排更能使眼科医生受益，同时对于公众来说，眼镜的净价更低了。在所有情况下，如果用直接的现金支付，我们的状况会好得多，但是直接的现金支付显然不会在民主制度下通过。施压的集团发现有必要以“某种借口”来隐瞒它们的行为，而这种借口通常大大减小了经济体的效率。关税和农业项目就是传统的例子。

一个离我们稍近一点的很敏感的例子就是，现在很多地方安装了特制的设施，这是为了让使用轮椅的人行动更方便。在我看来，有一点可以确定，所有这些设施的净成本要比使用它们的坐在轮椅上的人所得到的好处要多得多。然而，这些成本被隐藏起来了，从直接的意义上来说，其中的大部分并不是税收成本；它是通过政府法规加在各种各样的人身上的一种成本，如加在饭店老板身上的一种成本。的确，大多数人同情我们中间那些需要用轮椅的人，同时也非常愿意帮助他们。然而，为了这些人而组织施压集团的人，似乎觉得帮助他们的愿望并不会引起大量的现金捐赠。例如，假定所有这些特殊设备的净价值[9]是每年每个轮椅使用者 80 000 美元。[10]我们不会愿意为这么多的现金投票，但如果实际成本被隐藏了，我们就会这样做了。因此，在潜在的帕累托最优协议中，我们停止了所有这些活动，给每个轮椅使用者支付，比如说每年 20 000 美元。这个协议并不符合实际，因为如果市民意识到这个是成本的话，他们实际上会不愿意做出那么大的牺牲。

这是一个特殊的例子。在这个例子中，每个人，包括我自己，都会同情那些受到帮助的人，并且愿意帮助他们。然而，如果他们能隐藏实际成本，而不是把成本表现出来，似乎这样做能得到更多的帮助。我们可以继续看其他的例子。传统上，关税和农业项目被经济学家用来作为这种没有实现帕累托最优的转移支付的例子。

另外，帕累托指出的基本现象是非常真实的。我们在一系列的等式中所描述的人，对他产生很大影响的事情和几乎没什么影响的事情，很有可能他对前者了解得更多。传统上，人们以特殊利益集团为题来讨论这个问题，并且觉得大多数特殊利益集团基本上都是从事某一职业的人，他们其实知道相关的很多事情。那些被剥削的群体是他们的顾客。毫无疑问，现实中有很多这样的例子，但在很多其他的例子中，特殊利益集团并不是因为职业而形成的。

上面提到的奥杜邦基金是一个集团，他们对自己想保护的荒地的了解比普通纳税人对其成本的了解要多得多。一个状况更好的集团就是那些驾驶私人飞机的人。从净支付来看，为了给这群美国的上层收入者提供机场和其他设施，大量的政府支出仍然远远小于其成本。他们需要的是，一群政治上有影响力的人能以某种方式组织起来，在某种"借口"的掩盖下，对他们进行的转移支付可以隐藏起来，而且其成本也可以足够分散，以至于大多数人都不会注意到它。不幸的是，这些条件常常可以满足。

组织这个集团可能是这里的关键特征。在任何地方都可以找到一个借口，任何一个相对较小的集团都能得到对于他们个人来说数量相当大的收益，他们不用筹集大量的资金，因而也不会引起普通纳税人的注意。然而，组织这样的集团是另外一件事。这里，我们有一个典型的例子。在这个例子中，公共产品的外部性经常会造成一些麻烦，实际上却会通过减少施压集团从政府得到大量资金的可能性，而让我们获得净收益。

假定我是一个干洗工。为了提高干洗的标准，我所在的州的干洗工决定联合起来，通过制定法律来禁止其他人进入干洗行业。这样或许能提高干洗的最低价格。如果我加入他们这个组织，我将不得不把资源花在一个不确定的投资上。当然，如果干洗工促使颁布了这些法案，这些花费的回报就会很可观，但是干洗工并不一定能这样做。另一方面，如果我没有加入他们，我只减少了施压集团所能得到的资源中的很小一部分，那么，我也只是在很小的程度上减少了这些对我有利的法案通过的可能性。因此，在通常情况下，如果我仔细计算一下事件发生的概率，我就会知道，我从投资得到的收益的减少量是小于投资成本的。那么，我就不会进行这项投资。我的干洗工同事们也会做同样的计算，因而，施压集团也就无法组织起来了。

曼瑟尔·奥尔森的著作《集体行动的逻辑》主要就是讨论这个问题的。很不幸，有一些方法能解决在组织很多施压集团时的公共产品问题。另外，对公共产品的争论或许解释了为什么不存在更多的施压集团。

尽管存在如上所述的问题，[11]仍然有两种方式能让施压集团组织起来。第一种是奥尔森所强调的——有可能施压集团为了某种目的，而不是为了参加政治活动而组织起来的，但他们却参加了这个政治活动。他指出，组织农业施压集团本质上是为了成立各种各样的合作社，尤其是保险合作社。过去影响很大的美国汽车联盟是为了给生活在美国的人们提供很多服务，不仅如此，他们还积极地为了驾车者的各种有益的事而在华盛顿和各个州进行游说。

在许多情况下，施压集团是通过这种方式组织起来的，但这种施压集团通常过着比较危险的生活。比如说，考虑一下美国汽车俱乐部（AAA）。对于一些主要的石油公司来说，他们能以比 AAA 更低的成本向汽车驾驶员提供服务，因为他们不会把任何资源用于 AAA 所从事的游说活动中去。因此，石油公司能索要较低的价格，把它们大多数顾客从 AAA 吸引过来。当 AAA 变得强大时，单个顾客的状况可能改善，因为他个人所承担的游说成本是非常少的。尽管如此，事实上他对游说结果的贡献也很小，以至于他会很明智地转向石油公司所提供的服务，而不会待在 AAA 了。对于这种类型的施压集团，问题总是存在的，但必须承认的是，许多问题在任何情况下都存在。

组织施压集团的第二种方法最先是由理查德·瓦格纳（Richard Wagner）提出来的，涉及那些身为企业家的政客。[12]因此，议员可能决定率先为某一特殊集团谋利益，他推测他们用投票的方式，或者通过对选举活动的贡献来补偿他。在这种情况下，外面的代理人之间的直接竞争大大减少了，但事实上，议员的时间也是有限的，他们所能参加的企业家活动也是有限的。

尽管组织一个施压集团很困难，在美国确实存在大量这样的集团，在所有现代的国家里也是这样，我们观察到，他们的影响无所不在。在组织施压集团以及保护自己不因施压集团的活动而受损失时所进行的资源投资都是耗费成本的。因此，比如说，不仅施压集团把资金从普通纳税人手中转移到驾驶私人飞机的人手中，而且拥有私人飞机的人还会投入资源来组织这样的转移。[13]在我们此时所讨论的这种类型的施压集团中，这样的事情是不可能发生的。施压组织的免费搭车特性——人们决定不加入他们，或者不向他们支付仅仅是很少量的钱的事实——意味着在国会中组织政治压力的投资远远小于其收益。在上面所提到的这种类型的施压集团中(即大企业家集中起来形成的小型集团)，总成本可能与总收益相当。

然而，即使游说活动的个人总成本，平均来说可能少于他们得到的收益，但其收益量还是非常之大的。前段时间，我被指派到参议院委员会作证，后来又在一次联邦贸易委员会的会议上宣读文件，文件的内容是一个令大公司和大的工会都很感兴趣的法案。当时听证室中挤满了人，后来参加联邦贸易委员会会议的人竟然能坐满一个大礼堂，我为此感到非常惊讶。另外，这些人并不是临时的访问者。他们中的大部分是非常昂贵的、专门的代表。我认为这些人从那些雇用他们的人的个人立场中得到了高额的报酬。然而，从社会整体的角度来看，他们的活动几乎没什么意义。

不仅大公司昂贵的、专门的代表在这些地方浪费了资金。以前，我联系的一家小公司，发现它的某种二线产品差点被消费者产品安全经销商禁销了。这种产品虽然很小，但是却很赚钱，因而这家公司不希望它被禁销。另一方面，这种产品的总收益每年只有 30 000 美元或者40 000美元。这家公司规模太小，以致不能一直雇用一个华盛顿代表，但事实证明雇用代表之类的事是有市场的。公司以按件计价的方式在华盛顿雇用了一个代表，他认识那些能帮助他们的人，安排董事长和董事会主席与合适的公务员谈话，后来，这种产品就没有被禁止销售。[14]

这些天来，任何一个来华盛顿的游客，看见那些去肯尼迪中心的人都会感到惊讶不已。[15]现在遍布整个华盛顿，吸引了临时游客极大注意力的昂贵餐厅大部分都是新开的，过去并不存在。过去，政府本身规模就很小，它在华盛顿所产生的影响并不是引起大规模寻租活动的主要原因。

现在，我们可以把本章引向尾声了。这些转移支付给社会造成的成本的确是非常大的。从社会的角度来看，收益差不多为 0。的确，如果我们有兴趣帮助穷人的话，很有可能这些转移支付实际上不仅降低了穷人的收入，还降低了几乎所有人的收入。这是囚徒困境的一个例子。如果这样的行为不发生，我们所有人的状况会好得多，但是如果我们参加到这个行为中去，我们每个人的状况也都会改善。

现在让我通过一个设想的例子来总结各种各样的成本。假设特殊利益集团 A 已经正常地组织起来了，而且从政府那里得到了一定量的资金。这些资金将会以对他们经常生产的某种产品的补贴的形式发放。政府从普通纳税人手中募集了 1 000 万美元支付给这个集团。这个项目将持续下去。然而，这个集团第一年的收益远远小于 1 000 万美元。对于消费者来说，他们的产品价格因为这些补贴而下降，因此，他们的销量增加了，但其收益却远远小于1 000万美元。简言之，让我们假设第一年他们的收益是 500 万美元。

然而，在以后的每一年中，他们的收益会逐渐下降。一方面是由于存在超额利润，会吸引新的资源流入这个行业，而另一方面是因为这个行业中的专业化资源已经实现价值资本化，接着又被出售了。此项目开始的 20 年后，在这个行业中，没有人能够赚取超额利润，尽管他们制造的产品以补贴价出售给消费者。当然，这意味着其他产品要以稍高于生产成本的价格出售给消费者。

现阶段，我们的体制给社会造成了大量的无谓净损失，这是由生产方式的低效率所造成的，而且明显不会给任何人带来收益。如果我们考虑取消补贴，我们意识到，虽然没人能得到比从事其他职业更高的收入，但是取消补贴意味着最终产品的价格会上涨，销量会减少。这会导致这个行业拥有太多的资源。在很长一段时间内，此行业的资源得到的回报要少于平均收益。另外,造成的最终结果是,所有产品将会达到均衡价格。在这种情况下,这个行业中的人会继续在华盛顿投资,以维持其补贴。这并不是想要获取利润,只不过是为了避免损失罢了。

到目前为止,我们简单地谈论了经济方面的损失。接下来让我们考虑一下政治方面的损失。首先是为了得到转移支付所投入的资源。让我们假设最初投入了100万美元,随着时间的推移,人们一直在华盛顿设有办事处,关注着国会,同时保卫他们自己的特权,其成本为每年10 000美元。因此,第一年他们净赚了400万美元,接下来他们的收益会逐渐减少到0。当然,这个零收益包含了在华盛顿设办事处的10 000美元的成本。

但这并没有包括所有的政治损失。除此之外,整个政治程序被影响了。议员不再从事其他那些(至少从理论上来说)能给整个国家带来收益的活动。议员所设立的大型办事处致力于这种具有特定利益的工作,他们常常是为了那些比我们所举的例子中还要小得多的集团的利益,比如希望得到更多养老金的社会保障申请人。所有这些意味着考虑公众利益问题所能使用的时间减少了。其成本无法清楚地计算出来,但数量却可能很大。

所有这些产生的净效应是,一段时间以后,税收补贴项目会扭曲社会生产。这个项目不再使任何人受益,而且需要很多成本来维持。任何对民主制度不带有偏见的学者不得不承认这类事情的确很常见。大部分转移支付都属于这种类型。幸运的是,下一章我们将讨论令人更加愉快的主题——为了帮助穷人的转移支付。

注 释

[1] Gordon Tullock and T. Nicholas Tideman, "A New and Superior Process for

Making Social Choices," *Journal of Political Economy*, (October 1976): pp. 1145—1159.

[2] 12英尺(相当于3.66米)。

[3] 在这个问题上过多考虑也是不明智的。

[4] *Economic Theory of Democracy*(Harper, 1958), pp. 207—219. 也请参见我的著作 *Toward a Mathematics of Politics*(Ann Arbor: University of Michigan Press, 1976), pp. 100—114。

[5] 知识分子的特征是不会完全投入一个政党。作为知识分子,他们给人的部分印象就是在每一次选举中他们至少会投另外一个政党的票。

[6] 这后一类可能会包括大量的本书的读者及其朋友。

[7] V. Pareto, *Cours D'Economic Polotique*(1896), In S. E. Finer(ed.), *Sociological Writtings*, translated by Derick Mirfin(London: Pall Mall Press, 1966).

[8] 尤其因为有价值的矿藏只是在地球很少的一些表面下被发现。特定的区域可能会因为进行大规模的采矿而被破坏,但是所有被开采的地方占整个荒野的比例是很小的。

[9] 总的看来,全国的厕所、特殊停车场等所占地的租金也是一个相当可观的数目。

[10] 这个数字是一个政府高级经济学家口头估算的,不是基于严格的研究。

[11] 如果压力集团中的人数足够小的话,也可以说是有三条道路。这样的小的集团在关于公共产品的讨论中一般不会有多大影响。

[12] Richard E. Wagner, "Pressure Groups and Political Entrepreneurs: A Review Article," in Gordon Tullock(ed.), *Papers on Non-Market Decision Making*, (Charlottesville: Thomas Jefferson Center for Political Economy, University Press Virginia, 1966): pp. 162—170.

[13] 参见 James M. Buchanan, Robert D. Tollison, and Gordon Tullock(eds.), *Toward a Theory of The Rent-Seeking Society*(College Station, TX: Texas A & M Press, 1981).

[14] 我个人认为,在这种情况下将产品留给市场才是合适的。实际上,如果没有另外一个同样微小的利益集团希望它被禁止的话,消费品安全机构(Consumer Product Safety Agency)决不会插手这个问题。无论如何,双方投入在这里的资源是社会的净损失。

[15] 特别地,这里,施压集团的代表也得到了补贴,因为尽管他们的位置以及作为他们客人的议员的位置的成本高昂,但是仍然赶不上维持肯尼迪中心(Kennedy Center)的费用。

第四章　慈善捐赠

在讨论现实世界中的转移支付时，虽然不可否认前面两章都很重要，但它们却令人十分沮丧。在本章中，我们转入一个更加愉快的主题。本章基本上是关于政府收入转移的，但在开头部分，我们将简短地说一下没有政府干预的、完全自愿的转移支付。然后，我们再来讨论乐于捐赠的人会选择政府来进行转移支付的原因。

关于慈善捐赠首先要说的是，它们被我称作“超最优选择”。假如我挣了 1 美元，而能使我得到最大效用的花费方式就是把它捐赠给其他人。从这次捐赠中，我能得到价值 1 美元的效用，同时接受我捐赠的人也得到了整整 1 美元的效用。同一种产品以它的全部价值提高了两个不同的人的效用。很明显，这远远好于我们通常所期望的，能从具有利己主义的人们之间的交易中所得到的结果。

据说，在这样的情形下，存在一种镜像。假设我嫉妒你，并且你得到 1 美元会降低我的效用，在这种情况下，从社会的角度来看，从你的收入中得到的回报，每美元可能会少于 1 美元。的确，如果很多人嫉妒一个有钱人的话，那么他得到的每一美元实际上都有可能降低总效用。另外，这些有关效用的推断并不是毫无实际依据的。通过运用需求推导过程，我们可以测量向其他人支付 1 美元，人们能得到多少收入，或者会遭受多少损失。测量过程不是以效用形式进行的，而是用货币，或者其他记账单位。[1]不幸的是，这些测量方法虽然可以采用，但却是非常昂贵的，而且我们没有理由使用它们，除了可能在少数实验中会用到。这种效应的大致方向是明确的，所以没有必要采用精确的测量方法。

人类确实需要向人们进行一些捐赠。大量的捐赠是给了那些状况比他们差得多的人,但有些捐赠却不是这样的。美国总统经常被一些捐赠所困扰。那些关心他安全的人总是阻止他得到这些捐赠。当然,他的状况并不比大多数向他进行捐赠的人差。我在韩国的时候,一个贫苦农民把他发现的一根巨大的高丽参献给了总统李承晚(Rhee)。总统当时很感激他,后来这个农民的状况好了很多,可是他得到的收益当然要少于在市场上卖掉这根高丽参所能得到的收益。然而,为了实现本章的目标,我们将首先讨论向那些比捐赠者状况差得多的人进行的捐赠——从某种程度上说,那些捐赠的净效应是使得社会中的收入分配均等化。

在我看来,非营利部门与捐赠经济学还需要进行更多的研究。[2]然而尽管有如此大的需要,我还是建议把这个问题放到其他时间,留给其他学者。在本书中,我们首先处理政府收入分配的问题,本章我们首先讨论全部或者部分由慈善意愿所引起的政府分配。例如,我们不会专门讨论英国纳税人向英格兰女王进行的转移支付,即使我确信这跟任何政府转移支付一样,都是选民自愿进行的捐赠。

然而为什么单个市民要把政府作为转移支付的一种手段,而不是直接捐给穷人呢?当然,这样做可能有管理上的优势,但我不相信这些优势非常大。然而,对此有一个现实的、具有重要意义的解释,很有讽刺意味,它最初竟然是由米尔顿·弗里德曼(Milton Friedman)提出来的,出现在他的《资本主义与自由》一书中。[3]

那么,考虑一个只有 A、B 和 C 三个人的社会。C 很贫穷,A 和 B 都想给他一些捐赠。我们先采用一个非常简单的程序,在这个程序中只考虑捐赠者的偏好。原因很简单,此时我们正在讨论的是慈善捐赠。如果受益者也被考虑在内的话,那么他的动机当然是接受捐赠,因此我们既有纯粹的慈善转移,又有由受益者想要收到捐赠的动机所引起的转移。这种情况比这两种简单情况中的任意一种都复杂,我们将稍后再讨论。

在前期的讨论中,考虑到不允许接受者对捐赠的结果产生影响,设想你自己处于这样一种情形，例如一个美国人，他期待着外国的援助（在这件事情上，我们不让外国人投票），或者 1900 年以前的一个英国居民，他思索着要帮助穷人（收到政府救济金的英国人自然就丧失了投票的资格）。当然，当今世界并不采取这种方式进行国内捐赠，尽管国际捐赠是以这种方式进行的。然而，这两种动机纠缠在一起，会使问题变得很复杂，因而以简单的情形开始，再过渡到更加复杂的情况，会使问题变得容易很多。

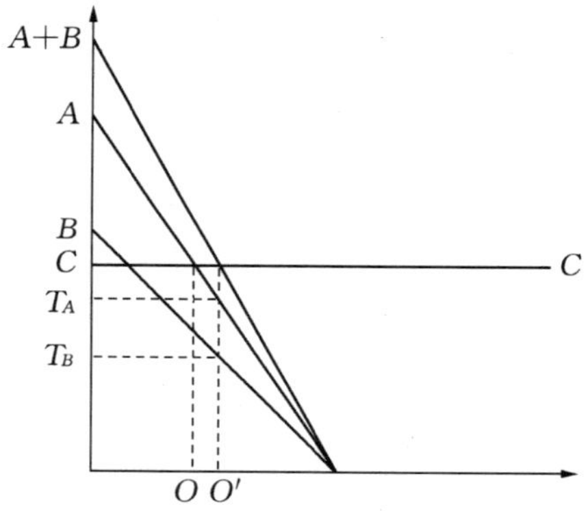

图 4.1　不允许接受者影响结果的情形

在图 4.1 中，我们用直线 A 表示 A 对穷人进行捐赠的需求，用直线 B 表示 B 的需求。[4]直线 CC 表示通常一单位美元的捐赠成本。如果双方都向 C 进行私人捐赠，如果他们知道对方的存在，而且对方也会进行捐赠，那么结果就是不确定的，因为它由双方不同的战略决策所决定。例如，事实上 A 可能认为 B 会进行一些捐赠，因此他捐赠的量就等于 O 减去他对 B 的捐赠量的估计。另一方面，如果 B 认为 A 会进行独立的捐赠，他就不会再捐了，因为受益者的状况已经足够好了，所以对 B 来说，捐赠的价值不再跟他的成本相当了。这是两个极端的价值；通过采用其中一方误导另一方的办法，我们可以期待人们努力在这两个价值之间进行调整。

如果双方共同决定进行一项捐赠，那么为了得到社会需求曲线，我们把他们个人的需求曲线纵向相加。[5]两条需求曲线纵向相加之后，直线 $A+B$ 就是社会需求曲线，总的转移量就是 O'。假设向他们征收林达尔税，[6]——对每一美元的转移支付，向 A 征收 T_A，向 B 征收 T_B；那么双方各自都会对转移的数量感到满意，这个数量就是 O'。因此，我们得到了一个清晰的帕累托最优轨迹。C 因为拿到了更多的钱而获益，而 A 和 B 也得到了好处，因为他们以一个合适的价格购买了对他们来说最优数量的东西。

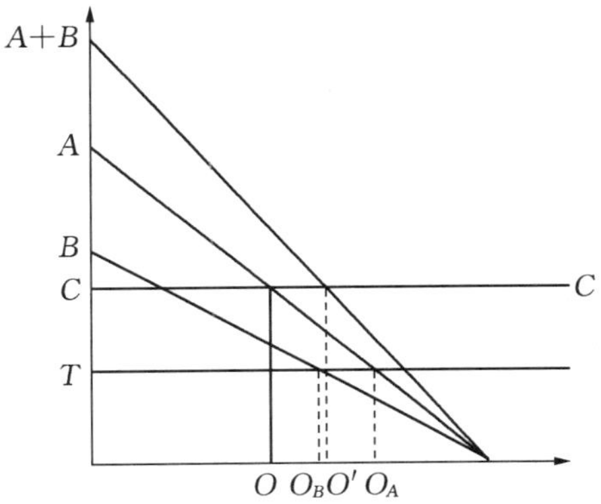

图 4.2　不允许接受者影响结果的另一种情形

然而，注意一下，即使是在这样的水平下，我们也不是完全生活在一个不自私的世界。A 和 B 想帮助 C，但没有理由去相信他们中的一个人会特别想帮助另一个人：如果他们能够把成本转嫁给另一个人，他们将会很高兴。例如，假设 A 觉得在双方之间平均分配慈善捐赠的成本是救济 C 的唯一的公平方式。图 4.2 中展示了这种情形。注意到现在双方都不会自愿选择 O' 作为他们捐赠的数量。A 面临的税收价格比图 4.1 中要低，他会选择 O_A，而 B 则面临较高的税收，他会选择 O_B。我们回到独立捐赠问题的战略调整中来。另外，在只有两个选民的情况下，我们没办法用简单的投票方式来解决这个问题。如果我们让 C 参与投票，那么我们不仅给这个问题添乱，还要保证捐赠量是 O_A，或者是它右边的某个量。

这个问题非常普通。在分配问题中，如果各方都赞同把他们自己的钱留着，同时从别人那里拿钱，那么我们没有办法给出一个确切的结果。在 C 不参与投票的情况下，对 C 进行的慈善捐赠不会产生与 C 相关的问题，却会产生与捐赠者相关的问题。

一般来说，此时我们将放下这个问题，留到后面我们有一个更复杂的模型时再讨论。在这个复杂模型中，救济金的接受者也能参与投票。然而也许可以说，在我看来，在对穷人各种形式的援助寻求普遍的支持时会遇到很多困难，而这些困难都来自于这个特殊的问题。既然没有采用林达尔税，那么每个人不会都想得到完全相等的捐赠量，而且单个捐赠者想要向穷人进行大量的捐赠，同时把成本转移到别人身上，会加剧潜在捐赠者之间的争论。不想给穷人捐赠财物的人，或者可能会支付比例很高的成本的人，会倾向于赞成减少对穷人的捐赠量，而不是转嫁税收。

之前当我们谈论对人们的转移支付仅仅是因为他们希望得到这些转移支付时，并没有提到这个问题。不可否认，在那种情况下，对于如何分配这些钱，每个谋求公众财政的联盟内部也存在着不同的看法。另外，正如我们下面所展示的那样，一般来说直接的投票方式无法解决这个问题。[7]似乎大多数成功的施压集团都有可能以某种方式成功地制止这场冲突。然而，这种冲突的威胁若持续下去，就可能对施压集团的组织结构产生很大的影响。这可能是施压集团的数量并不比我们观察到的多的原因之一。通常，我们看到了施压集团和全社会之间的争论，但对于谁应该获得最大收益的问题，在施压集团内部同样存在不同的意见。

在实际操作中，我们不再有任何理由相信以林达尔价格无法买到公共产品，包括慈善捐赠在内。需求推导过程为我们提供了一种方法来估计这个价格。此时，我们没有经验知识来判断这种估计与实际价格的接近程度，但它确实比其他已知的确定林达尔税的方法要好得多。不幸的是，我们显然不是真正想要征收林达尔税。多年以来，财政人员倾向于把林达尔税说成是除了收入转移之外的最优税收类型。如果只考虑捐赠者,而不考虑受益者,那么我认为他们应该赞成林达尔税在收入转移中也是最优的。我跟大家分享了这个观点,但自从有了需求推导过程,我就开始意识到林达尔税可以用在现实世界里,我也开始怀疑林达尔税是否真是一件好事。它们确实很优雅——在边际上,它们是很理想的——但似乎没有任何理由在边际内使用与边际一样的税率。

然而,回到转移支付是由捐赠者的意愿所引起的情况,这里有几个基本问题。当然,其中之一就是捐赠的形式。到目前为止,我们还没有说到这个问题,但在现实世界中,捐赠有许多种形式。的确,用物品进行支付的形式是很常见的。经济学家批评用物品进行支付,因为从接受者的角度来看,跟物品支付相比,现金支付能使个人的生活状况变得更好。例如,假设有人建议给某人一套房子,而不是给他现金津贴来支付房租。如果他得到了房屋租金,他也能租下这套房子。因此,从他的立场出发,拿到房屋租金更好,因为如果他想住这套房子,那么他可以把房子租下来;如果他想要其他的东西,那么他也可以把钱用在其他方面。本来他可以根据自己的愿望来调整收入的,而直接捐赠一套住房则减少了他的灵活性。如果我们假设他知道自己在做什么,减少灵活性也会降低他的效用。很多人都与慈善捐赠有关,但明显他们不会做出这样的假设。比如说,人们认为受益者没有任何先见之明,而且会迅速用光他每月的津贴,这样所造成的结果是,他和他的孩子们会在下半月挨饿。一个经济学家说,用光所有津贴是使受益者效用最大化的最好方式,因为他就是这样做的。这显然是一种判断,认为受益者是否有能力决定他自己的效用。而这种判断不是所有人都认同的。

因此,没有向个人进行直接现金支付的一个可能原因就是,不信任接受者有判断他自己效用的能力。第二个原因是对他的效用缺乏兴趣。我们可能想做的是有利于他的事情,而不是增加他的效用。假设一位中世纪的牧师认为,所有人都应该早晨五点钟起床,在集会前禁食,这一点是非常重要的。他知道,大多数农民不愿意这样做,而且把它视为一项繁琐的工作。如果牧师有权力的话，我们就无法阻止他强制那些农民照他的要求做，因为他觉得由他来判断什么对农民有利比他们自己来判断更准确。这种观点并不局限于中世纪的牧师，事实上，很多人都有这样的看法。

经济学家喜欢把这样的人称为爱管闲事的人，这在某种程度上表明了经济学家自己也是爱管闲事的人。毕竟，如果迫使其他人减少对威士忌的消费，同时增加对全麦面包的消费，能使一个爱管闲事的人感到快乐的话，那么经济学家埋怨这种获得效用的方式的行为就像一个爱管闲事的人。这里我必须说明的是，我跟这个经济学家有同感。我宁愿以现金的形式把这些钱捐出去，但我不得不承认，无论如何我都没办法确定，这不仅仅是由个人偏好所决定的。

我们可能选择物品而不以现金形式进行捐赠的另外一个原因是，我们真的没有试图让我们慈善事业的接受者得到的好处跟我们努力改变我们所生活的环境的程度一样多。比如说，我们可能会觉得一群破旧的房子缺乏美感，希望看到这些房子的状况能改善，至少在外表上变得好看一点。[8]同样，我们可能希望孩子们都洗得很干净，看起来都很健康，而不愿意让他们玩泥巴和吃糖果。这是我们在慈善活动中可以观察到的动机的一个例子。当然，这种动机可以与提高效用的愿望混合在一起，为此，也混入了确保我们认为好的事情已完成的动机。所有这些动机彼此之间都能很好地协调。如果一个人拥有一个或者更多其他动机，那么他不可能最大化地实现这三种中的任何一种动机，但是很有可能他可以最大化地实现某种功能，而这三种动机都有助于这种功能的实现。在我印象中，事实上大多数参加救济活动的人就是这样做的。

还有第四个，稍微有点险恶的动机。由吉多·卡拉布里斯(Guido Calabresi)和菲利普·博比特(Philip Bobbitt)合著，1978 年出版的《悲剧选择》，[9]提出了一个新的、非常深刻的问题。[10]让我们来看他们所处理的这个特殊问题——给那些不定期进行治疗的濒临死亡的人提供洗肾机器。接下来，让我们回到早些时候的这种机器。

机器是非常昂贵的，但是肾有毛病，而且适合使用这种机器的人的数量也是很少的，有可能为每个人都提供这样的治疗。的确，那是故事的最终结果，我们下面进行讨论。然而，早些时候机器的数量并不多，而且必须依照慈善程序来提供。存在的一个问题就是，如何决定谁来使用这些机器：有的人将会死去，有的人则将活下来。最初的解决办法是由西雅图的上帝委员会和世界上其他地方类似的委员会提出来的。这些委员会把机器分配给他们认为特别值得的人使用。这个体系最终还是解体了，因为他们总是觉得最富有的人最值得使用这些机器。当国会发现这个情况后，他们又支付了很多钱使每个人都能用上这种机器，尽管这样做也会产生一些问题，正如我们下面将看到的那样。

无论如何，让我们集中于每个人都能使用机器之前的阶段。任何经济学家都会说这是一个缺乏效率的体系。如果单纯把机器出租给付得起钱的人，以及给无法使用机器的穷人足够多的钱，让他们去购买医疗保险，这样显然更好。那么，他们可以购买昂贵的能为他们提供洗肾机器的医疗保险，也可以购买便宜的不提供机器的医疗保险。为什么这种办法没有被采纳呢？卡拉布里斯和博比特说，本质上，这个办法没有被采纳，是因为有的人不会购买任何一种能为他们提供洗肾机器的保险，所以少数人会死去。如果他们事先选择了这种不利的冒险，而且事先他们的效用大于其他情况下的效用，那么经济学家会说这是一种有效率的安排。卡拉布里斯和博比特不会质疑这个推理过程。然而，他们指出，如果这种方法被采纳，捐赠者会注意到，他们拿给穷人的钱的数量，会使得穷人在这种情况下自觉选择去冒死亡的危险。如果卡拉布里斯和博比特是正确的，必须指出的是，卡拉布里斯和博比特得到了非常广泛而良好的关注，事实上人们愿意捐赠的数量有一个限度，但他们不希望这个限度的后果会强制性地引起他们的注意。

一想到你给某个人的现金转移太少了，以至于他宁愿冒着死于肾脏失灵的危险，也不去买一种合适的保险，那么上帝委员会把洗肾机器分配给“最值得使用的人”的方法就不那么令人感到困扰了。

国会也有同样的感觉。他们一开始拨的钱只够用来治疗某些肾病病人。重复一下，任何一位经济学家都会说，他们可以通过为穷人提供资金，以及让保险公司用较高的保险费和较高的回报照顾好特殊病例的方式来更多地帮助穷人。但他们并没有这样做。另外，正如我上面提到的那样，他们终于发现上帝委员会曾把收入高低作为判断是否值得使用机器的标准，于是决定为所有需要洗肾机器的人提供足够的资金，以便让他们都有机会使用洗肾机器。[11]

接着，国会提供了足够的资金，让所有需要洗肾机器的人都能合理地使用它们。然而，正如卡拉布里斯和博比特所指出的那样，这同样包括了一种隐含的、不明显的分配机制。许多其他非常昂贵的程序偶尔需要用来阻止死亡的发生。心脏分流器就是一个例子。同样多的钱，如果根据成本-收益分析来分配给病人，有可能拯救更多的生命。一般来说，心脏分流器对于维持生命很必要，而且比用洗肾机器来维持要便宜。国会决定以实物的形式提供一种津贴——洗肾机器，而不是现金。[12]就现金来说，他们不得不承认他们划拨的钱的数量是一个会导致人们选择死亡的量。

这是一个很微妙的问题。我不确定卡拉布里斯和博比特是否是正确的。然而，对于我来说，我们似乎应该仔细想一下这个问题。从某种程度上来说，几乎我们中的所有人都很慈善，但我们愿意捐出的钱是有限的。我们并不想思考这些限度，我们尤其不愿意捐出的钱使我们注意到这些限度。现金转移能明显而又直接地测量。物品捐赠不能提供这样一个明显而又直接的方法来测量每个人所获得的收益。

让我们来考虑一下同样的问题，它与我们对外援助的项目有关。美国人一般都认为，在对印度的帮助中，他们是很慷慨的。的确，以现在对外援助项目的标准来看，我认为这确实是正确的。假设我们选择对印度居民给予直接的人均支付作为援助印度的方法。这可以通过用银行系统发放支票的方式来完成。这个项目本来执行起来很复杂，但绝不是不可能完成，也不会非常昂贵。另一种方法是，对印度政府进行直接的支付，前提是印度政府降低某些税收，以便这些钱能被合适地分发下去。然而，我们却选择了承担大量构架和设计都较差的经济项目。现在，美国人的援助资金到达的同时，还带来了来自国务院的不好的经济建议。

据说，不好的经济建议，尽管确实很不好，但也并不一定是对这些国家有害的。不管怎样，他们可能很愚蠢地处理了这笔钱。另外，我们施加的控制措施确实让这些国家的政治家和知识分子更难以偷到这笔援助资金了。后者是否是一个理性的目标还不太确定，因为政治家和知识分子可能从他们的政府中偷到其他的钱，而且允许他们偷美国的援助资金是否能增加他们偷到的资金的总量，还不是很确定。再则，如果我们的目标是结识海外的朋友，那么我们阻止其偷钱的人是潜在朋友中一个特别引人注目的群体。[13]

但不考虑这些问题，事实上，如果我们在对外援助项目中选择用直接现金支付的方式，支付的金额就显得相当的少了。比如说，在一个不发达的国家用1亿美元建造一个钢铁厂的建议比给这个国家的每个市民支付2.25美元的建议看起来要诱人得多。如果钢铁厂项目需要五年来完成，那么它大约相当于给这个国家的市民每人每年0.45美元。我要说的是，这个国家的市民每年有了0.45美元后的状况要比有了一个钢铁厂要好得多。毕竟，如果这个国家是生产钢铁的好地方，那么国际资本市场无疑会有兴趣向这家钢铁厂提供贷款，同时每年得到0.45美元的人，如果他们自己选择的话，也可以把这些钱投资于一家钢铁厂。也许，他们不会这样做。

然而，实际情况并不是修建钢铁厂更好，但是国务院的官员作好了准备坚持说这个方法更好。因为如果是进行直接现金支付的话，他们会丢掉乌纱帽。这个钢铁厂也不会在没有援助的情况下修建起来。[14]对一个国家进行某种大量的资本投资比仅仅给他们这些资本要好。很多人都持有这个观点。也许，它反映了一种清教徒的想法，他们不应该消费，但应该储蓄。然而我认为，其中一个更重要的原因很简单，就是它允许我们不去考虑我们的援助项目以每个人来计算的话有多微小。

虽然这个关于人类行为的卡拉布里斯和博比特假说并不是完全正确的，但我从直觉上发现它看似正确，其实并不正确，而且我猜想我的许多读者也会有这种想法。我给出的这个假说，从本质上说明了我们并不像我们想象中的那么慈善，而且我们采用了一种方法来掩饰自己缺乏慈善之心。

我想不出任何具体的实践试验，能用来判断卡拉布里斯和博比特假说是否正确。如果这个假说是正确的，那么它会带来一些令人很不愉快的结论。第一个结论就是，我们无法以一种客观的方式来仔细考虑这种类型的慈善捐赠。在自觉的水平下，决定采用一种慈善的方法，向我们自己隐藏了我们愿意捐赠的限额，这个决定本身就撕破了这层神秘的面纱。换句话说，在这种情况下，为了向我们自己隐藏这些慈善捐赠是有限度的这个事实，我们有必要采用一种不适当的、低效率的慈善捐赠方法。为了成功地隐藏这个事实，我们必须不去考虑所使用的方法。因此，最终的结果是我们必然会犯错，并不是因为我们作为人类就注定要犯错，而是因为我们没有经过仔细考虑来选择一种方法。这种方法的目的是避免仔细地考虑，因为仔细考虑后的结果是我们所厌恶的。

注意一下到目前为止我所描述的由慈善捐赠引起的所有问题，尽管我在讨论政府救济的时候也说到过它们，因为这是本书的主题，它们同时也适用于私人捐赠。比如说，当我们在讨论公共捐赠时，对于充分了解有关产出量[15]的信息的动机，其缺乏程度被夸大了，因为个人的决定对结果的影响程度比在私人捐赠情况下的影响程度要小得多。换句话说，一种投票决策被其他投票决策给削弱了。

另一方面，私人领域中的问题比公共领域更为突出。关于谁来支付税收成本，公共慈善机构的不同贡献者之间的争论，是个人进行必要的努力，从而把公共产品的成本分摊到别人身上。投票过程明显不是解决这个问题的一种有效的方式，但私人市场所使用的程序让每个人自由地决定是否进行捐赠，也给了免费搭车者最好的机会来避免所有的支付成本。因此，我们希望这个问题在私人市场中比公共市场中更加严峻。

公共慈善机构中的一个次要问题是，运用强制税收过程使得牺牲其中一个支付者，至少在理论上成为可能——一种在私人市场中无法实现的可能性。因为从某种程度上来说，我们都是慈善的，也因为政府支付给穷人的总量是非常有限的，所以我认为这一点不是很重要。纳税者会因为一些他们不希望发生的事情而被迫支付大量的钱，从而沦为牺牲品，但我认为政府的慈善行为并不是一个很好的例子。

然而，我们没有详细论述慈善机构中的所有经济问题。现在，让我转到另外一个问题，即撒马利亚人的难题，人们最初在完全的私人捐赠中讨论这个问题，但我认为它的发现者詹姆斯·布坎南（James Buchanan）实际上把它视为一个政府问题。[16]这个问题对于政府慈善机构来说更重要，还是对于私人慈善机构更重要，将在我解释了问题本身之后进行讨论。

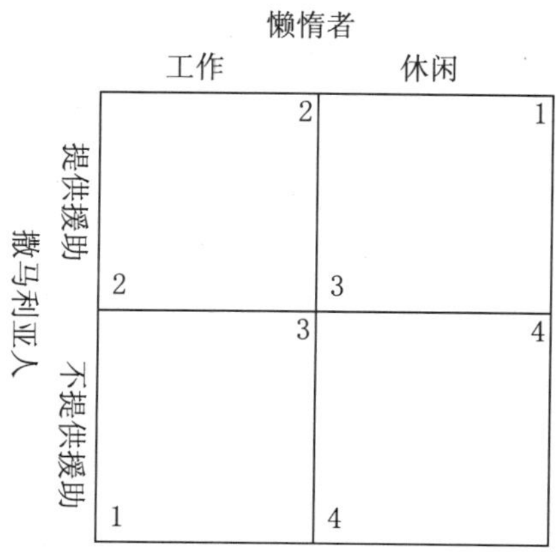

图 4.3　由一个撒马利亚人和一个懒惰者所组成的两人社会

在图 4.3 中,我们展示了一个两人社会,其中一个人是富有的撒马利亚好人,另一个是贫穷的懒惰者。当然,懒惰者能找到一份工作,如果他不这样做的话,他就只能饿死,除非撒马利亚人能救济他。撒马利亚人的偏好顺序由每个方格的左下角的数字表示。他的最优情形是,懒惰的人有了工作,撒马利亚人不需要给他任何救济。他的第二选择是,懒惰者有工作,而撒马利亚人只给他一些补充性的救济。第三选择是,懒惰者不工作,撒马利亚人全力帮助他。第四选择是,懒惰者仍然不工作,撒马利亚人也不帮助他,所以他会饿死。就有向其他人进行捐赠冲动的人来说,他知道那些人本性懒惰,在我看来,这并不是一个不合理的偏好顺序。

懒惰者首先选择的方格是他从撒马利亚人那里得到了救济,而且他不用工作。他第二个选择是,他既从撒马利亚人那里得到了救济,又有了工作。第三是他有工作,但没有得到任何救济。第四是他无所事事,因饥饿而死。不过,这似乎不太合理。这里最有利的安排是非常简单而又直接的:如果撒马利亚人的性格很强硬,不会给懒惰者提供任何救济,懒惰者就只能在底部的两个方格中做出选择,最终会选择去工作。当然,撒马利亚人有可能比我想象中的更慈善,他选择救济加工作的方格和不救济加工作的方格,也许是因为他觉得懒惰者的生活水平应比他依靠自己时的生活水平要高。这个更加慈善的撒马利亚人可能会说,他会救济这个懒惰者,但前提是他要工作。

另一方面,这个懒惰者如果宣布他在任何情况下都不会去工作,就会使得撒马利亚人在右边的一列中做出选择。既然撒马利亚人选择救济—不工作和不救济—不工作的方格,因为他不想看见懒惰者因饥饿而死,所以他将向懒惰者提供救济。

这是一个很明确的例子,它注重心理决策的过程。如果撒马利亚人是一个强硬而又慈善的人,他将让懒惰者去工作。如果撒马利亚人心肠很软,懒惰者很坚决,结果将是懒惰者不去工作,却能得到救济金。

至少在美国,这个问题是符合实际情况的。很明显,许多懒惰者成功地利用了对他们最有利的安排:他们在本质上是自愿懒惰的。[17]似乎在政府的控制下比在私人捐赠时的情况更糟糕。这并不是因为进行慈善捐赠的人比同样作为纳税者的人要更加强硬。的确,我假定实际情况刚好相反,因为当我们说到靠税收支持的活动时,一些投票人相对来说不是特别富有同情心,因此,在这些情况下,他们比私人慈善机构的普通捐赠者要更强硬。

私人慈善机构可以让懒惰者无法利用他们的立场的原因,仅仅是市场的双方都存在着竞争。单个私人慈善机构通常只能处理所有贫困问题中的很小一部分。如果贫困问题能通过私人捐赠来解决,就像过去世界上的某些地方一样,那么我们就需要大量独立的慈善机构、宗教团体等等。因此,如果懒惰者威胁说宁死也不去工作,那么单个的慈善机构就会转向其他人,同时向他们提供救济。的确,他们也许能够补贴五个或六个有工作的但产量不高的穷人的收入,其成本跟帮助懒惰者是一样的。

在这种类型的慈善机构中,政府本质上是一个垄断机构,它没有这种简单而又轻松的能力从一个人变到另外一个人。一想到如果史密斯先生是"值得救济的",其他的慈善机构将会救济他,所以如果他愿意的话,这个私人慈善机构决定让他一直不工作,这样做就能减轻它的烦恼了。如果政府抛弃了这个负担,他们知道别人是不会来承担的。

问题被这样一个事实所扩大了:专门管理政府项目的公务员通常不愿意通过裁员的方式来缩小他们项目的规模。以我自己对这个领域的了解,加上少量的个人经历,似乎表明了普通的社会工人几乎都不喜欢他们的客户,但无论怎样,又在努力为他们提供更多的资源。我猜测这其中有一部分是来自于一种倾向,倾向于认为穷人应该受到帮助,公务员个人也恰好收藏了一群坏的穷人。这种想法是一种慈善动机连同扩大他所在部门规模的完全私欲。顺便应该说一下,社会工作者在大学里受到的职业培训,现在成了找到一份工作的必要条件,但确实没有证据能证明,职业培训在他们作为社会工作者所从事的活动中起到任何有利的影响。更加传统的“女慈善家”(Lady Bountiful),或者为此,刚刚开始在新的岗位上工作的职员可能跟受过培训的社会工作者做得一样好。受过培训的社会工作者无疑会认为这是我在表达自己的偏见,那我也认为他们的反对是在表达他们的偏见。

如果上面的问题在公众对穷人进行的救济中比私人的救济中要严重得多,那么它在我们所集中起来的这类问题中是独一无二的。作为一般规定,这里我们所描述的所有事物,不仅仅是政府对穷人进行救济的问题,而且是一般情况下对穷人进行救济的问题。一些粗心的读者可能认为上面几页是对政府救济穷人的批评,其实这几页仅仅是在讨论涉及政府对穷人进行的救济中所出现的问题。我们没有理由相信,当慈善机构的发起者是政府而不是私人慈善机构时,问题会更加严峻。

这些问题很严峻,而且只吸引了极少量研究人员的注意,但必须强调的是,它们的严峻性中有一部分被我们上面所提到的慈善机构的超帕累托效应所抵消。再说一遍,自愿向穷人捐赠 1 美元使捐赠者获益 1 美元,同时也使受益者得到了 1 美元:它产生了双倍的效用。即使捐赠是通过政府渠道进行的,这也是符合实际情况的——如果从本质上来说捐赠是自愿的。[18]因此,问题不在于摆脱慈善机构,或者是扩大慈善机构的规模,而在于提高效率。

让我们接下来讨论帮助穷人的有效途径。首先,我只谈论帮助穷人,而不谈论帮助那些因为种种原因被认为应该帮助的人,即使他们并不贫穷。比如说,生病的人有时也很贫穷。救助病人的项目与救济穷人的项目在本质上是不同的。一个生病的穷人很容易得到两个项目的救助,而不是一个项目。我们此时先把问题局限于救济穷人。

仅仅是因为贫穷而对人们进行的任何类型的救济,引发了保险业称为逆向选择和道德风险的问题。考虑一个私人保险公司,它提供一种保单,如果你的收入很高,你必须向保险公司支付适量的钱,如果你的收入低于某个水平了,保险公司会对你的收入进行补贴。这里存在两个问题。第一个(逆向选择)是,那些认为他们的收入在其一生中都很高的人，会不愿意参加这种保险，而那些觉得自己的收入可能在其一生中都很低的人，会乐于去购买这种保单。其结果就是客户做出的不利于保险公司的选择。第二个问题（道德风险）是，一旦人们拥有了这种保险，至少在某种程度上，他们会没有在购买保单之前那么努力工作了，因为是否努力工作对收入的影响没有那么大了。

请注意第二种影响是不对称的。例如，假设保险公司提供的合同内容是，如果你的收入比社会平均收入少，那么保险公司将支付你的收入与平均收入之间差额的一半，同时，如果你的收入高于平均收入，那么它将收取你的收入与平均收入之间差额的一半来支付上述金额。首先考虑一下收入高于平均收入的人。这种制度的结果是，他们劳动的边际收益只有没参加这种保险时的一半。这会导致他们不像以前那样努力工作了。另一方面，他们的总收入比其他情况下少。一般来说，财富较少的人工作更努力。这两种效应可以相互抵消，可是没有任何先验理由来说明哪种效应最大。这个领域里的实证研究是非常困难的，但在它所能显示的所有事情范围内，似乎表明了这两种效应基本上能相互平衡。

请注意，这里我们有一个非常简单的税收结构，而不是一种高度累进的税收。如果所得税的结构是这样安排的，当高收入群体的边际内收入没有被征收重税，他们工作的边际收益会大幅度下降，从而他们的总财富仍然保持在很高的水平，那么他们会预计大幅度降低自己的工作努力程度。世界上很多地方都是这样的。另外，在这些情况下，很难测出对减少的工作量的先验期望。据我所知，这一点从未被成功地证实过。

当我们谈到收入在平均水平以下的人——在这个项目中，他们将得到收入补贴——理论建议已经清晰很多了，而且实证也巧妙地证明了它。对收入低于平均水平的人来说，我们所描述的项目增加了他们的总财富。这些财富可以减少他们的工作量，降低他们工作的边际收益。工作的边际收益降低了，也会导致他们减少工作量。换句话说，财富效应和边际收入效应在相同的方向上起作用，而不像在高收入阶层中那样朝相反的方向起作用。在这种情况下，我们能得出一个明确的预测，就是他们的工作努力程度会降低。

这个预测被严格地证实了，首先是被实际经验，即历史上实施的每个救济项目所证实了，第二是被一系列精心设计的、用来检测负所得税效应的实验所证实了。很难精确地说出工作努力程度到底降低了多少，而且负所得税实验没有给出一个确切的数据，因为接受负所得税实验的人，如果愿意的话，也可以继续享受普通的救济项目，因此，负所得税项目的独特作用小于在一个不存在普通救济金的社会中进行实验时所起的作用。无论如何，它所起的作用还是非常大的，所以很明显这是一个实际问题。[19]

道德风险的第一种类型——尤其可能是穷人的人才会参加这个项目，而尤其不可能是穷人的人就不参加这个项目的情形——其中一部分，但只能在非常有限的程度上，能被政府所避免。如果每个人都参加了这个项目，就不存在逆向选择了。从某种程度上说，这更像一个公司，它购买医疗保险的价格比单个人购买更加便宜，因为它能让所有的员工都参加这个保险，而个人去购买保险，不仅要支付更高的管理成本，而且要支付额外的保险金，因为购买保险的个人比不购买保险的人更有可能生病。

不幸的是，政府项目并不像我们想象中那样不受这种效应的影响。很多人都想移居到有大量收入再分配的地方。多年来，美国各州和地方当局为了得到这些再分配，用尽了各种方法来阻止人们迁居到他们的所在地。最高法院宣布这是违反宪法的，但它却没有反对联邦政府实施同类型的更加强有力的计划来阻止外国人进入美国。[20]在现代，福利国家必须实施一个持续的、非常昂贵而又困难的计划来阻止世界上的穷人到处迁移，比如说生活在非洲、印度和中国的穷人，同时也阻止他们推翻基本转移项目的精算特征。我们必须牢记，无论我们认为理想的转移支付项目是什么样的，现有的转移支付项目本质上是在全世界人口中收入最高的10%至20%的人之间来回转移。世界上真正贫穷的人没有从现存的转移支付项目中获益。[21]

让我们更仔细地来看一下这个理论(见图4.4)。假定没有慈善分配,我用纵轴来表示收入,在这个例子中是个人的收入,横轴是根据收入高低,把人们从左到右依次排列。从原点出发的约45度角的直线简单地表示了这些人的收入水平。它表明,在Q点某个人的收入是M,在Q'点某个人的收入为M'。

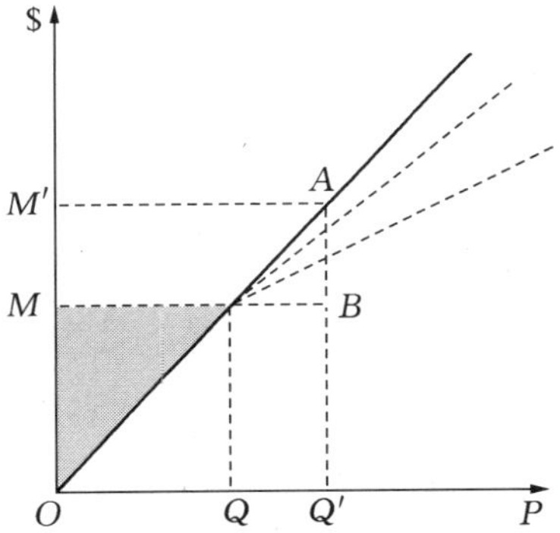

图4.4　转移支付项目

注意,如果我们得到了实证数据,然后画了这样一幅图,收入就不会形成这样一条完美的直线。然而,直线更容易操作,对我们将采用的任何推导过程来说,这条线的实际形状如何并没有什么影响。如果读者愿意的话,他可以用一张纸画出一条精确的直线,然后重新对他的数据进行推导。

那么假设社会中的居民认为社会成员的收入应该不低于M。他们想做的是,让所有位于Q左边的人继续生产他们所能够生产的少量产品,同时用带阴影的三角形来补贴他们的收入。这就要求对收入高于Q的人征税。我用显示了税后收入的虚线来表示这种税收。

虽然这是救济项目的目标,但执行起来却非常困难。小政府单位和私人慈善机构有可能顺利实施。第一个问题是,如果一个人的生产率使得他能得到的收入少于 M，那么在保证他的最低收入水平为 M 后，他很容易完全停止工作。因此，为了保证他的收入能达到 M，对他进行的转移支付不是带阴影的三角形，而有必要转移给他直线 M 以下、直线 Q 以左的整个矩形。

即使人们能接受救济，我们还是将暂时忽略让他们去工作的执行问题，仅仅谈论一下允许那些接受救济的人变得无所事事所产生的后果。当然，首先会发生的是，把人们保持在最低的收入水平上所必要的资金量会大幅度上涨。然而其次会发生的是，收入水平稍高于 M 的人（在我们的图中位于 Q 右边的人）开始意识到，如果他们停止工作，他们的收入会降低，但是，他们仍然会逃避工作。闲暇是一笔财富，而工作一般来说是一种厌恶品。[22]

因此，很多收入高于 M 的人停止了工作。在图中，我们用直线 M' 表示。当然，在实践中并不存在这样明确的截点。存在一种趋势，即大量收入接近 M 的人会停止工作，而那些收入远远高于 M 的人停止工作的可能性较小，但使用像 M' 那样明确的截点将不会有什么害处。那么，如果在直线 M' 以下的人停止工作，为了让每个人的收入水平都维持在 M，纳税人必须支付的总量就变成了直线 M 以下和直线 Q' 以左的矩形。M 与 M' 之间的面积表明，收入高于 M 但低于 M' 的人（如果他们有工作）闲暇的价格。虚线表示必要的税收量。

注意到这里产生了两种基本成本，因为所有收入低于 M' 的人现在都不工作了。首先，如果他们在工作的话，他们可以生产一些产品，即使生产得并不多。其产量由三角形 $OQ'A$ 表示。由于缺少了这些产量，社会的整体状况没有以前那样好了。虽然其产量可能不是很庞大，但无论如何它却是我们愿意看到的。当然第二种成本是，为了让人们的收入保持在 M 以上，整个矩形 $OMBQ'$ 都必须支付给现在没有工作的人，这样做所产生的成本将不得不由高收入群体所承担。

正如我以前说过的那样，如果这些成本通过对高收入群体征收比例所得税来筹集，它显然不会降低测出的国民产值。当然，这样做会使得高收入群体的状况变差，然而任何一种收入再分配的目的就是使得一些人的状况变差，而另一些人的状况得到改善，所以我们不需要担心这一点。如果社会提供适度的收入补助金，当人们停止工作时，尤其是有些人即使挣得的收入略高于救济金，因为他们更喜欢悠闲的生活而停止了工作，这样做所产生的基本问题并不是它对社会造成的负担，而是它使得人们很难对穷人慷慨解囊。如果你把 M 移到一个相当高的水平——比如说，平均收入水平的一半——那么，直线 M' 也相应地上移，社会生产出的总产品可能会大幅度下降。[23]

在讨论被我称之为多愁善感的自由主义者之类的人时，[24]我发现他们常常持有这样一种观点：我通过暗示穷人总是不会尽最大努力工作来侮辱他们，即使他们能得到救济，或者即使他们停止工作会稍微降低他们的收入，却因此让他们符合救济的条件。我并不认为这是任何方式的侮辱。如果人们停止工作，他们收入的 90%都能得到保障，那么有多少人还愿意继续工作？注意，这意味着停止真正的工作。尽管你能得到救济，但没有理由说明你不能从事你的爱好，或者在地下经济中赚取少量的钱。[25]我们不应该期待人口中较穷的那部分人比我们更有活力，他们通常从事不太引人注意的工作。

有很多方法可以避免这个问题。第一个方法，同时也是正规方法中最简单的一个，是告诉救济管理员，他们必须确保接受其救济的人尽最大努力工作。如果我们有了一个跟现在不同的救济管理员，这个非常简单而又直接的办法仍然起作用。然而，一般的美国社会工作者不能使用这类强权政治。另外，显然社会并不想要他这样做。我们早些时候提到了撒马利亚人的难题，一般来说，如果人们不更加努力工作的话，用饿死来威胁他们很可能会触怒整个社会。

不久前，我看过一个英国记者的一篇报道，作为新加坡政府塑造自己形象所作努力的一部分，这个记者乘坐协和飞机到了新加坡，其后还享受了非常奢华的新加坡旅游。在旅游的过程中，他与一位高层管理者共进晚餐，并问他："你的意思是说，如果新加坡有人拒绝工作，你将看着他饿死?”这位管理者英语讲得显然不是很好,嘘声说:“是的。”毫无疑问,这位记者会认为,这正体现了新加坡政府最不可取的、对冷静理性的坚持。就此事而论,我认为本例中的记者反映了普通美国人和欧洲人的观点。我们希望能让这些福利偷懒者去工作,但一般来说,我们并不愿意简单地把列宁搬出来说,要么工作,要么死亡。无论如何,这对那些工作价值不是很大的人来说却是千真万确的,——那些位于 Q 左边的人。

然而在我看来,我们应该采取开明的态度来看待那些引导人们去工作,并给予他们某种最低收入的尝试。事实上,大多数美国福利管理员无法做到,但这并不表明它是不可能实现的。这可能仅仅表明了,我们当前的福利管理员不合格,他们没有受到上司足够的激励,或者我们需要新的方法。在我看来,需要继续寻找这些方法。

基本上有两种方案能解决这个问题。第一种方案是杰里米·边沁(Jeremy Bentham)在很多年前提出来的,然后阿门·阿尔钦(Armen Alchian)发展了它。[26]杰里米·边沁建议,程序问题可以解决,只要提供无限量非常容易监督的工作,然后当人们从事了这项工作时,才给他们支付报酬。他还特别建议他们踩踏车。据说在边沁的年代,虽然踏车是一种非常陈旧的能源来源,但有时候仍然用它作为一种真正的能源形式,因此,这种工作也并没有完全白费。不幸的是,上面这个特点不再符合阿尔钦改进后的方案了。

那么,让我们假设有下列计划。在各种舒适的地方,我们拥有一套踏车。无论什么时候,只要他们愿意,任何人都能自由地踩踏车。而当他们这样做了,硬币就会定期从踏车上掉下来。硬币掉下来的速率可以调整,以至于一个八小时工作日能得到的最低收入是人们所希望的任何收入水平。虽然此方法牺牲了我们图表中总产出低于 M 的人的产量,因为踩踏车的发电量的价值非常接近于0,但却剥夺了他们的闲暇时光。因此,在图表中位于直线 M 与直线 M' 之间的人将选择不接受救济。社会资源的节约量可能相当大。

在某种程度上，这包括有意舍弃任何机会来获取生产率相对较低的人的劳动——位于 Q 以左，45 度线以下的劳动。作为回报，我们正在消除“福利偷懒者”的诱因。事实上，如果可能的话，这显然不如就让人们在良好的监督机制下工作。另一方面，它显然同样好于允许图中所有收入低于 M' 的人都辞去工作，去拿政府的救济。

应该说，正如这里所描述的那样，这个系统可以通过各种各样的方法来改进。当然，踏车并不是让人们去工作的唯一途径，尤其是很多穷人身体不佳。的确，在有些情况下这是他们穷困的原因。艰苦的体力劳动常常使这些人往往无力承受。很不幸，医生很难用任何确定的方式判断一个自称生病的人是否真的生病了。对边沁和阿尔钦的图洛克改进是解决这个问题的一种装置。这里我不会对它进行解释，但它实际上是任何人都能操作的一种电子装置，不用耗费太大的体力，然而却需要人们集中精力于一项枯燥乏味的工作。当然，就令人满意的产出来看，这个装置没有任何产出，甚至连踏车所产出的极少量的电力也没有。

所有这些听起来都很残酷(sadistic)。人们研制了很多装置，无论是踏车，还是没有任何产出量，却要投入劳动的图洛克职员模拟器。它们存在的目的，完全是为了防止人们选择闲暇而去接受救济。他们确信，虽然他们能够得到最低水平的收入，但没人会对这份收入感兴趣，除非他们在平常工作中的生产率低于那个水平。换句话说，并不存在能获得高于最低水平的收入，却宁愿得到最低收入和闲暇，也不愿去工作的人。

许多人认为这在道德上并不受欢迎，当然，我不会和任何人争论有关他自己道德准则的陈述。我只说，这个系统能提供获得相当高的最低收入的可能性，而不需要复杂的监督程序，也不需要生产力稍高于最低收入的人选择最低收入和闲暇，而放弃了平常的工作。对于这个系统是否有足够大的优势来弥补这些仪器令人不愉快的表象，我不能提供任何确切意见。个人必须根据他自己的偏好系统来做出决定。

我以前有一个研究生丹尼尔·纽伦(Daniel Newlon),当他还是我的学生的时候,就开始对这个系统产生了兴趣。在成为研究生之前,他针对几个城市贫民区的穷人做了大量工作。他认为这个方案是有可能改进的,虽然那些穷人为了钱而被迫一天工作整整八小时,但他们事实上可以学习一些技能,以后更容易就业。他认为,在穷人中间有一定数量的人可以学会非常熟练的技能,人们提议"接受救济的人"能花两到三天的时间参加一系列相当复杂的电脑操作测验,这些测验的目的是把那些有足够才能被培训成为技术工的人区分开来。然后,那些被认为相当有才能的人被安排去操作教学机器,使用这些机器的辛苦程度跟使用踏车一样,但最终能让他们学会有用的技能。测验显示,没有任何显著才能的人也被安排去作教学机器,但在这种情况下,教学机器是专门用来教会他们诸如准时、一整天的稳步工作等等——换句话说,也就是培养良好的工作习惯。他认为,那些人在求职中所遇到的困难,很大程度上来自于他们不良的工作习惯,而不是他们完全没有能力从事产量适当却不需要技能的工作。这确实值得研究。

另一个处理激励问题的基本方法是负所得税。对于一般的选民来说,这个概念似乎很难理解,但本质上它是一个非常简单的想法。在图4.5中,我们用实线表示社会中人们的收入。假设存在一个最低收入水平,我们不希望人们的收入低于这个水平,即点 M。每个居民都能保

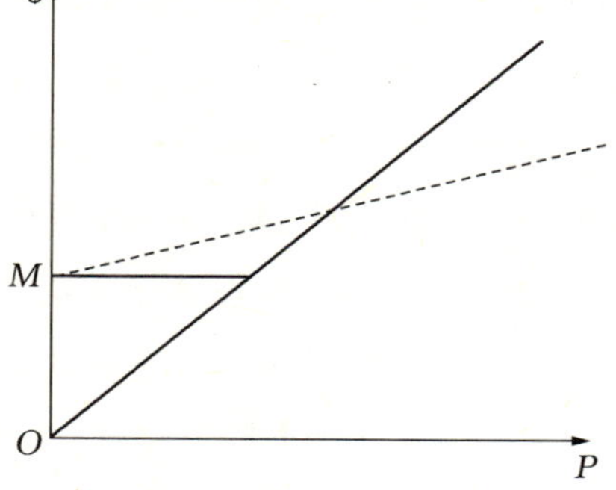

图 4.5　负所得税

证得到这个收入,但并不是简单的保证,而是一旦你得到这些钱,你自己所挣得的每一美元都必须至少能增加你的收入。例如,假设最低收入是每年5 000美元,每次你挣到1美元的结果是,你的收入增加了0.5美元。考虑这个问题最简单的方法是,设想你只给社会中的每个人5 000美元,然后征收50%的所得税,目的是为了筹措到这个示范补助。正是这个计划[27]与1972年乔治·麦戈文(George McGovern)面临的政治难题有很大关系。然而,这个概念很难被选民接受的事实并不意味着它本质上不是一个很好的想法。

虚线表示税后收入分配。注意,为了其他目的而征收的税,比如维持警察机构正常运转,就没有包含在这种税收里面。虚线的确切形状受多方面变动的影响,然而基本收入线和虚线左边部分之间的面积是给低收入者的净支付量,它必须等于实线以下和虚线右边部分以上的面积。注意虚线不一定要是直的,或者严格地说,它也不一定要与基本收入线相交。例如,它能在某一点触及收入线;那么在一定的区域里,根本没有人会被征税,然后那点以上的较高的税收就形成了一条S形的曲线。

这个体系吸引了很多经济学家的注意,却没有为现行体系中的完全闲暇提供任何特别的诱因。在现行的体系中,人们可以仅仅通过停止工作和自愿向社会工作者撒几个谎来得到救济。然而,在较低的范围内,这个体系确实为人们努力工作造成了相当多的障碍。负所得税试验表明这些试验的成本是很高的。另外,如果M被移到一个较高的水平,这个项目的总成本就可能很高了。最后,整个体系可能拥有足够累进的特征,使得工作的障碍不仅仅局限于接受救济的穷人,而在某种程度上也落到了高收入群体身上。当然,这是传统的收入再分配衡量效率的方法,在这种方法中,我们考虑用可度量的产品来衡量。很容易就能想到,这样一个体系所生产的总效用比没有这个体系时要多,即使可度量的产品下降了。

我相信这三种方法是能够处理人们去接受救济的倾向的,因为他们认识到闲暇或多或少是会耗尽的，尽管很容易开发出它们间不同的组合或者变化形式。这里的问题仅仅是对撒马利亚人的难题的一种特殊应用。处于收入阶层底层的人明显都有充分的理由不想去工作，也有理由利用安装好的任何仪器。如果他们工作不努力的话，大多数收入高的人不愿意仅仅用饥饿来威胁他们。问题是确确实实存在的，而且很难解决。我认为小规模的私人慈善机构通常会回避这个问题的观点，这可能是正确的，也是可能不正确的。无论如何，撒马利亚人可能会觉得，像私人慈善机构那样回避这个问题并不会令人满意，因为从私人慈善机构总共得到的资金要少于他认为他们应该提供的数量。

本章主要讨论了在两个限制条件下的政府收入再分配问题。首先，就捐赠者帮助受益者而言，欲望成为限制条件的动机。第二个条件由第一个条件得来，仅仅是通过民主的方式来实施，但不允许受捐助者投票。我相信读者现在应该得出了一个结论，就是这个问题并不容易解决。当然，要说它不容易解决，并不是说没办法解决，也不是说我们不应该继续关注它。下一章将讨论我们打算帮助穷人，而允许穷人投票的情形——也就是说，存在一种混合动机，高收入者乐于帮助穷人，穷人则对使他们自己的收入最大化感兴趣。第一个群体在慈善方面的兴趣是下降的，第二个是想得到转移支付的人的例子，因为他们想得到那笔钱。这必然比我们本章中所讨论的情况要难。

注 释

[1] 参见 Gordon Tullock, "Revealing the Demand for Transfer," in Richard D. Auster(ed.), *American Revolution*, *Papers and Proceedings*, (Tucson: University of Arizona, Department of Economics, 1977): pp. 107—123; and Gordon Tullock, "The Demand-Revealing Process as a Welfare Indicator," *Public Choice* 29(2)(Supplement of Spring 1977): pp. 51—63。这两篇文章在讨论转移支付的需求时没有考虑嫉妒因素，但

是将原因扩展到包括妒忌的工作只是程序上的事情了。

［2］参见 Barry P. Keating and Maryann O. Keating，*Not for Profit*，(Glen Ridge，NJ：Horton，1978)。它是目前我们所知的在这个领域的文献的回顾。我们应该知道得更多，但是这样说并非对该书的批评。

［3］Milton Friedman，*Capitalism and Freedom*(Chicago：University of Chicago Press，1962)。尽管弗里德曼的论述非常具有创造性，但是我认为它并非是无可挑剔的。在我的一篇未发表的文章中我指出了几个问题。参见我的文章，"Elaborations on a Theme by Freidman，"公共选择研究中心，工作论文 No. CE80-12-2。然而就我们这里的目的而言，没有必要深究那些细节，因此我们可以简单地接受他的观点。

［4］在下面的讨论中，我们忽略"付出"这个动作带来的效用，而只考虑接受者境况变好带来的效用增加。

［5］注意到这是一个不完整的社会。它只是 A 和 B 对馈赠的需求，而没有包括 C。对 C 的详细讨论我放在后面进行。

［6］可能许多读者并不清楚林达尔(Lindahl)税制，我应该给出一个简要的说明，那就是每个人按照各自从公共品中所得到的边际收益支付费用。假定你可以做到这一点的话(这是一个很强的假设)，只要这个税制是林达尔式的，那么结果就是任何支出都会得到一致的支持。据我所知，在现实世界还没有人做到过这一点，但是这个制度在理论分析中很常见。

［7］参见 Benjamin Ward，"Majority Rule and Allocation，" *Journal of Conflict Resolution*，(1961)：pp. 379—389。

［8］参见 James M. Buchanan，"What Kind of Redistribution Do We Want?" *Ecnomica*，35(May 1968)：pp. 185—190。

［9］Guido Calabresi and Philip Bobbit，*Tragic Choices*(New York：Norton，1978)。

［10］在某些方面来说，要理解这个问题，读我的一个评论比读本书更容易。"Avoiding Difficult Choices，" *New York University Law Review* 54(1)(April 1979)：pp. 267—279。我知道这个评论已经为卡拉布里斯所接受，因为他对我的评论做出过有益的评价。

［11］顺便指出，在该领域，这似乎严重阻碍了技术的进步。在一些情况下，人们拥有家庭洗肾机器，而它们通常是私人购买的。很遗憾，它们不能够治好任何人。尽管为所有的人提供全额的资助，家用机器的发展仍然不如在其他情况下快。

［12］这个现金额并不一定要补足收入。它可以只是简单的一种特殊补贴，给那些要求进行某种非常昂贵但是能够维持生命的治疗过程的人。

［13］我以前大学的一个朋友，他在非洲一个国家做大使。有一天突然发现他成为一个不受欢迎的人，该国的独裁者对他大声咆哮，说他是一个中央情报局(CIA)的间谍，试图颠覆地方政府。而实际上他所做的不过是建议当地的会计体系做出修正，而这使得那个独裁者和他的朋友们在瑞士银行建立账户变得困难了。

［14］当然，也有可能钢铁厂不会修建在那里，因为也许那里不是一个建钢厂的好地

方。在这种情形下，花费了1亿美元建立起来的钢厂也许还不等价于给每个人2.25美元，而只是每个人1.75美元。

[15] 我第一个在一篇文章中讨论这个问题，"Information Without Profit," *Papers on Non-Market Decision Making* 1(1966)：pp. 141—159，该杂志主要是讨论私人慈善行为。

[16] James M. Buchanan, "The Samaritan's Dilemma," E. S. Phelps(ed.), *Altruism, Morality and Economic Theory*, (New York: Russell Sage Foundation, 1975): pp. 71—85.

[17] 他们从来都不承认这一点，但是它的确是真的。

[18] 在政府的慈善行为中，不太可能所有的捐赠选民都赞同每一个具体的转移支付额度，要么他们认为给的那一点太少了，要么太多了，但是显然从这里得到的不愉快少于从捐赠中得到的满足，以及知道你实际上是在一个便宜的市场上购买慈善行为得到的满足感。而后一点是因为上面提到的技术上的集体化。

[19] Alfred Tella, Dorothy Tella, and Christopher Green, *The Hours of Work and Family Income Response to Negative Income Tax Plans: The Impact on the Working Poor*(W. E. Upjohn Institute for Employment Research, Kalamazoo, MI 1971)。负的收入税实验也表明这类保险政策导致了离婚率的迅速上升。这是否是一个真实的发现抑或只是一个假象，我并不知道。

[20] 美国移民控制的最初动机来源是劳工组织。他们不希望大量的贫穷的外国人涌入，因为这会导致工资的降低。也许这个动机仍然强于阻止外国人享受各种各样的福利的想法，但是现在由于这些福利的数目庞大，因此阻止他们享受这些福利也是另外一个强大的限制移民的理由。

[21] 参见 Gordon Tullock, "The Rhetoric and Reality of Redistribution," *Southern Economic Journal*, 47(4)(April 1981): pp. 895—907。

[22] 如果我们考虑那些生产效率不高的社会成员所做的工作种类时，工作尤其可以称为厌恶品。一个建筑师也许会享受一整天的工作，但是拾荒者很难会有同样的想法。

[23] 在这个特殊的话题里，想要仔细计算的话，你必须考虑到救济金不用交税，而人们的工作收入通常是需要纳税的。因此，如果你想要做出一个合理的政策决定的话，那些救济金应该和税后收入而不是和税前的收入进行比较。

[24] 我有时候被伪自由主义者(soppy liberals)称为顽固的反动分子。

[25] 在华盛顿特区，相当部分因抚养孩子而接受资助的妇女事实上从事色情服务。对孩子的补贴为她们提供了最基本的保障，但是对有魅力的女性来说，这只是她们收入中很少的一部分。

[26] 我曾经对这个问题非常感兴趣，并且在阿尔钦版本的基础上有一些细小的改进。我们这里使用的就是我在边沁工作基础上做的阿尔钦改进版的改进版。

[27] 除掉5 000美元。他提供了1 000美元，当然因此他需要缴纳的税收也会减少。

第五章　混合情形

在本章和下一章中,我们讨论更为真实的收入再分配情形。在这种情形下,选民的各种动机是混合在一起的。本章我们主要是进行理论上的讨论,针对一种在我看来相当简单的情形。在这种情形下,选民要做的唯一的事情就是向较穷的那部分人口进行转移支付,而高收入群体有真正的慈善动机,因此他们希望至少能做出某些转移。这与上一章不同,因为穷人也能参与投票了。此情形可以从图 5.1 中看出来。另外,我们有 A 和 B 两个人,他们对 C 有真正的慈善意愿。转移成本用一条普通的横向直线表示。A 和 B 对转移的需求用适当的需求曲线表示。我们注意到,在私人提供的情况下,C 至少能得到 B_0。仅从 A 和 B 的立场来看,社会最优选择用直线 A 与直线 B 的和表示,或者由直线 $A+B$ 表示。从而转移支付量为 O。所有这些都是在回忆上一章的内容。

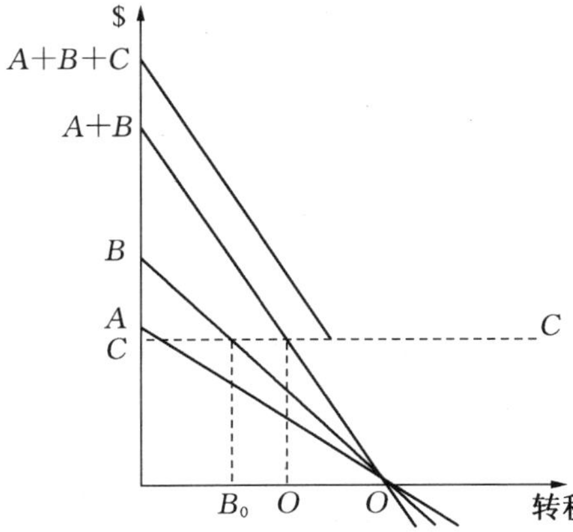

图 5.1　允许受益者对结果产生影响的情形

我们现在转到一种新的情形。C 现在可以参与投票了。作为一开始的估计,他对转移的需求仅仅是转移的完全价值,换句话说,就是直线 C。

我们最好先暂停一下，说说图中需求曲线的实际意义，然后再进一步分析这个问题。这也许是明智的。直线 A 和直线 B 没有造成特殊的困难，因为它们表示，为了得到给 C 的一定量的转移支付，A 和 B 愿意支付的金额。的确，别人有可能会把转移支付“卖”给 B，比如说，以高于 1 美元的价格出售每美元的有效转移。大多数慈善机构都这样做，这是因为它们的执行成本太高了。通过提供附带合同的简单方法，以每美元低于 1 美元的价格“卖”给人们也是有可能的。这在慈善机构中也很常见。一个富人将提供一笔巨款，这笔款项只有在，比如说，50-50 匹配的基础上才能捐给他人。这就使得他能以半价购买一笔救济金，而那些为匹配做出贡献的人也会这样做。

然而，当我们再来看 C 时，他的生活会更加艰难。如果我们设想他被嫉妒之心所驱使——他实际上喜欢从 A 和 B 那里为自己拿钱，因为他想让他们变穷——那么他也许会愿意支付稍高于 1 美元的价格，从而得到 1 美元的收入。因此，我们就有了一条向右上方倾斜的需求曲线。然而，我们假设他很穷，这就意味着他无法这样做，因此，横线似乎更符合实际情况。从本质上来说，横线表示 C 将支付 1 美元才能获得 1 美元，这样似乎更合理。然而，C 可能像其他人一样，有一些慈善的想法，随着他得到的转移支付的金额越来越大，他会感到有点不安。在这种情况下，他的需求曲线从 C 与纵轴相交的点开始慢慢向下倾斜。

为了给出这条曲线的实际意义，让我们设想 C 为了得到他的钱，不得不忍受社会工作者的监管。这个社会工作者让他去她的办公室，坐在硬板凳上等待，回答问题，以及听与行业有关的演讲。我们可以预计，随着他得到金额的增加，为了得到 1 美元的边际收入，他愿意坐在硬板凳上等待的时间和他听演讲的耐性都会下降。这就给出了向下倾斜的直线的实际意义。

然而，为了达到当前的目标，我们假设 C 自己对慈善事业的需求就是他得到的总额，也就是直线 C。然而，又出现了另外几个次要问题。

首先，把钱从 A 和 B 转移到 C 时，当然存在某些执行成本。因此，C 得到的钱要略少于 A 和 B 的支付额。这一点很重要，因为如果我们把 C 的需求与 A 和 B 的需求相加，然后假设 A 和 B 的需求曲线都是直线，在横轴上的 O' 处降为 0，在那以后就一直为 0 了，那么如果 C 收到的钱跟 A 和 B 支付的钱一样多的话，其结果就无法确定了。事实上，它可能是从直线 CC 到 O' 右边的任何一点。如果我们假设现实中存在少量的执行成本，然而直线 $A+B+C$ 实际上会穿过直线 CC，然后在直线 $A+B$ 与横轴相交的点处急速向右转。我没有画出这条附加线是为了避免把图弄乱。也许，它就位于 CC 以下的不远处，因此，如果精确地画出了这条直线，读者可能需要用显微镜才能读懂这张图。

然而，所有这些都假定 A 和 B 向 C 进行慈善捐赠的需求从 O' 往右都是 0。这是对现代生活的一般观察，当转移支付高于人们所认为的合理的量时，对穷人进行了转移支付的人往往变得非常恼火。在这些情况下，正如图 5.1 所示的那样，直线 A 和直线 B 在横轴以下会继续下降。即使不存在执行成本，我们也有了一个明确的办法来解决这个问题。横轴以下的部分表明，A 和 B 实际上愿意在他们两人之间支付高于 1 美元的价钱，从而避免向 C 支付 1 美元。

如果向他征一种税，目的是为了在戴维·洛克菲勒(David Rockefeller)下次生日时送给他一个礼物，那么读者可以想象一下他的情绪。[1]我猜想，即使大多数读者本人并不讨厌洛克菲勒先生，他们会乐意向某个能为他们免除这种税收的组织支付比他们的税收高一个百分点的金额。

这里出现了很多问题。例如，如果不用直线作为需求曲线，我们用一条靠近但不会接触到横轴的曲线，然后假设执行成本为 0，或者接近于 0，那么点 O 与点 O' 之间的距离就的确很大了。如果没有经验证据，我们就无法知道这条曲线的确切形状。

但这并不是仅有的一个问题。需求与成本相交的点是“应该”对穷人进行慈善分配的金额，但这根本就不明显。为了做出一个明确的抉择，我们可能会主张使得效用最大化的分配才是恰当的分配量。另一种分配方法是倾向于使效用相等。这两种方法也许完全不相同，对于易受严重身心障碍影响的人来说，这些障碍会降低他们的效用，他们在第二种制度下能得到大量的回报，而在第一种制度下却只能得到很少量的钱。

我发现了一件事，即大多数这类问题都没有经过仔细的考虑。跟我讨论过这个问题的大多数人，或者曾写过与这个问题相关文章的人，似乎都有某种模糊的想法，认为存在一个适当的再分配量。我提出的几乎所有关于收入再分配的具体目标的建议都让他们感到不愉快，但是当我问到什么是最适当的分配量时，我却没有得到任何答案。这并不令人十分惊讶。我们中的大部分人都学会了谈论慈善再分配，也学会了就我们想要怎样帮助穷人发表看法。另一方面，我们也训练有素，只向家庭以外的人进行微薄的收入再分配。

所有这些听起来可能很伪善。我假设它确实符合这个词的正式含义，但我并不认为这里存在任何存心的伪善。我们生活在一个社会，在这个社会里，每个人所说的话就好像他想进行大量的再分配一样，但事实上，人们只给了穷人很少量的再分配。此外，大量再分配分配给了安排这项再分配的人——再分配给了政治上有权势的人。大部分再分配作为给穷人的再分配而被合理化了，即使正在执行这种合理化的人是个百万富翁。他很少会说，他自己获得的收益是他赞成再分配的原因。通常他会指出，世界上某个地方的某个穷人可能确实从转移中受益了。

我好像忽略了一些新的文献。那些坚持收入转移的人可能就应该转移的金额达成了某种一致意见。在一些偶然情况下，人们随意给出了一些数字，说它们就是适当的转移量。[2]然而一般来说，他们不说出具体数字，当他们说出具体数字时，每个作者所说的金额都大不相同。此外，任何给出的金额都没有确切的依据。

如果我们来看一下现实世界，我们观察私人捐赠的适量的慈善分配和通过政府进行的适量的慈善分配。在这两种情况下，金额都相对较小。的确，在私人捐赠市场中，对教堂的捐赠要远远多于对更加真实的对象的捐赠。那些教堂也许打算通过不让人们进地狱的方式来使捐赠者受益。在政治领域也同样如此。我们转移给特殊利益团体的钱要远远多于我们给穷人的钱。然而，所有这些讨论通常都是在慈善转移的题目下进行的。

这个讨论听起来可能非常关键。在某种程度上它很关键，但我只是在试图保护自己不受到抨击，这种抨击我确信会发生。我几乎可以肯定，我所做出的确定实际收入再分配的最优量的任何建议，不论它有多理论化，都会遭受批评，因为它没有给出适当的金额，即使批评的人也不会告诉我什么是最优金额。此外，将会出现一种普遍的暗示，就是无论我的数字是什么，或者无论我用什么方法计算，都不会产生足够的转移。同时，人们可能会指出，即使只进行那个数量的转移，在政治上也是不可行的。

所有这些对于学生来说都是最不适合的，但我认为它也反映了这个领域中知识不完善的普遍状况。读者可能注意到了，我还没有认可任何精确的再分配量。既然我不是作为一个平等主义者而出名，那么这一点可以作为对我的观点的说明，然而我认为其他人并没有告诉我们确定适当的再分配量的方法。如果有人提出了一些方法，最终都可以证明他们并不是真正认为它们很可靠。

请允许我在这里举一个亲身经历的例子。安东尼·唐斯[3]在他的《民主的经济理论》一书中说，民主是令人向往的，因为它允许穷人行使他们投票的权利，拿走富人的钱，从而进行收入再分配。我认识唐斯，所以我问他，为什么他认为现有的转移就是适当的转移金额，并指出我们能非常轻易地改变选举权，从而增加或者减少转移量。他立即回答说，选举权的改变虽然能引发不同的转移量，但这些转移量都是不适当的量。我接着又问他怎么知道现有的转移量就是适当的量，他说是因为这个量由现行的投票方法所产生。

显然，他的理由是循环的。同样，安东尼·唐斯很显然是一个非常聪明的人，他对这些问题有强烈的看法。他只是没有发现，有必要真正去精心构思他在这个领域的观点。此外，我怀疑他如果去精心构思了的话，他会发现这样做其实很痛苦，因为他基本上跟其他人一样，说话比行动要慈善得多，而且事实上他并不想改变他的行为方式使其符合他所说过的话。

我并不是在建议人们行动要与语言相一致，而是建议他们语言要跟行动一致。换句话说，我建议我们要修正我们的语言，而不是改变我们的行为。就像大多数经济学家那样，我常常会认为，人们的行为比语言更好地代表了他们真正的想法。

但是这个关于道德改革的特殊建议并不是我这里的重点。我的重点是，在写这本书时，我有必要说一下某种最优的再分配。在我看来，从人们说的话中来找最优的再分配是很不明智的。因此，我对人们到底是怎样进行再分配的比他们说过的有关再分配的话更感兴趣。

如果我们想想人们到底是怎样进行再分配的，那么我们很快就能得出结论，即他们是慈善的，但不是非常慈善。这是我将采取的立场。我会讨论不同行为过程的可能结果，而不是讨论人们说的他们认为自己应该做的事。然后对于什么是应该发生的，读者可以形成他自己的观点，而我想建议他考虑他可以做的事，而不是他想象中的他可以做的事。当他做出了最优选择之后，他可以思考能够导致那个结果的制度变革。

例如，如果读者觉得政府慈善事业的规模应该大于现有的规模，那么他可以寻求一个宪法修正案，上面只说了政府慈善捐赠应该是某个特定的金额。我怀疑，除非人们真的很赞成那个金额，这个修正案才会被采纳，但提出这样一个修正案又确实会引起许多非常有趣的讨论，如当人们想把他们收入的10%捐赠给穷人时，他们当然要找出各种各样的理由来说明这是不现实的。

第二种更加直接的办法就是改变我们选票的权重。当前，所有民主政府都采用一种非常简单的权重制度，在这个制度里，单个人选票的权重要么为 1,要么为 0。比如说,我在我家的所在地皮玛(Pima)县的选票权重为 1,在我的工作地塔克森(Tucson)的选票权重为 0。我总共只能给亚利桑那州的事件投一张选票,但在新墨西哥州或者内华达州,我的选票都为 0。这两个州离我家都很近,它们的事件在很多方面都能对我产生影响。当然,我在全国选举中能投一张选票,而在加拿大或墨西哥的选举中却不能投票。

这个制度在民主制中已经很常见了,所以我认为大多数人都没有意识到它有多特别。对政府活动的观点是外部效应内部化和提供公共产品。几乎没有哪一种外部性或公共产品是非常适用于现有疆界的。作为一个粗略的经验法则,大多数外部性在某点或某个区域都存在最大的效应,然后随着你逐渐远离那个点或区域,其效应又逐渐减小。当然在有些情况下,并不是地理位置上的远离,而是沿着某个其他维度。比如说,我除了非常讨厌为维护公共网球场而支付税收,还对网球毫无兴趣,因此在这个问题上让我投一票,而另外一个对网球非常感兴趣的人也能投一票,这似乎有点奇怪。同样,就地理疆界来说,印度居民对美国向印度的援助项目和美国的对外政策有相当大的兴趣,但他们根本没有对这些政策投票。当然,这些政策对于一些美国人来说完全没有它对于普通的印度居民来说那么重要,但美国人投票的权重为 1,而不是 0。

正是由于需求显示[4]的这个有趣的特点,使问题就此消失了。没必要事先给选民分配 0 或 1 的权重,他们会自己给自己分配权重的。因此,如果内华达的居民对亚利桑那发生的事情感兴趣,他们会给自己分配权重。这些权重相当于他们对亚利桑那的政府服务的实际需求。也许,这些权重通常比亚利桑那居民自己分配的权重要低,因此他们比亚利桑那居民的影响力小,但每个人产生的影响与他对公共服务的需求成比例,而不是我们当前制度下随意定的 0—1 权重。

不考虑需求显示,似乎就找不到采用 0—1 权重制度的真正原因了。此外,似乎就很难赞成与收入再分配相关的问题了。注意,当我说很难赞成时,我并没有断言很容易反对这个制度。如果我们正在谈论收入再分配,似乎只是不存在采用任何特定权重的理由而已。不同的权重会导致不同的收入再分配量,而且我们没有办法决定什么是正确的再分配量。

如果我们对提高需求感兴趣的话,那么我们也许会争取分配给对慈善需求最大的人更多的选票,而给需求较低的人较少的选票。这可能意味着在某种权重制度下,有资格接受救济的人得到了相当高的权重,也许,高收入阶层也得到了很高的权重。以绝对量计算的话,高收入阶层比低收入阶层更加慈善,尽管可能不是以相对量计算的。我们不知道什么是适当的结构,但我们可以说,现行制度显然不是正确的。

比如说,假设我们认为穷人并没有从我们当前的社会中受益,他们应该得到更多东西。最简单的安排方法就是确保每个人在选举中所投的选票都是与他的收入相对应的。另一方面,如果我们觉得穷人整体表现比他们应该做得要好,那么调整选票的权重,比如说,使得每个人投出的选票可以跟他当年的美元收入一样多,这无疑会造成一些变化。站在这个立场上,这样的建议可能更好:即每个人投出的选票可以跟他的美元收入一样多,直到达到某个相当低的最大票数,以至于富人非常慈善的倾向会在这种权重体系中消失。当然,我们可以通过诸如收入的平方或其平方根等方法来增加或者减少这些效应。

所有这些可能都很奇怪,但我认为,如果读者稍微考虑一下就会意识到,在这种情况下,用“奇怪”这个词,他的意思仅仅是他以前没有想到过。据我所知,还没有好的证据来支持我提出的这些不同的权重,但我也知道除了惯例之外,没有证据能支持我们专用的权重。

很不幸,收入再分配中的需求显示也存在一个严重的问题。这个问题是,显示出来的是需求。正如所有经济学家所知道的那样,需求不等同于需要。需要加上拥有足够的购买力来满足市场需要的有效能力才是需求。对收入再分配感兴趣的大多数人都认为,需要应该用一种直接的方式来衡量,不加入购买力的因素。如果我们有一种测量个人效用的方法，就有可能找到衡量需要的直接方式，但现在我们没有这样一种方法。我们坚持使用某种任意的选票权重或需求显示。这种需求显示无法精确地反映大多数人所认为的应该显示出的需求量。很明显，这两种方法对这个问题都不是非常适用，但因为在世界上仍然实行民主投票的少数地区，0—1 权重似乎是大多数收入再分配的基础，而且此后我将集中讨论这个制度。

人们可能会说，作为另外一个与主题无关的问题，通过简单地假设我们已经知道了什么是“需要”来跳过整个问题。这种做法在实践和理论讨论中都很常见。对于这个问题，存在着广泛的分歧，但社会工作者将告诉你，需要就是一个确定的量。不同的社会工作者会列举出不同的量。政治家将告诉你，需要是另外的量，而且不同的政治家的说法也不一样。剩余的人的意见也有同样的差异。

在这个例子中，“需要”本质上是在善待穷人的愿望和你不想把你所有收入都给他们的想法之间的一种政治妥协。当然，在这个词的任何真实含义中，需要很显然不是一个全国性的问题——也就是说，生活在美国并不比生活在中国的那些与美国有着类似气候的地区贵。然而，我们通常假设他们的需要比我们少。

许多作者都持有一种观点，即需要实质上是一个心理问题，而不是一个物质问题，并且重点是让你的收入与其他人的收入有一种特殊关系。换句话说，非洲萨赫勒地区(Sahel)的一位贫穷的母亲看着她的孩子饿死，并没有让她感到非常不高兴，因为在那个地方这是一件很平常的事，而且她没有感到被歧视。另一方面，在纽约哈莱姆区(Harlem)，没有彩电的黑人会很不高兴，因为他看到社区的标准是应该有一台彩电。为此，我曾经想到了一句准确来说是没有同情心的格言：“如果村里的每个人都牙疼的话，那么它就不是真疼。”

这个论据的主要功能是，把慈善捐赠局限于他们国家的其他人，它让富国的人为此而感到高兴，而不会为没有帮助诸如孟加拉、非洲和中国的穷人而感到内疚。如果我们真的认为所有人都是相似的，我们就不会特别照顾美国的穷人了。事实上，我们建议要特别照顾美国的穷人，同时我们还要求某种合理性，而不是简单地承认我们对美国的穷人更感兴趣。相对剥夺假说就提供了这样一种合理性。

造成相对剥夺假说的一个理由就是，我们的慈善事业被美国穷人的选票所左右。如果是这样的话，他们可以希望钱能到他们自己手中，而不是给贫穷的印第安人。因此，这可以作为即使非洲的穷人要穷得多，美国穷人得到的钱要远远多于非洲穷人得到的钱这个事实的一部分原因。

但无论如何，我们确实看到大量援助集中于那些用世界标准来看状况很好的人，而用世界标准来看状况很差的人却没有得到很多救济。这是否产生于一种投票程序，在这种程序下，高收入地区的穷人可以部分操纵当地的慈善事业，或者这是否以一种更直接的方式反映了民族情绪，我不太清楚。但是人们不应该谈论现有的对穷人的援助计划，就好像这些计划是人们平等对待所有人，或者按需要进行支付所做出的努力。他们有强烈的民族倾向，所以那些碰巧出生在落后国家的穷人只能得到很少援助。

有一个临时的论据可以被用来说明给像哈莱姆这类的高收入地区（相对于像萨赫勒那样的低收入地区而言）提供偏高的援助金额的原因。这并不是因为哈莱姆的生活必需品比萨赫勒贵，而是因为在哈莱姆不可能买到绝对最低生活食品和最低生活住房，因为找不到萨赫勒那种质量水平的材料。人们可以预计，如果有人把哈莱姆的救济金降低到萨赫勒的水平，哈莱姆的商人就会开始以人们在萨赫勒的购买价格囤积这种产品。然而，暂时不可能买到萨赫勒水准的食品或萨赫勒水准的住房和衣服。当然，如果我们把救济降到萨赫勒的水平，企图得到援助的人的数量会产生大幅度变动。我不是主张我们应该这样做，而仅仅指出了我们用来谈论对穷人的援助时所用的一般语言并没有准确描述我们实际所做的事。

让我们转到更技术性的问题，即假如穷人可以参加投票过程，我们可以预期一个民主社会为穷人做点什么。首先要说的是，我们没有理由相信其结果就是图 5.1 中需求曲线和成本线的交点。的确，似乎没有理由相信这样一个投票程序的结果会符合其他标准，而不仅仅作为这个程序的结果。当然，一个忠实的民主党人会把这个交点作为适当金额的证据。

这里的问题在于，我们正面临一场没有核(core)的博弈。几乎所有收入再分配都有这个特点，相对于纯粹的慈善动机而言，人们对完全或部分自私动机的收入再分配感兴趣。在第四章中，当我指出两个潜在慈善捐赠者想要对方分摊尽可能多的成本的欲望时，顺便提到了这个问题。

当然在现实世界中，社会是非常大的。为了简便起见，我现在想把问题局限在一个三人社会中——A 和 B，他们对 C 有慈善倾向，而 C 是一个穷人，同时也是慈善事业的潜在受益者。让我们设想 A 比 B 更慈善。让我们再假设通过简单的多数投票原则来做出决定。为了简便起见，我将假设 A 每年的收入是 100 美元，B 每年的收入是 50 美元，而 C 没有任何收入——如果我们忽略他得到的救济。让我们再假设，如果我们把需求曲线加在一起，就只加 A 和 B 的需求曲线，而 C 每年能得到 15 美元的救济金。为了得到这些救济金，会向 A 和 B 分别征收 10 美元和 5 美元的林达尔税。如果我们把 C 自己对慈善的需求也加进去来得到三个人的总需求，那么 C 能得到的救济金就是 20 美元了。严格地说，这里我们无法制定出林达尔税，但我们可以引进一种人们同样也很讨厌的税收，本质上它要求 A 和 B 同等地进行超额支付，即向 A 征收 12.5 美元，向 B 征收 7.5 美元。正如我上面所说，没有理由相信民主投票将会以某种方式接近这个目标。

让我们假设，通过上帝法案，或者某种其他方法，起初我们社会中 A 通过一个私人慈善机构向 C 捐赠 6 美元，而 B 没捐钱给他。C 当然希望能得到更多。这种情况在表 5.1 中第一列中显示出来，其中 A 支付的 6 美元用 −6 表示。注意，我用负数表示支出，用正数表示收人，但在这个特殊的例子中，A 也许不愿意支付这 6 美元。在当前的情况下，给 C 的 6 美元的慈善捐赠正好满足 A 的偏好。

表 5.1　A 和 B 有向 C 进行慈善捐赠倾向的三人社会

A	B	C
−6	0	6
−7.50	−7.50	15
−15	−5	20
−10	−20	30
−30	−15	45
0	0	0
−5	−10	15

现在让我们假设 C 想要更多钱，他去拉拢 A，并向他提出建议说慈善机构应该集团化，具体来说应该是建立起一种税收制度，使得 A 和 B 都支付 7.50 美元，而 C 得到 15 美元。A 和 C 都因此而获益，而 B 却遭受了损失。A 获益是因为，虽然他支付了更多的钱，但是 C 得到的金额却增加了 9 美元，这对于他来说是用 1.50 美元买来的廉价货。因此，这个联盟是多数人的联盟。第二行的数字显示了这种情形。

有了这个新的状况，让我们假设 B 决定用另外一个建议去拉拢 C——具体说来，B 支付 5 美元，A 被征收 15 美元的税，其结果是 C 得到 20 美元。再则，这里有两个选民占多数的改变。这个过程可能会无限地继续下去。我在表 5.1 中最初的三行下面还增加了许多行，每行都是两人联盟战胜了上面一个人，每行中的数字都在这个可以想象的问题空间里含糊地徘徊。注意，在这个模型中，实际上任何情况都有可能发生。

很明显，这不是我们在现实世界中看到的情形。我们在民主政府中看不到这类循环的联盟。的确，如果有什么事情，民主政府就显得非常地顽固，在政策背后的动机都消失了很久之后还仍然坚持那些政策。当然，基本体制结构实际上还是存在了很长一段时间，而且这里面还包含收入再分配。

此外，在现实世界中，我们没有观察到我们这里所展示的情形。在这样的情形中，对其中一方明显很不公平。应该说，我们偶尔能见到这样的情形。也许在有些情形中，一个领域，一种政治立场，或者一个团体永远没有权力，这就造成了相当大的歧视。让我们来举一个例子，它在很多方面都是最极端的：在英国政府干预之前，北爱尔兰打破了以往新教具有至高无上权力的传统，开始了持续了很长时间的浴血动乱。

天主教永远是少数派，由于存在着不公正，天主教在立法机构中通常要少于1/3，尽管他们有着1/3的投票权。当然，公平划分区域会让他们仍然处于少数派，而且这明显是一个永久的状况。北爱尔兰就像英国其他地区一样，是一个福利地区，政府对其住房和其他服务设施进行了大规模的投资。毫无疑问，在这些方面，天主教徒没有新教徒做得好。

然而，虽然新教至上无疑是对天主教徒的歧视，但歧视程度并不是很大。比如说，单纯依靠步行穿过政府所有的房屋开发项目，你无法判断它是属于天主教的，还是属于新教的。的确，在英国政府打破旧的体制之前，这两个团体在很多方面都融合在一起了。当前贝尔法斯特(Belfast)人口完全分割的特性来自于近期的不愉快事件，而不是来自于长期由新教徒掌权的稳定却具有压迫性质的政府。

不可否认，天主教徒极其讨厌先前的制度，因为先前的制度会歧视他们，但在很多程度较轻的歧视中，并没有极大地伤害天主教徒，因而它最多是一件令人烦恼的事，而不是一次真实迫害的结果。这种情况在人口迁移中也很常见。北爱尔兰只是小岛上的一个很小的港口。在北爱尔兰和爱尔兰共和国的边界线附近，几乎不存在任何种类的限制。在这种情况下，贝尔法斯特的爱尔兰居民不费吹灰之力就能越过其边界。事实上，他们不会这样做，在某种程度上，天主教移民的净流量正好相反。

诚然，德瓦勒拉(de Valera)政府早期的灾难给爱尔兰经济造成的影响,可能在很大程度上都是政府的责任。英国政府没有发展好它的经济,但是与德瓦勒拉的前期执政相比,他们都是经济方面的天才。尽管如此,生活在贝尔法斯特的信奉天主教的普通爱尔兰人明显宁愿忍受很多程度较轻的歧视,也不愿迁移至爱尔兰。[5]

然而,虽然我没有试图给北爱尔兰的情形找借口,我认为这种情形有可能是民主制歧视大量选民的最极端的例子,但是很明显,其歧视程度不是特别严重。这里要注意,当我说起“歧视”时,我并没有使用这个词的一般含义。一般来说,当一个人说到歧视时,一开始他脑海里的概念是,怎样才是对权力、礼貌、金钱等的适当分配。然后,他才注意到这样的分配方式不是当前所使用的分配方式,并说这种方式代表歧视。这不是我所要表达的意思。

这里对歧视的看法很简单,即单个选民没有得到基本相同的待遇。因此,有了我的定义之后,高收入的人支付较高的税收,而且不能从政府服务[6]中得到回报,这个事实就是歧视他们的例子。如果我懂得关于这个问题的大众文学,一般人会说,他们没有支付更多税收,这个事实表明歧视是对他们有利的。

我不是在试图改变“歧视”一词的一般用法,但是这里我需要用某个技术性的词语,所以我用了“歧视”一词。人们认为投票就是一种投票的先验想法,其实也是一种投票——每个人都能以政府满意的形式从选票中得到同样大小的回报。的确,这似乎更接近现实世界的情况。[7]在民主制中,政府贿赂以相对平等的方式在整个社会里到处转移,尽管在任何指定的时点上,某个特定的施压团体比其他团体做得更好。

的确,详细说来,贿赂的钱几乎总是用高度歧视的方法来转移的。例如,给农民的津贴没有到其他人手中,但一般描述是,几乎所有选择组成某种组织的人都会得到一些好处。这种“一视同仁”接近于人们对民主制度的期望。关键是,这是我们在民主制里所观察到的,而不是在表 5.2 中歧视程度严重而且形式迅速改变的模型中所观察到的。

表 5.2　以美元计算的每户税收和净转移

收入层次（10%为一层）	每户税前税后的平均收入	每户的平均税收	每户的平均净转移
1	$3 022	$353	$1 454
2	6 503	811	2 748
3	9 054	1 479	2 184
4	11 723	2 368	851
5	14 602	3 388	−693
6	17 664	4 501	−2 264
7	20 973	5 599	−3 624
8	25 579	7 183	−5 155
9	32 370	9 747	−7 628
10	64 138	24 624	−21 876
最高的 1%	$166 037	$79 420	− $76 019

资料来源：E. K. Browning and W. R. Johnson, *The Distribution of the Tax Burden* (Washington, DC: American Enterprise for Public Policy Research, 1979).

经允许转载。

模型的结果是非常不确定而又迅速变化的，但总有一个特点，就是歧视某些短暂的少数派，支持同样很短暂的多数派。这样的模型不适合现实世界的情况。存在适合现实情况的模型吗？存在更加适合现实情况，而且同样已经很好地建立起来了的模型吗？答案是存在；就是最开始在《多数票难题》[8]中进行了大致的描述，然后在《一致的计算》[9]中作了极大改进的互投赞成票模型。虽然人们怀疑这个模型的稳定性，但疑问是来自于没有完全理解最有代表性体制的投票程序的时间路径。[10]

如果我们注意一下美国正常运作的民主立法机关，我们看到它是通过互投赞成票的过程来运作的。互投赞成票也支配着全世界的立法机关。两者本质的不同就是，比起其他地方来说，互投赞成票在美国的立法机关中更公开、更明显。无论如何，解释收入再分配的相对稳定的模型是建立在互投赞成票的基础之上的。

然而，在处理复杂的互投赞成票之前，让我们先来看看图 5.2。图中我展示了一个五人社会，其中的四个人 A、B、C 和 D 都很慈善，拥有同样的慈善需求曲线，用图 5.2 中的直线 A 表示。社会中的第五个人 P，他很穷，而且想得到慈善捐赠。他的需求曲线由直线 CC 表示。直线 CC 代表了给 P 的每一美元所产生的成本。假设一个慈善的人 A 实际上向 P 捐赠了 O_1。我们注意到，在这样的情况下，B、C 和 D 根本就没有采取任何行动的动机了。A 也许更喜欢其他人来支付帮助 P 的慈善款项，因此他有采取行动的动机，当然 P 也想得到更多的慈善捐赠。这里有一个帕累托最优轨迹，本质上是因为我专门画了这张图。如果 A、B、C 和 D 决定共同给 P 捐赠 O_2，那么成本的分配方式将像图中直线 I 那样表示出来，而且他们四个人都很高兴，因为他们对慈善的需求是一致的，这是由于 $O_{2/4}$ 是他们愿意向 P 支付 O_2 的金额，也是 P 所得到的金额；当然，P 的状况改善了，尤其是 A 从中得到了好处。他支付的金额减少了，同时他更加彻底地履行了慈善的本能。

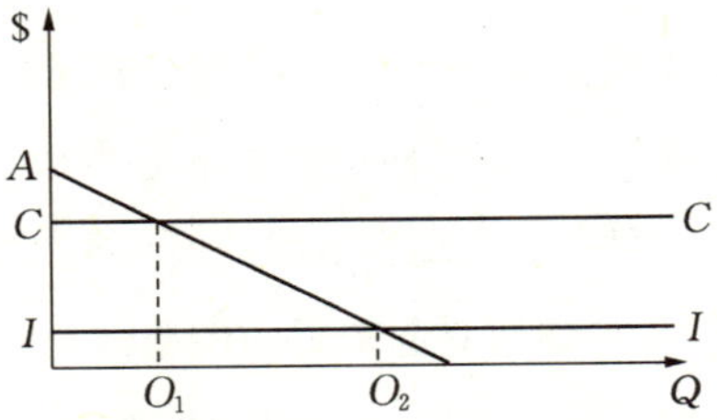

图 5.2　一个五人社会中，*A*、*B*、*C* 和 *D* 对 *P* 有慈善倾向

让我们在这里稍微暂停一下，思考所有这些人互相讨价还价时的情形。A、B、C 和 D 可以合理地设想 P 将尽可能多地拿到他所能够得到的捐赠。然而，没有人知道我们每个慈善的人对慈善的确切需求。例如，如果 D 宣布他根本没有帮助 P 的愿望，那么就没有办法可以表明事实并不是这样的。因此，他也许能够跟其他人达成他一直所希望的协议。在这个协议下，他因为同意向 P 进行慈善捐赠而得到某种补偿。

因此,P 在协议中处于不利地位。其他人知道他的需求曲线,但他却不知道他们的。此外,许多潜在捐赠者不知道彼此的需求曲线,因此他们的协议也会遇到同样的困难。只有向 P 提供某种集体援助,这个援助量要少于某些人[11]认为的足够的量,并且少到他愿意掏自己的口袋来补充它的不足时,我们才能发现真正的需求。在更一般的情况下,集体提供的援助比单个人愿意提供的量要大,因此没有办法来估计单个人对 P 的慈善需求曲线。

如果是这样的话,这里 P 的情况与国家中的任何居民都没有差别,那些居民拥有能使他受益,同时由普通成本资助的特殊工程。当 D 对拓宽港口感兴趣的时候,这与 P 是否希望收到直接的救济金在形式上是无差异的。

这里我必须简短地表示不同意,并讨论互投赞成票的某些细节问题。要进行详细讨论的原因是,我必须解释为什么两者都是相当稳定的解决办法,为什么在这样的解决办法下,穷人处境不会很好。简单地说,用了这样的解决办法,穷人处境不会很好的原因是,隐藏慈善欲望太容易了。互投赞成票包含政治特权的交易:你为我的议案投票,同时我也为你投票。

把这个问题简单地放在下面对更加复杂的解释的介绍中,如果我是一个慈善的人,P 是一个穷人,我可能对 P 隐藏我的慈善本能,并主动向 P 提供一个交易,也就是我为向 P 转移资金的议案投票,作为 P 为补充图森水资源议案投票的回报。P 可以很容易地判断我想得到便宜水资源的愿望的强烈程度,而我也能猜想他会极力反对他可能要支付的任何一种税收。然而,当轮到我为他的慈善捐赠投票时,很有可能是我卖给他一些我真正愿意捐赠出去的东西。从我的立场来看,这样做很理想,因为当我得到了他的投票时,他也正好得到了我认为他应该得到的慈善捐赠量。

当然,注意,我不能期望任何事情都很完美。也许我很不情愿达成这样的协议,使得他得到的要少于我自愿给他的捐赠量;而且没有任何补偿。[12]但另一方面，他可能会使得我支付的金额大于我自愿捐赠的量。尽管如此，我们没有理由相信，在互投赞成票的交易中，其结果是我捐赠给他的金额远远高于我自己(内心)愿意给他的援助金额。

然而，这其实很简单。让我们更仔细地考虑一下这个问题，再带着这个目的来看一下表 5.3。表 5.3 的三张表格代表三种可能的互投赞成票情形，这个小立法机构里只有五个人——A、B、C 和 D，当然，还有 P 自己。前四者都对 P 有慈善倾向，但他们都有想得到的其他东西。我们设想在每种情况下，总供应的组成中包含一系列具体的项目，每个项目的成本是 10 美元，税收是平均分摊的，以便每个人为每个项目支付 2 美元。在左上方的表格中，每个项目都有一个人从互投赞成票中得到 12 美元的收益，无论收益是何种形式，他都能净赚 10 美元。对于所有项目来说，社会的净收益是 2 美元。我们希望有一个系统能创建这些项目。这是事实，但为了简单地说明这个问题，有的人可能在互投赞成票中实际上表现很差。

表 5.3　三种可能的互投赞成票情形

	A	B	C	D	P
A'	10	−2	−2	−2	−2
B'	−2	10	−2	−2	−2
C'	−2	−2	10	−2	−2
D'	−2	−2	−2	10	−2
P'	−2	−2	−2	−2	10

	A	B	C	D	P
A'	7	−2	−2	−2	−2
B'	−2	7	−2	−2	−2
C'	−2	−2	7	−2	−2
D'	−2	−2	−2	7	−2
P'	−2	−2	−2	−2	7

	A	B	C	D	P
A'	7	−2	−2	−2	−2
B'	−2	7	−2	−2	−2
C'	−2	−2	7	−2	−2
D'	−2	−2	−2	7	−2
P'	−2	−2	−2	−2	∈

让我们更加仔细地思考互投赞成票的过程，为此，我们将使用左上方那张表，尽管我认为其他两张表跟它一样符合实际情况。那么假设A、B、C和D每个人都希望拓宽他们城市的港口，而P想要的慈善金超出了A、B、C和D自愿支付的范围。这里我们设想在这张表中，不知何故，P知道A、B、C和D自愿支付给他的金额，因此他会向他们讨价还价，想得到更多。

在星期一那天，A去拉拢B和C，建议他们为提供项目A'的议案投票，A同意为项目B'和项目C'投票作为回报。因此，这个议案就通过了。星期二，B已经有了A为他投票的承诺，他去拉拢D，建议D为项目B'投票，因为B接下来将为项目D'投票。D同意了，因而项目B'得到实施。星期三，C去拉拢P，建议说，如果P同意为C'投票，作为回报，C将为用P'表示的支付给P的慈善金投票。P同意了，然后C'就有了A、C和P的投票。星期四，D去拉拢P，提出建议说，如果P为D'投票，他也将为P'投票。P同意了，然后经过B、D和P的投票，D'就被通过了。星期五，项目P'因C、D和P为它投票而被通过了。因此，所有这些项目都通过了。

人们会争辩，说这个项目的程序不稳定；换句话说，每个交易都会受制于另外一个交易。这不一定符合实际情况，但是让我先讨论第二和第三张表。在第二张表上，这个项目本身就不是社会所需要的。既然如此，当人们想到塔尔萨深水港或汤比格比(Tombigbee)运河之类的项目时——令我忧虑的是，第一个项目已经完成了，而第二个项目也可能完成了——很明显这样的事情确实发生了。的确，如果信息通常很不完全，这类项目的浪费规模远远大于第二张表中所展示的情况。[13]

第三张表格表示P因为某种原因而没有足够的可利用项目来使他得到大额回报的情形。他充分利用对他不利的交易，接受以2美元的税收成本支付给他$2+\varepsilon$，最终结果是他得到了ε。如果他拒绝为前面四个项目投票的话，他的状况会更差。实际上，如果他不知道A、B、C和D自愿向他捐赠的金额，最后他当然有可能从互投赞成票中得到一个负的收入，尽管他期望在长期中 A、B、C 和 D 会自愿把捐赠给他的金额提高到任何他们自愿捐赠的水平。

但基本上，穷人所面临的问题，同时也是其他人所面临的问题。他不得不参加谈判，目的是为了在互投赞成票的制度下得到给他的特殊援助。他唯一的不利条件是他无法轻易推导出其他人的实际偏好函数。如果他们是完全自私的，那么他在互投赞成票的交易中会表现得跟他们一样好。另一方面，如果事实上他们没有私心，而且他猜想他们是完全自私的，他可能会以很低的价钱或者免费出售他的选票。

尽管如此，假设他们没有私心，因而他从他的选票中得到的金额应该超过他们在没有私心的情况下给他的金额。这样的假设是很危险的，因为无私的人可能会为向他支付了比他们认为合适的金额更多的钱而在道德上确实感到厌恶，此时这种假设尤其危险。比如说，他们可能认为慈善事业的对象，诸如他不应该比某个确定的生活水平生活得更好，他们对他比那个生活水平生活得更好的厌恶感可能比他们对税收成本的厌恶感还要强烈得多。

据我所知，这种特殊的可能性还没有在文献中仔细研究过，但在我看来，它跟我所观察到的周围的事物非常一致。许多人的确很慈善，但当慈善事业的对象得到的比他们认为合适的量多的时候，他们就会变得很愤慨了。这是事实，即使他们自己不是支付额外资金的人。从逻辑上来说，我们应该总是会为其他人的好运而感到高兴，除非他的好运损害了我们的利益，或者除非他的运气太好了，以致可能引起了我们的嫉妒之心。

然而根据我的所见所闻，这不是对接受救济的穷人的一般态度。确实有一种感觉就是，人们应该阻止他们遭遇真正的艰难困苦，但同时他们也不应该享受“奢侈品”。所有这些都可以用普遍的道德准则轻易地合理化，但我觉得现在这样做没有什么重大意义。我唯一想说的是，这种态度可能会使获得高于自愿捐赠水平金额的互投赞成票比它本身看起来更加昂贵。

一旦我们脱离了这个简单而又自私的模型，开始承认相互依赖的效用函数时，我们不仅使这个模型更加符合实际情况了，而且我们也让它变得更加复杂了。假设 A 每年的收入是 10 000 美元，B 没有收入。A 可能会觉得 B 每年有 2 000 美元的收入才是合理的，同时他自己愿意做出必要的牺牲。当然，这就是效用的相互依赖性。A 可能也会觉得，既然 B 实际上没有自己赚钱，而是慈善事业的援助对象，他的收入就不应该超过 2 000 美元，因而 A 甚至愿意再做出一些牺牲，目的是为了确保 B 不会得到更高的收入。这是另一种相互依赖，跟前一种相互依赖性一样合理。另外，据我所知，两种相互依赖性都跟人类行为相一致。

然而，另外一个更加微妙的理由可以解释为什么穷人在互投赞成票的过程中可能会表现得不好。这里我必须非常谨慎，先告诫读者，我不是把所有道德上的过错都归咎于穷人。然而，事实上穷人并非是完全称职的人。的确，这也是他们成为穷人的原因。没有能力保住一份好工作的人，同样可能无法在完美市场有效地出售他的选票。换句话说，他可能在经济市场上和政治市场上表现得一样差。他们的能力相当不足，这个事实可能反映出他们的遗传特征，他们所生长的环境，[14]或者某些致残的疾病，但关键是在现代福利国家，穷人似乎表现得并不好的原因之一是他们不善于操纵这个福利国家。一般来说，他们不善于操纵福利国家也有可能是因为他们不富裕。

普通美国人一般会对接受救济的人得到大量的钱而感到愤慨。通常，我发现当我向普通美国人解释那些人实际上得到的是多么少，他们立即说这些金额事实上是不够的。[15]普通市民都清楚福利国家的运行需要大量的资金，而他们却错误地认为需要大量资金的原因是很多钱都给了穷人。然而，他通常赞成给穷人的基本收入要高于他们现在的收入。

这里我们必须仔细一点。我们社会中接受着福利机构照顾的人常常估计自己有非常高的收入。这是因为福利机构给了他们许多特殊津贴，然而这些津贴可能没什么价值。一位享受着福利的母亲，她的四个孩子都接受了补偿性的教育，她可能很容易估算自己的实际收入为每年 20 000 美元，其中包括补偿性教育的成本，然而她的现金收入可能低到每年 5 000 或 6 000 美元。纳税人看到了这每年 20 000 美元的收入，但她却可能很乐意把它换为 8 000 或9 000美元的现金。的确，每年挣 8 000 或 9 000 美元的工薪家庭，他们有残疾的孩子，却没有把孩子送到昂贵的特殊学校，合情合理，人们会为在她身上花多少钱而烦恼，同时也为她的贫穷而感到怜惜。

这里，似乎问题仅仅是因为救济项目的管理不善，而不是资源不足或者资源过剩。普通中产阶级社会工作者通常对他们的顾客有不同的态度，从而导致极度不合理的资源分配。在某种程度上，岗位培训是培训人们以无效率的方式花钱帮助穷人。此外，在很大程度上是由福利工作者提出建议而建立起来的不同类型的项目，本质上也包括无效的花费。所有这些似乎都表明了，穷人在政治上是无能的，而且我相信事实的确是这样的。另外，这可能是他们在现代社会中表现很差的原因。

现在我必须讨论我上面所描述的互投赞成票的均衡是稳定的，而联合均衡却不稳定。再看一下表 5.3 中左上方那张表格。我讨论过互投赞成票的联合是如何让每个人的项目都被通过的。然而，很明显 A、B 和 C 有优势形成一个长期联盟来建立项目 A'、B'和 C'，而项目 D'和 P'就没被通过。这样的联合似乎能取代互投赞成票的安排。而它没有取代互投赞成票仅仅是因为它本身是不稳定的。在这个团体中不存在大多数人的稳定联盟，因为每个联盟都受制于另一个联盟。这一点在表 5.3 中隐藏起来了，因为我们假设每个特殊项目都有明确的成本和明确的收入，然而每个人要么支付成本，要么得到收入。在现实世界里，虽然不可否认大多数项目都有明确的成本和收入，[16]但是事实上每个项目的成本和收入各不相同，因而每个人获得的或者分担的数量是不同的。设想一个社会中不仅可以得到表 5.3 中的三张表格，每张表格还有十个副本。让我们假定项目的边际效用递减。在这些情况下，通常人们会期望在互投赞成票均衡时，总共有十个项目得到实施，而其他项目则没有被通过。这个均衡被一个联盟系统所取代。在这个系统中，其中只有三个人自己得到了九个项目的完全价值，而其他两个人什么也没得到。然而这个联盟又被另一个联盟所取代，即第一个联盟中的两个人去跟 C 达成协议，使得他能得到他的四个项目，而其他每个人，即 D 和 P 只能得到他们的两个项目。我们可以一直继续下去，就像在图 5.1 中指出的那样。因此，不存在优于互投赞成票均衡的单个的联盟。

在大多数现代国家里，所有转移支付协议都是以这种方式进行的，其劳动的边际收入远远低于单位劳动的平均收入——也就是说，它们是累进的。确实是这样，这不仅符合支付正税收的有钱人的情况，而且符合接受随收入增加而减少转移支付的穷人的情况。

因此，这种情形所产生的影响是通过使边际效应大于边际内效应来降低总的工作激励。然而，如果收入平等化是计划中的一部分目标，[17]那么似乎没有办法来避免这种情形。这里的基本问题是，我们不知道穷人能得到多少以高收入阶层自愿捐赠为形式的收入。在概念上，我们可以考虑以下情形，即所用的法律是英国 19 世纪的法律，它或多或少地被实施了，尽管它不是 19 世纪美国很多州的正规的法律，在美国的法律里规定，接受转移支付的人不能参与投票。在那样的情况下，穷人比现在更好还是更差呢?

一个先验预计是，穷人会生活得更差，因为当他们可以投票时，最穷的投票权都被加到了慈善期望里。然而，我们上面描述过的协议问题可能使结果变得不确定。穷人最终得到的收入与他们从自愿捐赠中得到的收入差不多——在某些情况下甚至更少。

这里的问题是凭经验的，因为理论似乎不会推导出任何明确的结论。不幸的是，实证数据是非常稀少的。据我所知，在 19 世纪，穷人得到的以平均收入百分比形式的收入的唯一证据就是莱伯高特(Lebergott)的小研究。[18]在我看来，极其需要针对这个主题进行更一步的研究，而且它似乎确实适合作为许多博士论文的题目。这可能是一项很难却又并非无法完成的工作，它需要仔细查找很多详细的历史记录。对于它可能的价值来说，莱伯高特的研究表明，相对来说，在 19 世纪 50 年代和 60 年代，穷人生活得差不多跟现在一样好。

做这个比较时的第二个问题是，我们现在没有关于给穷人的转移非常好的数据。很多这方面的专家对于这些转移的规模问题存在很大的分歧。我猜想这个问题中包含了意识形态和相当大的政策因素并不会令人感到惊讶，然而它确实让情况有点模糊了。然而，有一点是确定的，即在现代条件下，穷人不会生活得非常好。俾斯麦所发明的福利国家进行了大量的收入转移，但这些转移并没有很多是给了穷人。

为了说明这一点，我从上面所引用的布朗宁（Browning）和约翰逊（Johnson）的论文中获得了我所需要的数据，这主要是因为他们展示了任何现代学生最大的税后和转移的平等程度。如果他们的估计表明只有少量的资金是给了穷人，那么读者可以放心，其他的估计更少。[19]让我们因此来考虑一下其他的结果。带着这个目的来看一下表 5.2。[20]你将会注意到位于最底层的家庭得到的净转移只有不到1 500 美元。有趣的是，紧接着的两层比最底层的人得到了更多的净转移。[21]这有一部分原因是因为我们用转移后的收入来划分家庭的层次。因此，其中一个原因是，从底层起的第二层和第三层家庭得到了更多的转移。尽管如此，处于第二层和第三层的普通家庭的收入来源而非转移收入，要大于最底层家庭的收入。当我们想起这里的转移不包括那些打算使特殊利益团体受益的转移，如农业项目，所有这些都被夸大了。此外，这强调了现代俾斯麦式的福利国家也不是非常关心穷人的福利。

布朗宁的图表是建立在 1976 年的数据基础上的。他指出美国总的收入转移为 2 亿美元。粗略的计算显示，最底层的新效应是大约 80 亿美元的转移，从中应该减去大约 30 亿美元的税收。第二层以上的家庭得到了这个数额两倍的收入，其税收负担也更大了，第三层以上的家庭得到的净收入比最底层家庭的还要多，他们表现得更好。换句话说，最穷的10%的家庭得到的转移远远少于社会总转移的10%，甚至完全把它们计算为福利国家转移，不包括特殊利益团体的转移，而且最底层的20%的人得到的转移要少于总转移的20%。

让我们现在转到表5.4，它用十个等分来表示收入来源。你将会注意到最底层的10%包括大量作为“资本回报”的收入。这是我们计算收入方法的一个特别之处。用这种方法时，自己打算只得到很少量的转移前收入的老年人，既然他们能依靠社会保障金生活，所以也被视为穷人。许多家庭都有他们自己的房子，其资本价值这里已经显示出来。其他人也有各种各样数量较小的资金来源。

表5.4 税前转移后(BTAT)收入的10%的收入来源

层次（以10%为一层）	每一层人口的税前转移后收入的百分数			
	劳动	资本	现金转移	物资转移
1	26.0	14.0	47.2	12.5
2	34.3	10.9	36.9	17.9
3	48.0	11.6	28.2	12.3
4	61.0	11.5	20.7	6.8
5	70.9	10.7	14.6	3.8
6	77.2	10.2	10.5	2.1
7	80.7	9.9	8.1	1.3
8	81.5	10.6	7.0	0.9
9	79.8	13.7	5.8	0.4
10	55.7	40.0	3.9	0.4

资料来源：E. K. Browning and W. R. Johnson, *The Distribution of the Tax Burden* (Washington, DC: American Enterprise for Public Policy Research, 1979).

经允许转载。

然而，很明显对于这种底层的人来说，他们大部分收入都来自于转移支付，之前所描述的极低水平的收入表明了他们得到的净收入是多么少。值得注意的是，最上面10%的人事实上得到了相当多的现金转移。的确，在现金转移这一列里，他们实际得到的总转移金额很有可能比底层的人得到的多。另外，福利国家并非特别善待穷人。

这里我不想再进一步分析数据了。任何想检验这些数据的人都会得到跟我差不多的结论——也就是说，福利国家是一个巨大的收入转移机构，但其中的大部分并不是为了帮助非常贫穷的人。如果我们选出位于下面1/2的人口，很显然，他们总体来说在这个系统中比上面1/2的人的表现要好得多。换句话说，上面这部分人口的收入转移给了别人，但转移并不是专门集中于穷人。嫉妒或是用政治权力把资金转移给自己，比帮助穷人的愿望这个理由能更好地解释转移的原因。[22]然而，穷人是得到了援助。唯一的问题是，他们得到的援助是否比完全自愿捐赠情况下得到的援助，或者在不允许转移支付的接受者投票的投票系统中得到的援助多。

如果对福利国家的一般评价是它帮助了穷人，就令人感到惊讶了。然而并不是很明显，它通过直接转移使穷人得到的帮助比他们在更加传统的制度下得到的帮助多，而且它确实引发了小幅度的经济增长，造成的结果是，穷人在长期中——跟其他人一样——状况会恶化。我们必须寻找除了帮助穷人以外的某个理由来解释福利国家。最显而易见的解释就是，人们利用政府来给自己转移资金。没有人会对此感到惊讶。一般追求利益的人会在他所能找到的范围内谋求自身利益，而且没有理由可以解释跟市场相比，他为什么更不情愿利用政府来追求利益。

很偶然，本章的初稿是1981年7月25日在香港写完的，当天早报头版的一篇文章描述了当地政府希望增加出租车通行证的数量(拍卖新通行证)，而车主却反对这个计划的执行。整个讨论是以完全私欲的形式进行的，尽管人们似乎会认为这是道德上可以接受的。政府的动机很明显只是得到这些收入，而已经拥有现有通行证[23]的车主的动机仅仅是他们的出租车价值会降低。如果本书的读者看几天《华盛顿邮报》或《纽约时报》，我确信他也能够指出几十件类似的事件。

这件事很典型，但并不令我们感到惊讶。政府部分来说是生产公共产品的机器，但现代福利国家更是一个向那些因为某种原因而拥有了政治权力的人创造转移支付的机器。然而，这些转移机制的确是非常复杂的，而且我相信参与这个行动的大部分人都会部分地隐藏真实动机。更确切地说，我猜想他们有两种动机：一种是帮助别人的微弱动机，另一种是帮助自己的强烈动机。他们觉得在他们做出决定时，不需要把这两种动机区分开来。此外，他们通常会谈论他们帮助别人的愿望，当然，偶尔会说起帮助自己的愿望。得到转移支付的穷人也是这样：他们经常说起帮助别人的愿望，而不是帮助自己。我相信他们境况没有变得更好的原因是他们在议价时的弱势地位。

注 释

[1] 在安妮(Anne)公主结婚时，军队决定从军人那里为她募捐一份礼物。在类似的活动中(读者可以将联合基金作为一个例子)，事实上也施加了相当的压力，某些人对此痛恨不已。

[2] 比如，瑟罗(Thurow)认为收入最高的美国人其收入不应当超过最低者收入的5倍。

[3] Anthony Downs, *An Economic Theory of Democracy* (New York: Harper & Row, 1957): pp. 198—201.

[4] Gordon Tullock and T. Nicholas Tideman, "A New and Superior Process for Making Social Choices," *Journal of Political Economy* (October 1976): pp. 1145—1159.

[5] 在天主教的爱尔兰共和国，人们对新教徒也会有一些轻微的歧视。实际上，该国的新教徒在急剧减少。

[6] 到目前为止，可能只有警察和国防对人们的保护是与他们的财富成比例的。

[7] 这可以解释这样的事实，即更富有的人付更高的税，但是享受到更少的服务。

[8] Gordon Tullock, "Problems of Majority Voting," *Journal of Political Economy* 67(December 1959): pp. 571—579.

[9] Jame M. Buchanan and Gordon Tullock, *The Calculus of Consent: Logical Foundations of Constitutional Democracy* (Ann Arbor: University of Michigan Press,

1962).

[10] 参见《公共选择》杂志以我的文章“Why So Much Stability?”(*Public Choice* 37(2)(1981): pp. 189—202)为开始的讨论。

[11] 或者是一组人，通过某种有组织的慈善活动。

[12] 然而，作为以后交易的谈判的部分砝码，我可能会接受一次这样的安排。

[13] 所有这些在戈登·图洛克(Gordon Tullock)和詹姆斯·布坎南(James Buchanan)的书里面有详细的说明，*The Calculus of Consent: Logical Foundations of Constitutional Democracy*(Ann Arbor: University of Michigan Press, 1962)。也参见我的文章:“Why So Much Stability?” *Public Choice* 37(2)(1981): pp. 189—202。

[14] 在当前，将之归因于缺乏合适的行为榜样是很时髦的。在许多情形下，我怀疑是否真是这样，但是在教育环境方面有许多其他的问题。

[15] 这当然是民族主义思想了，因为他们所得远高于世界平均收入水平了。

[16] 其中一些是可以被扩展或被收缩的。

[17] 对这个效应的一个引人注目的解释，请参见 Edgar K. Browning and William R. Johnson, *The Distribution of Tax Burden* (Washington, DC: Enterprise Institute's Studies in Tax Policy, 1979)。

[18] Stanley Lebergott, *The American Economy*(Princeton, NJ: Princeton University Press, 1976): p. 57.

[19] Sheldon Danzinger, Robert Haveman, and Robert Plotnick, “How Income Transfer Affect Work, Savings and the Income Distribution,” *Journal of Economic Literature* 19(3)(September 1981): pp. 975—1028.

[20] Browning and Johnson, *The Distribution of Tax Burden*, p. 57.

[21] 随着在收入阶梯上的爬升，这部分被家庭规模的扩大所抵消。

[22] 显然，如果收入转移的接受者不能投票的话，那么大部分对中上收入阶层的转移也就不存在了。这也许会降低总的税负，也极有可能使穷人受益。与之对比的是，如果穷人不允许投票而所有其他的人则可以的话，那么在处于上面 80%人口之间来回进行的转移支付就会继续存在。

[23] 它值大约 6 万美元。

第六章　广泛的福利还是穷人的福利

我们可以通过一个粗略的经验法则来判断哪些项目是为了帮助穷人而设计的，哪些项目不是为了帮助他们而设计的。这个经验法则是，如果它有一个经济状况评审(means test)——如果援助是这样安排的，它以一个合理的低水平作为能否获得援助的分界线——那么它就是为帮助穷人而设计的。如果不存在这样的评审，那么它就不是为帮助穷人而设计的，尽管事实上它可能在某种程度上帮助了穷人。毫无疑问，这个经验法则是很粗略的，但它似乎非常符合现实世界的情况。然而，我曾经发现这个问题好像非常有争议，所以我将详细解释为什么从一个经济状况评审过的项目转变为一个一般援助项目，百分之百会损害穷人的利益。

当我最初对这个题目感兴趣的时候，对于从只帮助穷人转变为某种一般项目的标准解释是，穷人需要证明自己很穷，这会使他们觉得受到了侮辱。这种方式把他们从剩余的人中区分开来了。当然，事实上一个经济状况评审项目要求穷人证明他们很穷，对于穷人来说，这比一般的项目更加不方便。然而，受到损害的主要人群并不是穷人，而是那些收入规模明显高于穷人的人，以及那些被经济状况评审剥夺了救济金的人。此外，我常常发现人们说起被经济状况评审侮辱了的穷人时，会继续说，他们认为正是这种不公平，使得他们自己，或者可能是他们的一些亲戚被禁止享受这个项目，原因是他们有过多的收入。

最近，在社会福利社区里又出现了废除经济状况评审的另一种争论。人们说，如果足够的医疗保健、养老金等只给穷人的话，中产阶级将不会为它们投票。然而，如果这些养老金和援助给了中产阶级，他们会认为自己是受益者，因此他们会为了他们自己的利益而投足够多的票。那么,穷人就免费搭乘了中产阶级给他们自己的大量捐赠的便车。

当然,这样的描述是以中产阶级对慈善事业很不慈善的观点为起点的。另外,它暗示了中产阶级不是非常聪明。我顺便注意到,许多提出这个建议的人自己要么是项目的管理者,他们随着项目的扩大在其他方面得到了收益,要么是中产阶级这类人,他们本质上是在说他们比其他中产阶级更尊贵。这是被我称作“用心良苦的马基雅维利主义”的一个例子。人们赞成一个项目往往是由于道义或良好的动机。然而,由于政治原因,人们不会认为简单、直接的行动是可行的。然后,一种直接的马基雅维利方法被采用了,目的是为了在政治障碍间周旋。这样说的人绝不是不道德,尽管他们常常不顾一切地去实现他们的预期目标。

用心良苦的马基雅维利主义存在三个问题。首先仅仅是政治判断未必很好——也就是说,对穷人或其他人的援助用间接手段能实现,直接手段也能实现,而且直接手段的确可能会阻碍目标的实现。关于这个问题,没什么一般性质可言;应该仔细查看个人的情况。然而,人们可能会说,这些项目中有很多最终都没有达到热心者为穷人所期望的那样。

第二个问题更加复杂而又困难,即马基雅维利者终究只能是马基雅维利者。告诉你他正在支持一个项目的人,首先表明他认为普通选民并不是真的那么想帮助穷人。而这个项目会顺便帮助他,因为这个项目是帮助穷人的一种直接方法。换句话说,他是在自觉尝试避免民主过程的结果。这样做不会排除此项目,因为在结果和手段中你会更喜欢结果。然而,它又确实表明动机可能不是非常明显而简单。此外,他可能不仅对其他人,而且对他自己隐瞒比他自己打算承认的动机更为强烈的自私动机。

由用心良苦的马基雅维利主义引起的第三个问题仅仅是,它要求隐瞒和欺骗,而且很明显,用心良苦的人不会在这场游戏中获胜。如果我们察看一下众多的项目列表,它们都是在某个时候提出的,都是为了帮助穷人，我们就会发现它们中的绝大多数没有帮助穷人，但又确实帮助了某些组织良好的团体。组织良好的团体的成员通常不会有意想要伤害穷人，而且事实上，他们可能想要帮助穷人，但很容易就会想到能帮助你的事情也会帮到穷人。

与全民共享的项目相对照，经济状况评审的历史就说明了这个问题。俾斯麦让全民项目在政治领域变得重要，他没有特别注意到他帮助穷人的愿望。全世界很多人都模仿了他的意图，当他们不是很明显地在帮助穷人时，他们仍然说他们是在帮助穷人。

然而，在后面的章节里讨论标准福利项目之前，让我们现在仔细想想从一个经济状况评审项目变为一个一般项目时，会对穷人产生什么影响。粗略地说，有两种经济状况评审项目。经济状况评审通常意味着收入必须低于某个水平，而不是高于它，尽管确实存在很多后者这种类型的项目。在一种类型中，给某个收入水平以下的人提供完全的服务，而不给某个收入水平以上的人提供服务。另一种类型是我们可能会称之为负所得税的类型，在这种类型中，服务是以渐进的方式来提供的。比如说，在第一种类型中，可能有一些项目中所有收入低于某个特定水平的人都能从国家得到免费的医疗照顾，而收入高于那个水平的人得不到任何照顾。规模灵活的项目会给某些较高收入的人提供伤病情况下的国家级援助，而且随着收入的降低，会逐渐增加其他服务，直到非常贫穷的人连日常看牙科都能得到资助。我们依次采用这两个程序，同时把它们明显地区分开来，因为这样做更简单。

一般项目包括给每个人都提供服务。例如，英国国家健康服务。然而，我们必须记住，在提供这类服务的国家(美国的教育，英国的医疗)，私人同样会给高收入群体提供补偿性服务。这样的例子包括美国的私立学校，或英国数量很少但却在不断增长的享有健康保险的人，他们持有保险的目的是为了作为医生的私家病人而享受他们的服务，而不是作为国家的病人。在共产主义制度下的俄国过去也是这样。俄国也有免费为上层人士提供特殊医疗设施的项目。这些项目的确达到了很高的水平。例如,当勃列日涅夫访问德国时,有一辆大货车随行,其实这可以说是治疗他的特殊疾病的专门医院。这辆货车和它上面的医生护士总是跟随着他。

然而,我们主要忽略高收入群体通常在“一般”项目中为自己购买的补偿性服务,大部分是为了便于分析。我们的基本目标是比较收入测试项目和一般项目,为了能说明问题,我们用医疗项目为例。[1]

有三种不同的方法来分配医疗服务。首先,每个人可能为他们自己提供。实际上,这无疑会伴随着很多私人慈善事业,但我们将忽略这个问题,不是因为它不重要,而是因为它使分析变得复杂,而且不是我们所讨论内容中的关键问题。提供医疗服务的第二种方法是建立一个税收支持系统来为最穷的人提供特定数量的医疗援助。第三种方法中,国家为每个人提供完全的医疗服务。

在第二和第三种方法中都可以假设国家提供的援助是(至少是特意的)人们将得到的所有医疗服务。我们的主要目的是考虑第二和第三种方法,以及现有的第一种方法的可能结果,这仅仅是为了保持逻辑上的完整性。

注意,穷人在投票时通常以它的价格来计算医疗服务的价值——以他非常适中的税收成本来计算。也许这使得他在投票过程中选择一个跟社会中其他人不同的医疗服务量。无论他是为只针对穷人的特定项目投票,还是为针对整个社会的一般项目投票,他都会选择一个不同的医疗服务量。另外,在这两种情况下,穷人也许更喜欢直接的现金转移,而不是用物品来支付。现金可以用来买任何东西。物品支付的有效性还需证明,因为穷人并不是很擅长投资他自己的钱,或者是因为上面提出的《悲剧选择》中的解释。两种情况都不是穷人非常满意的决定。尽管如此,有一句谚语说得好,赠马不看牙(收人礼物别嫌好歹)。

在所有真实的社会中,服务提供者对提供多少钱的服务会产生相当大的影响,而且在这个例子中的服务提供者是医疗行业。他们可以把提供的总量提高到足够高的水平,以至于穷人得到的医疗照顾比普通市民多得多。出现这种情况的原因仅仅是医生和其他医护人员可能会为穷人提供越来越多的服务投票，这不是因为他们可怜穷人，而是因为他们想增加自己的收入。他们特有的收入已远高于平均水平，因此他们成了位于中间阶层的选民，造成的结果是，穷人、医生以及我们所说的顶层 30％的人口可能共同决定大部分的选票，从而通过这些高支出项目。

这里我们应该稍微暂停一下，说说现实世界的两个方面。其中之一是，从收入测试体制到一般提供体制的转移在短期内不会增加社会上医院或者医生的数量。它最多会引起重新配置现有的医疗资源，从而有的人能得到更多的医疗服务，而有的人则得到的更少。例如，在英国国家健康服务的例子中，建立这样一个机构导致穷人所能得到的资源大量减少，其结果是，在引进了抗生素使得医疗发生了大变革的时代，英国最穷人口的死亡率确实上升了。[2]

现实世界的第二个特点是，在所有的体制下，患有不治之症而且需要监护的人往往得到的是较差的照料。原因是他们的病需要花很多钱，而且容易使人泄气，而这些病人往往无法做很多事情来为自己施加压力。作为这种较差的照料的例子，英国保健机构事实上有一套标准来维持那些不打算为他们提供最好医疗服务的人的生命，原因是如果他们中一些人死了，整体情况会变得更好。这些人通常很穷，这不一定是因为他们一开始就很穷，而是因为他们所得的病让他们变穷了。

那么在任何一种体制下，同情穷困的病人的那些人往往看到这一特殊类型的人之后，会觉得现行的体制，无论它是怎么样的，都不能提供足够的医疗服务。如果有了正确的评价，应该说这样的论断完全正确。任何人要是认为我们应该把大量的资源放到那些得了慢性的或者不可治愈的身体或精神疾病的人和那些需要监护的人身上，都会对世界上所有的医疗体制感到失望。当然，社会没有理由决定去做诸如改善英国现在的国家医院或者类似机构之类的事情。[3]然而，决定增加对这些人的转移资金跟选择收入测试体制和一般医疗体制没有任何关系，因为慢性病人或无法治愈的病人在这两种情况下几乎都很确定是由国家来负责。因此，他们的医疗基本上是依靠选民的施舍。

但是把这种特殊类型的人放到一边，穷人如果能从全民化中得到收益的话，这些收益取决于我们所说的发生变化之前穷人所得到的医疗照顾的不足程度。在这个例子中，“不足”无法给出一个专业的定义，因为它依赖于总的可用资源。真正的问题是，穷人得到的比他们人均医疗照顾还要少吗？甚至那样做不是非常公平，因为所有对国家健康服务的实证研究都表明，因为填表困难，不够有动力，有时候也因为和官员打交道的困难，使得穷人得到的要少于他们的人均社会医疗资源。[4] 比如说，与中产阶级或上层人士相比，穷人在同样合法的机构中得到的服务只有 90%。

为了让问题更加明了，让我来简单地构造一些数字。让我们假设某个穷人有 1 000 美元的收入，同时要支付其收入的 1%，或者 10 美元作为他支持收入测试健康计划的份额。在这个收入测试计划中，他每年可得到价值 80 美元的医疗服务。现在有一个政府项目被采用了，为国家的每个居民都提供 100 美元的医疗服务。这意味着用来支付药费的税收总量会上涨，比如说 5 倍，如果他仍然支付同样的成本份额的话，他发现自己支付了 50 美元的税收。即使他得到了总价值为 100 美元的医疗，他的状况也比以前更差了。[5] 由于他在这个体制中所面临的困难，如果我们假设他实际上只得到了国家标准的 90%，当然，他的状况甚至会变得更差。

在我们所假设的这个例子中，只有当他得到的医疗服务的增长量几乎达到原来的两倍时，他的状况才能改善——如果以慈善方式提供的医疗保障只稍高于国家标准的二分之一。另外，对他来说，只有当他得到的边际单位药物的价值比他在那个边际单位上支付的税收高时，上面的论断才符合实际情况。注意，所有这些都取决于我选择的确切数字，但是我请读者来看一个有较真实数字的实验。

具体实证是全民医疗项目的压力似乎不是来自于穷人，而是来自于中下层阶级。的确，争取全民医疗保健的施压团体和努力争取提高最低工资水平的施压团体之间有非常高的相关性。既然最低工资法案明显损害了穷人的利益，人们只能推断出这些团体在内心里对穷人并不是非常感兴趣。

这并不意味着没有人会赞成这个法案。我怀疑，在高收入群体中，很多赞成这个法案的人，一部分是因为错误计算了法案对他们所产生的效用，一部分是因为真正的慈善动机。在穷人中，也有人赞成这个法案。然而，真正的推动力是来自于像 AFL-CIO 这样的组织，它的成员可能从中受益。当然，我想得到更好的实证，注意到所有实证都表明全民医疗服务的主要受益者是那些正好位于给穷人提供收入测试医疗的分隔线以上的人。这无法证明穷人事实上仍然受益。

现在转到图 6.1。这里我按照人们的收入从左到右依次排列，穷人在左边，富人在右边。我用横轴表示先前的收入测试项目全民化之后的收益和损失。因为对穷人产生的影响是不确定的，所以我没有在图中画出来，但我用斜线表示了中产阶级和富人的情形。那些正好位于截点上方的中产阶级得到了大量的收益，然后收益逐渐下降一直延续到那些增加了等量税收作为他的医疗成本的人。当然，他是把“中产阶级”和“富人”区分开来的人(用我们特殊的定义)。在这个点以上，“富人”的损失会不断增加。

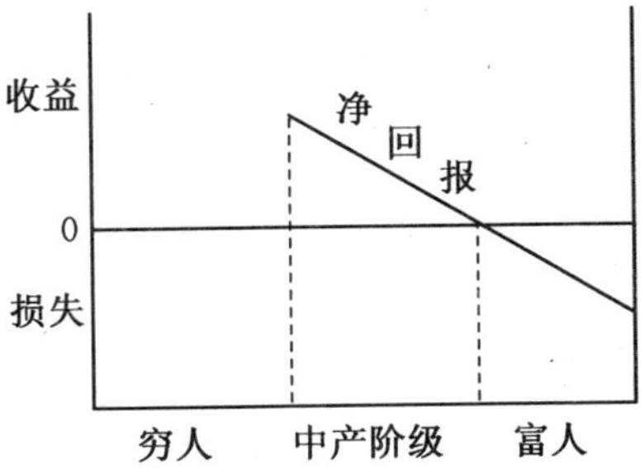

图 6.1　依据收入的净回报

很明显，净支付线的确切位置部分取决于项目的净转移资金是否来自于穷人。如果转移的资金来自穷人，那么支付线将会高于如果转到全民医疗服务会使得更多的资源用在穷人身上的情形。当这条线改变了，富人和中产阶级之间的分界线也会改变。如果我们假设人们根据自己的兴趣来投票，这种变化改变了投票支持全民化的人的数量。

一般来说，如果全民化确实把资金从穷人身上转移走了，被我们称为中产阶级的一类人的数量会更多，因此会有更多的选票支持这个项目；如果全民化把资金转移给穷人，被我们称为中产阶级的一类人会更少，而富人会更多，因此支持这个项目的选票会减少。当然，不仅仅是中产阶级和支持这个项目的富人，穷人也是这样。如果穷人赞成全民化，那么通过降低净支付线而给中产阶级到富有阶层的一些选民造成的损失没有太大区别。穷人大约占人口的10%；因此，他们只需要他们一方剩余的41%来获胜。

可以用来进行系统收入测试的第二种方法是用渐进的而不是用急速下降的凹口的方法来引入。换句话说，随着你收入的增加，你得到的数量会减少——例如，一个医疗项目中，国家支付的医疗服务量随着你收入的增加而减少，或者你用现有制度下的食物券买到东西的数量会变化，以至于随着你收入的增加而减少你的实际津贴。如果医疗项目转化于全民项目，从而每个人收到了他们医疗服务的完全成本，这些成本用税收来支付，那么这个转化的净效应使得处于分配最底层的人的状况变差了，因为他们现在至少要支付一些他们以前不支付的税收，而得到的是跟以前相等或者更少的服务。[6]

正如图6.2中所示，增加医疗服务似乎会开始抵消某个相当低收入水平的税收的上涨（我任意选了2 500美元），然后保持上面的税收达到5 000美元的最高水平，并随着税收水平越来越接近而逐渐下降，最终超过免费医疗服务的收益。富人的利益受到了损害，一部分收益落到了被我们主观臆断为穷人的人手中，而实际上他们是穷人群体中的最上层，另一部分收益则落入了被我称之为“中产阶级”的人手中。

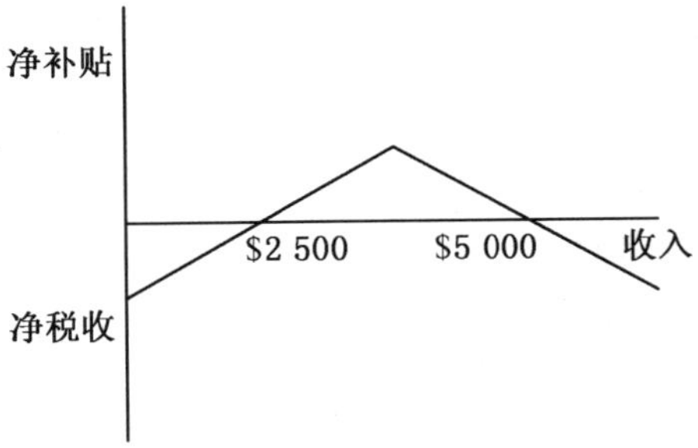

图 6.2　全民医疗项目的影响

有时候竭力推行项目的全民化是因为收入测试项目事实上没有涉及所有的穷人。虽然据我所知,没有任何有力论据能够证明这个事实,但它却暗示了使高收入阶层从项目中受益将会增加享有这个项目的穷人的数量。即使事实如此,这也是一种增加项目中穷人数量的非常昂贵的方式。

不在项目内的穷人之所以不在项目内,也许一方面是因为他们真的不喜欢这个项目,另一方面是因为他们填写政府表格的困难,以及不善于跟公务员打交道,而还有一部分原因仅仅是因为他们的无知。第一个理由不成问题,因为知识渊博的人会自愿选择不参加这个项目,他们在项目之外境况也许会更好。第二个理由在任何情况下都不会受项目全民化的影响,因为在大项目中比在小项目中官僚主义更加严重。第三个理由需要一场广告竞赛,这样一个竞赛当然要比把项目延伸到所有人口要便宜得多。

穷人的境况是不确定的。首先,我们已经指出了穷人确实比处于中产阶级较低层的人从全民化中得到的收益要少得多。第二,他们会遭受损失,这也并不是不可能发生。第三,很难精确计算他们到底是获得了收益,还是遭受了损失。这个领域的所有专家几乎都会赞成全民化,因为如果服务实行全民化了,这个领域的所有专家都会以某种方式获益,这个事实使得计算问题更加复杂了。专家往往要么是福利部门的职工,要么是潜在职工,要么是期望从福利部门得到研究基金的人等等。有时候这个领域的一些专家,他们的收入既不是直接从福利项目本身产生,也不是间接依赖于福利项目,然而与那些无论福利项目何时扩大收入都会增加的专家相比,他们的数量还是非常少的。

因此,没必要强调穷人将从项目中遭受损失的可能性,即使这种可能性确实存在。事实上,他们不像中低阶级的人那样只需要进行简单的计算,他们必须依靠专家,或者学会自己进行非常复杂的计算,因此他们很容易上当受骗。在这方面,我们又有一个民主体制下穷人的普遍问题的例子。一般来说,人们之所以贫穷,是因为他们不仅在私人市场上不起作用,而且在政治市场上也无能为力。结果,他们在政治恩惠的分配中往往表现得不好,而政治恩惠又是政治的一个重要组成部分。也许作为他们较低的一般动机,或者也许是因为他们很清楚这个情况,他们在任何情况下都倾向于放弃选举权。一般来说,他们从民主制中得到的东西不仅反映了他们潜在的选举权,而这些选举权往往被浪费了,而且反映了高收入选民本质上的慈善动机。

安东尼·唐斯试图反驳上面的论断,他指出,在一个给定的项目被全民化的同时,扩大对穷人的援助,这总是可行的,因此,穷人不一定会遭受损失。当然,这是事实。全民化加上一些其他东西,就不会引起跟全民化相同的结果了。我们总是能用另一个项目来抵消一个项目的不利影响。这并不会改变全民化本身会损害穷人的利益这个事实。

然而,所有这些似乎与我们所讨论的这类社会福利行为没有多大关系。现在我们所认为的福利国家是俾斯麦发明的,其特殊的目的是为了提供一个政治上可行的方法来打败社会主义。德国早期的项目(这些年来其他所有人都模仿的项目[7])有着非常分散而又复杂的再分配效应。这的确是接下来的三章主要讨论俾斯麦项目的现状的原因。然而,可想而知,早期的项目并不是打算把资金从中产阶级转移到穷人手中。这一点尤其重要,因为如果我们用通常定义富人的方式来定义他们的话,一般来说,所有的钱并不都在富人手中,因此任何给了穷人的大量转移都是来自中产阶级的口袋。

把资金从富人手中转移走，即使在绝对数量上规模并不大，获益的主要还是中产阶级。当穷人有了特权时（而且他们在所有社会中都存在），这反映了中产阶级和富人的慈善，而不是反映他们的政治权力。在任何情况下，如果我们看看美国社会保障和其他全民项目的真实发展史，很明显对穷人的再分配并不是它们的主要目标之一。[8]

在医疗保险制度被通过的同时，医疗补助制度这个只为穷人提供资源的收入测试项目也被实施了。似乎有可能是医疗补助制度抵消了医疗保险制度对非老年穷人的影响。两个项目的净效应当然是使医生和不贫穷的老年人受益。我们无法确切说出穷人是否受益，但是如果他们确实受益了，就是因为存在收入测试项目。

我想说在美国，这个现象不仅仅是在这两个例子中才发生，它们只是近来美国社会福利行为扩张的最显著的例子，而且这个现象总是在发生，在哪里都会发生。不幸的是，我不能这样说，因为我知道得不够多。这里也需要有实证研究，很不幸这种实证研究非常难。实质上，我们必须仔细察看各个国家的各种社会福利项目的每个细节，并对其辩护者所犯的错误持怀疑态度，从而判断这是否是一个普遍现象。

作为这个实证研究的开始，我想讨论一些我已经成功证实了的研究。第一个研究是关于 1969 年至 1975 年的德国，这个时期是社会民主自由联盟政府的最初执政时期。这个政府通过了很多再分配法案，大大增加了转移部门的规模。马丁·普法夫（Martin Pfaff）对这个时期的研究[9]表明，这个时期内不平等是净增长的。即使增加后的转移支付基本上是由左翼政府制定的，这些转移还是使中产阶级和上层阶级的人受益了，而不是使穷人受益。这项研究特别著名是因为普法夫教授的专长是在其他方向。

在英国前任工党政府时期出现的同一现象被伦敦《经济学家》上的一篇文章报道了。[10]在 1974 年和 1976 年间，一个新的左翼（工党）政府重新安排了社会福利项目，并使其大幅度地增长，因而穷人的数量几乎翻了一番。

我的第三点证据来自瑞士，那里很多问题都由公众直接投票决定。沃纳·庞马雷纳（Werner Pommerehne）选取了巴赛尔的很多公社，调查了公众对预算进行直接投票的再分配效应。[11]这些选票并不是都针对社会福利项目的，但它们确实有相当大的分配效应。庞马雷纳的研究提出了若干有关给转移或非转移形式的税收和开支下定义时所遇到的困难。然而，他的研究结果清楚地表明，当允许群众直接对这些问题投票时，至少不存在向穷人转移资金的强烈倾向。

如果我们转到不发达世界，两个印度学者[12]计算了政府职工的基尼系数，然后也计算了领养老金的人（政府退休职工）的基尼系数。他们发现在职员工的基尼系数比退休职工的要低得多。[13]对此，有一个明确的解释，即通货膨胀会减少养老金，而当印度目前的掌权者让已经退休的职工的养老金减少的同时，他们无论是公务员，还是立法者，其工资都增加了，同时在职公务员的养老金前景也改善了。这与收入测试假说并无直接关联，但却大体上符合庞马雷纳教授的研究结果。比起穷人和退休老人来说，印度的立法者和公务员更关心他们自己和中等收入群体的福利。

作为我最后一个，毫无疑问也是最好的例子，朱利安·勒·格兰德（Julian Le Grand）仔细调查了英国这个福利国家的许多方面。[14]他的研究常常表明，这些项目并不是绝对平均的——也就是说，他们没有进行完全平等的收益分配。一般来说，他们确实增加了国家的平等程度——也就是说，他们有平均主义的倾向，但这个倾向并不是很强烈。另外，勒·格兰德的工作建立在可搜集到的统计数字的基础上，但这些数字对于我们的研究目的来说并不是非常理想。例如，穷人从全民化中承担的税负在这些统计数字中却看不到。因此，穷人得到的收益有可能比他展示的还要少。本章以经验数据开始，我说我们需要进一步的研究。在我看来，勒·格兰德的项目差不多是我们应该做的这类工作中最理想的例子了。我希望勒·格兰德会继续拓展当前的工作，也希望其他人跟随他的脚步。

当然，这只是一些例子。然而，它们是我所找到的讨论我们这个主题的仅有的例子。在这些证据的基础上，我不能说这个现象是普遍的，但是我怀疑它就是普遍存在的现象。

一般人并不相信扩大一个援助穷人的政府项目会使得这一类的其他项目规模缩小。对此，有两个基本理由来解释。第一个就是政府所能花费的金钱的数量不是无限的，而且一个项目预算的增加可能会减少其他项目的一些预算拨款。第二个理由是，预算的减少很有可能发生在相关的项目中，因为议员可能会认为，如果 HEW 在项目 A 中做得很好，这也只是取自于 HEW 的项目 B 中的一部分成本。

我知道的仅有一个对分配效应的实证研究，即林赛(Lindsay)和齐克(Zycher)对加拿大健康计划的分配效应的调查，发现了“加拿大健康保险的大部分成本是由经济上的弱势群体所承担了”[15]。林赛和齐克的论文是对这个全新领域的一次开创性的探索，但这篇论文有很多统计上的问题，所以在这项工作由其他领域的其他学者重做之前，我们不应该过度依赖他们的研究成果。尽管如此，它仍然是现在这个时点上唯一的经验证据。

如果这个效应非常普遍，就不难对其做出解释了，解释美国的例子尤其容易。对把社会福利体制从收入测试扩大到全民项目感兴趣的人，对这项扩张特别感兴趣，而不是对帮助穷人感兴趣。建立起这样一个项目需要政治上的支持，而这些支持几乎都必须来自被我们称作中产阶级的人群，因为他们是能获得明确收益的唯一群体。这个群体的人数会变少，而且他们对为了使穷人得到相当大收益的项目的热情会降低，因为这些项目留给他们的收益要少得多了。

因此，人们试图引进某种全民健康保险，他们不可能提出一个会把资金从中产阶级转移到穷人手中的项目。然而，还有另外一种选择，即可以通过转移富人的资金的方式来筹措项目资金——最好是那些真正非常富有的人，而不仅仅是我们在有点主观臆断的类型中指出的富人。这种方法有一点麻烦，就是真正富有的人可能是选区里消息最灵通、政治上最有影响力的群体。此外，他们是一个相当小的群体，因此他们比大的群体能更加有效率地组织起来。

一般来说，为了说服国会通过一项特殊的法案，你必须努力避免与任何阶层的人发生冲突。当然，尽管特定群体处于劣势，现在法案在国会那里还是通过了——例如，我们整个能源计划——但整体来说，这是应该避免的。如果成本不是太明显地让富人来承担，全国健康项目更容易通过国会的审查，因此项目的成本必须由中产阶级或穷人来承担。那么项目的支持者可能会提出一些筹资方法，使得整个项目有了轻度的累退性。

我们应该注意到，既然中产阶级选民能成功地从富人手中拿到资金，没有明显的理由要他们把资金转移给穷人。因此，即使我们确实有一个计划增加了高收入群体的成本，也没有理由相信是穷人而不是中低阶级的人会受益。

虽然我发现这条推导线索能令人信服，但是它明显没有我以前用过的模型那么严谨。我很难想象如何来检验这种方法。我们很需要进行卡罗琳·韦弗(Carolyn Weaver)对最初的社会保障法案[16]所做的这种详细的历史研究，然而不幸的是，这类历史调查存在一种历史学家可能不会赞同的特性。所以我们结束了不幸成为主要的理论探讨的话题。我通过引起人们注意一些经验证据而使得理论更加生动了，但是这些证据并不理想。我只找到了少量的统计工作，所以被迫提及一些公共知识来支持我的观点。既然这些例证并不详尽，相反情况存在的可能性总是有的。

任何社会福利活动范围的扩大都为那些能得到收益的人提供了直接收益，也为那些支付其成本的人造成了直接的成本。那些支付其成本的人可能同时也是受益者，但是我们必须单独计算出两方面的预算。当然，在我们比较一个收入测试项目和一个非收入测试项目时，这一点尤其重要，因为先前得到了收入测试服务的人生活质量的改进程度往往远远少于先前因为受到收入测试的阻碍而没有得到收入测试服务的人的收益。

第三个必须单独计算的条目是收入测试项目以前的受益者的成本，因为把服务扩展到所有人所产生的预算成本，可能意味着他们可以享受的许多其他服务要么规模会缩小，要么至少不会像它们在其他情况下那样迅速扩张。只有当我们完成了这项相当复杂的计算时，我们才能判断项目扩张到整个社会后，先前得到收入测试服务的人到底是得到了收益还是遭受了损失。

幸运的是，社会上其他人的计算简单很多了，尽管这里所有的三个条目都是存在的。社会上其他人将会得到收益，也会支付税收，而且存在这些项目将影响政府预算的其他方面，使社会上其他人得到收益或遭受损失。然而，在任何一种情况下，通常非常容易就能计算出其影响的方向。关于穷人，问题更难了。这包括简单地对这些影响进行测量。当我们考虑了可能会引起项目扩张的政治力量时，如果对项目扩张感兴趣的人试图只帮助穷人，他们很明显选择了一种不适合项目扩张的方法。他们只有通过间接方法哄骗中上层阶级的成员为一个项目投票，才是明智的。这个项目给穷人的帮助比他们愿意用直接公开的方式给穷人的帮助更加慷慨。政治包括误传和欺骗，所以无法完全排除这件事发生的可能性。

注释

[1] 医疗服务的提供在第八章有更详细的讨论。

[2] Gordon Tullock, "The Charity of the Uncharitable," *Western Economic Journal* 9(December 1971): pp. 379—392; and Julian LeGrand, *The Strategy of Equity* (London: George Allen & Unwin, 1981): p. 38.

[3] 那些评论具有一般性。两个系统均有个别的突出的机构，它们远好于平均水平，也有一些远差于平均水平的机构。

[4] 朱利安·勒·格兰德(Julian Le Grand)的研究发现,在英国,人均上说,穷人的确得到了比富人更多的医疗服务。然而,这是因为穷人的健康状况较差,因而也更容易患病。他们每次生病的花费却比高收入者要低。LeGrand, *The Strategy of Equity*。

[5] 有些人可能会说这也许是对的,因为他在医疗上多花费 20 美元比在其他的地方比如在喝酒以及数字游戏上浪费 50 美元更有价值。我并不认为这是对穷人行为的真实描述,但是的确有人相信是这样的。

[6] 那些之前没有任何收入的人总还是要消耗食物的,只要他们还要活命。可以推测,因为税收增加,这会稍微贵一些。

[7] David Collier and Richard E. Messick, "Prequisites Versus Diffusion: Testing Alternative Explanations of Social Security Adoption," *American Political Science Review*, 69(4)(December 1975): pp. 1299—1350.

[8] Carolyn Weaver, "The Emergence, Growth, and Redirection of Social Security: An Interpretive History from a Public Choice Perspective,"博士论文,弗吉尼亚工艺学院和州立大学,1977 年。

[9] "Patterns of Inequality in Income: Selected Determinacy, Countries and Policy Issues for the 1980s",为美国社会科学会议准备的论文,1978 年,第 30—35 页。

[10] *Economist*(September 8, 1978):p. 108.

[11] Werner W. Pommerehne, "Public Choice Approaches to Explaining Fiscal Redistribution,"国际公共财政学院第 34 届会议论文,汉堡,1978 年,9 月 4—8 日。

[12] Lij Jagannadahm and C. M. Palvia, *Problems of Pensioners*(New Dehli: Bhanurha, 1978).

[13] Ibid, p. 92.

[14] LeGrand, *The Strategy of Equity*.

[15] Cotton M. Lindsay and Benjamin Zycher, "More Evidence on Director's Law," unpublished, 1978, p. 3.

[16] Weaver, "The Emergence, Growth, and Redirection of Social Security".

第七章　福利与养老金

本章以及下面两章将会讨论俾斯麦侯爵的遗产，他是现代福利国家的缔造者。在现在大多数国家，这个系统至少花掉政府一半的收入。通常它是一个特殊的纯粹再分配体系，一些人纳税，而另外一些人得到转移的收入。但是从一生看来，它却没有改变多少人的收入。考虑到它的重要性，有必要用三章的篇幅来讨论它。

一种广为流传的说法是，现在福利国家都处在危机之中。意大利刚刚进行了改革，通过降低总的养老金支付来减轻政府负担。在本书写作时，巴黎几乎处于被围攻状态，因为政府试图小幅度削减道路工人的养老金。在瑞典，全国各地都在考虑类似的改革，有趣的是，支持改革的正是一个新当选的社会主义政府。也有很多关于美国养老体系危机的讨论，不过这种讨论主要集中于医疗保障而不是养老金方面。后面将会更详细地讨论它。

在南美，许多地方情况更为严重。阿根廷完全打乱了它原来的养老金支付体系。它的邻国智利，是极少数几个在当下没有严重问题的国家之一。但是，我们将会看到，这实际上是在一个非常特殊的环境下形成的结果。

俄罗斯和其他的东欧国家大幅度削减它们的养老金体系。它已经与俾斯麦侯爵发明的、被其他国家广为模仿的那种体系不一样了。它们所采用的方法没有考虑提高养老金以弥补通货膨胀造成的损失。但是很有可能，在经济稳定下来之后，它们又会重新支付得多起来。

把上面描述的现象称作危机是随从了当前报纸上的说法，而实际上，它们并没有遇到严重的、在技术上完全不能克服的问题。基本的症结很简单，由于一些不可预料的变化，以及一些本该预见到而实际上未考虑到的发展，这个系统面临着破产。纯粹从技术上讲，简单地降低养老金支付或者是增加税收都可以避免这个问题。

由于这两种手段在政治上都是令人痛苦的，所以当局也就在谈论危机了。实际上，降低养老金或者是增加税收都有可能使他们下台，而另一方面又不可能无限制地通过借贷来支付，正是在这个意义上，这个问题才变成了一个危机。

在详细地讨论养老金之前，我们应该看看在社会保障体系或是其他的各种俾斯麦侯爵制度的变体建立之前，人们是怎么对待老年人问题的。[1]在那时，我还只是一个小孩，现在还能模糊地回忆起美国那个时期的一些情况。

那时老年人倾向于跟儿孙住在一起(我的祖母和外祖母都在我们的房子里去世)。[2]第二，他们比我们现在工作的时间更长。换句话说，大多数人在衰弱到不能干活之前是不会退休的。要知道，美国的社会保障体系和养老金制度是在一次萧条中期建立的。其目的之一是让老年人退休从而提高中年人的就业率。也有类似的一个让已婚妇女不去工作的政策，并且实际上，社会养老保障体系也把这个作为其目标之一——养老金制度故意歧视那些配偶也在工作的职业女性。

在那个年代，有大量的老年人继续工作，也确实有许多适合老年人的职位。如今，如果你生活在一个退休老人集中的社区——图森(Tucson)是其中的一个，你也会发现一些类似的适宜老年人的工作机会，但已经不如从前多了。你达到退休年龄后继续工作将会减少你从社会保障系统领取的养老金。这是有意这样设计的。在当时减少的额度比现在多得多。因为它原本就是为了使老年人退休，而为中年人腾出职位来的。

第三项就是靠储蓄了。当然，那时也有支付年金的养老保险，但许多人都自己储蓄，靠利息以及慢慢地消耗本金为生。

政府救济是最后一项，它那时也只是被当作最后的依靠。这主要取决于维持居住制度的地方政府，当老年人不能自谋生计，而他们的亲戚又不能或者不愿赡养时，他们就以县里的资助为生。

虽然后面我们将讨论一般的非年老的穷人，但是在这里我还是想提到利伯特(Liebert)的研究结果。至少从 1840 年起——这自然也包含了我现在所讨论的时间段，那些“被扔给县里”的穷人也会有一定的收入。这个收入与当时社会的平均收入的比例大致和有了社会保障体系后他们的收入与平均收入的比例相当。区别在于那时的支持主要是地方政府行为，而地方政府可以施加相当的压力，使得他们尽可能参加工作或者让亲戚资助。

这不会给任何人带来太大的麻烦。我在本书中一直试图澄清一种误解，即认为我们福利国家受损是由于对穷人的关照引起的。事实完全不是这样！福利国家的支出中只有极少一部分是转移给了真正的穷人。[3]

下面我将讨论一个简单的模型。该模型是基于保罗·萨缪尔森(Paul Samuelson)的工作。[4]我们逐渐地将它拓展到跟现实世界相似的复杂体系。

首先我们从一个简单的社会开始。在这个假想的社会里，没有经济的增长或者衰退。人口以及人均收入稳定不变。没有利率，每个人的生活方式都完全一样。出生后，一个人会被抚养到 20 岁，然后出去工作直到 65 岁退休，在 80 岁时去世。同时假定，在 20 岁以前人是由父母照顾，在 65 岁以后则靠自己的储蓄为生。[5]

注意到每个人一生的工作时间正好是退休后生活时间的三倍。假定，每个人都把收入的 20%存储起来(这个比例相当的高了，但注意，这里是没有利息的)。这样在退休以后就可以以相当于工资收入的 3/5 生活了。由于每个人都绝对平等，所以这个社会将是稳定的，并且会合理地利用它的资源。

现在假设一个名叫俾斯麦的贵族出现了，并建议采用以如下方式运行的系统：每个人被征收 1/5 的收入税，并将它转移给退休的人。这样老年人得到了与退休前工资的 60%相当的收入作为退休金。[6]粗略一看，似乎这并没有带来任何实质的改变。与以前一样，每个人在工作时期只能花费收入的 80％，而在退休以后可以领取工资的 60％作为退休金。

但只有在稳态时才是如此。考察一下过渡时期的情形。从该项政策实施的那天开始，每个人都停止进行私人储蓄，因为他们知道在退休以后国家将会给付与工资的 60％相当的养老金。另一方面，现在需要缴纳的税收也正好等于以前为了养老而进行的储蓄。但是，那部分已经存起来的钱现在可以自由支配了。[7] 由于知道退休金至少有所挣钱的 60％，他们可以放心地把这笔储蓄消费掉。当然更合理的是用这些积累的钱来安排一生的消费计划。

现在的结果是，社会中所有年龄超过 20 岁的人都比以前生活得更好了。当然每个人变好的程度取决于他已经工作多少年了。21 岁的人只有一年的储蓄可以花费，所以受益相对较少。那些刚满 65 岁的人则受益最大，除了可以足额领取养老金外，他还有相当于工作收入 9 年的储蓄供他消费。

这一切看起来像是魔术似的。在生产没有增加的情况下，被消费的物品却大幅度增加了。每一个超过 20 岁的人消费都增加了，而生产却没有任何改变；每一个超过 20 岁的人消费都增加了，即使社会在以前是处于稳态——这意味着以前每一期社会所消费的正好是所生产的，而现在的生产也没有任何改变。

解释在于发行了一种新的资产——就跟政府债券一样。这个债务是跟后代的所有人借的。这里“后代”既包括 64 岁的人，也包括 20 岁以下的人，以及所有还未出生的人。从今以后，每个人都不用再储蓄了，而是被课以一定的税收。所缴纳的税收也不再是为了以后的消费，而是用以支付当前老年人的退休金。

一旦这个体系达到稳态——也就是现在 20 岁的人去世以后，整个社会都是由新体制下工作和退休的人组成——每个人在工作阶段都放弃了 20％的收入，然后在退休以后领取工资收入的 60％作为养老金。

整个社会的消费束，以及每个年龄段的人所消费的都与引进社会保障体系以前的初始状态一样。但是那些在建立新体系时就已经年满20岁的人是主要的受益者。如果只有他们才被允许投票表决是否引进新的体系——大多数情况下，后代都是被剥夺了选举权的——他们当然会给予自己这个大礼包的。

到目前为止，没有人在这个转换中受损。但是这暗含了体系会永久存在这一假定。如果由于某种原因——革命、战争、政治思潮改变、敌国入侵或者是发生了吞噬养老金的恶性通货膨胀——使得体系被削弱了或者终止了，那么相应地也会减少或者停止养老金的支付。

为了更清楚地说明这个问题，我们来详细考察那些情况下可能会发生的事情。假定该国被另外一个国家占领了，而占领国认为只应当转移支付给贫穷的人。同时假定占领国比该国要穷得多，因而对“贫穷”定义得非常严格。由于在我们社会里每个人都一样，因而不存在穷人，所以我们对这方面不是太在意。在上述情景下，社会中每一个年满20岁的人都会受损。他们不得不为了养老进行储蓄。如果跟以前的设定一样，他们仍然选择存储20%的收入，则在原来的体系终止时，养老金的额度将是年龄的减函数。65岁以上的人没有任何储蓄，而65岁以下的人则有一定的养老储蓄。年龄越小，退休时积累就越多。

可以预料到，人们可能会选择储蓄更多一些，而一些年老的人会继续工作而不是等着饿死。转型成本再一次需要整整一代人来承担。下一代人又会重新回到最初始的状态。因此，社会保障体系的引入导致了对该时刻的成年人的大规模的转移支付。一旦它达到稳态，情况就基本上与没有引入保障体系没什么区别了。类似的，新的体系的终止则会给该时刻的成年人带来大量的损失，而一旦它再一次稳定下来，也就与原来的体系一样了。[8]

实质上，这套体系涉及把负担转移到将来。只有在假定新的制度将会永远保持时（萨缪尔森明确地做了这个假设），我们才有理由支持它。当然，在起初的那些成年人也许完全不关心他们遥远的后代的福利。因此,所得到的好处在他们心目中的分量就超过了将来某个时候别人可能损失的分量。

现在我们对模型做一个小小的改变。假定在第一个状态中,有一些年满 65 岁的居民没有足够的储蓄支撑他们活到 80 岁。我们不关心为什么会导致这样。也许是因为他们目光短浅,也可能是受到病魔困扰或者是遭受了其他的不幸。我们更进一步假定社会为其补足收入使他们可以以工资的 60%生活。这些补贴来源于对所有工作的人征收 1%的收入税。在这样的情况下,从以前每个人都自我储蓄的制度转换到现在每个人都缴纳 20%的税收的制度根本就不会使那些穷人受益。他们还是跟以前一样,但是社会上其他的人受益了,因为那 1%的特别税被取消了。以前,每个人都必须储蓄收入的 20%,另外上缴收入的 1%的税收。而现在却只需要缴纳 20%的税收就行了,不需要其他的储蓄了。因此,受益的是纳税人。

这个例子看起来不太真实,但是本质上人们用来反对自我养老、支持社会养老的那套说辞就是建立在它的基础之上的。在20 世纪 30 年代后期,我们还在采用第一种社会保障体系时人们就争辩说:无论如何我们都将为贫穷的人提供养老金,因此从社会上其他人的角度来说,还不如通过税收的方式来为他们提供退休金。甚至现在人们都还经常使用这个论据。[9]假定我们总是会为某些特定的人群提供慈善帮助,那么毫无疑问,一个消除了这种途径的税收和养老金体系将会使所有人受益,除了以前得到慈善金而现在却必须纳税的那些人。但是,注意,这是一个很明确的,以穷人为代价使中产阶级受益的例子。

这样似乎在说中产阶级有点无情了,但是我们来看看具体的情况。在体系开始的时候,穷人预期会从境况较好的人那里得到慈善捐助。这种预期实际上是属于他们的一种财富——即使不是法律上的,至少在通常的关于财富的经济定义上是这样的。如果质疑中产阶级是否会进行这种慈善捐助,那么我们上面讨论的就完全站不住脚了,因为中产阶级可以简单地停止支付。但实际上,中产阶级还是非常仁慈的。让穷人生活得好一点，至少使他们生活高于某个最低水平线在他们的偏好函数中的排名是相当靠前的。在那些情形下，以社会化的方式储蓄，同时对贫穷的人以另外一种名义进行社会化的支付，这样的主要受益者是如下的人群：他们有工作，以前需要自己储蓄收入的20%同时缴纳1%的税收，而现在只需要缴20%的收入税就行了。[10]

现在我们回到最初的平等的社会，并使其再复杂一点点。首先我们假设是一个有利息的社会，虽然这样它仍然是稳定的。[11]稳定的社会意味着投资正好弥补机器的折旧。通常在美国我们也是这样做的。我们并不把替换已有资本的资本支出算作投资，而是依特征把它们视为公司的折旧支出和一种成本。虽然我们也可以简单地就让机器报废，至于要不要让它继续正常运转取决于这样做到底值不值得。如果它已经不能再产生任何回报了，那么我们更可能让机器报废。无论如何，这个假定只是说资本不仅仅在能够提升产能时才有价值，它在破旧后需要替换时也一样存在一定的价值。

假定利率足够的高，以便社会中同质的个体储蓄其收入的10%，并以该利率进行投资，在他们退休后正好能够领取工资收入的60%作为养老金。很明显，现在人们比我们假想的第一个社会中的人生活更好了，因为资本是生产性的了，储蓄能够得到回报。现在假定也进行以前社会中同样的“改革”——每个人都被征收20%的收入税。所征得的税金被用来支付65岁以上的老人的退休金。退休金的数额仍是工资收入的60%。这会产生两个效应。第一个是资本总额的下降将会推后一段时间。虽然显得有点神秘，但我们还是假定资本存量仍然固定不变。

在上述的各种条件下，人们会发现，为了得到跟以前相同的养老金他需要支付更多了。因为上缴的钱被立即用来支付给其他人了，而不是用来投资生息以支付未来的养老金。初看这似乎在政治上是不可能发生的，但仔细考虑将发现，实际上从任何角度来看它对于社会成员都不是灾难性的。显然对于65岁及以上的人不是。他们除了自己储蓄以外还额外地获得了相当于工作收入60%的养老金。这是相当大的实惠了。从65岁往下,随着年龄的减少人们得到的好处也少了,最终减少到零。在一定年龄以下则会受到损害,越往下损害越大。20岁以下的人以及所有的后代都会比这个制度建立以前的福利状况要差。

看起来似乎社会中的大部分选民都会从这个变革中得到好处,因此政治上肯定也会对它感兴趣。[12]它是一个非常清楚的案例,以社会中其他的人以及后代受损为代价使部分人得益。更重要的是,这个制度的终止,即养老金支付停止,将会带来巨大的转型成本。这一点跟前面的制度转型例子一样。但是在这里,对年轻人来说也有一定的转型收益。

我们还没有把这个制度的所有缺点列举出来。由于每个人都有了有保证的养老金并且可支配收入降低了,可以推断,个人的储蓄以及投资都会下降。实际上,作为社会成本的一部分,许多人可能会消耗储蓄(dissave)。当然储蓄下降的程度还要取决于许多其他的因素。我们这里就不深究这个问题了。但是可以肯定的是,部分的机器不会被替换,所以总产品下降,因而最终产品以及个人收入都会下降。总的来说,这种变化不是大家所期望的。

社会保障政策带来的第二个不利的后果目前在经济学文献中还存在激烈的争论,那就是它是否使得美国的投资降低了。我个人很难理解那些认为社会保障体系降低了总投资的人,但确实这个争论还远未到盖棺定论的地步。人们还在继续从理论和实证上测量这个减小的量。[13]采取的方法不同时,得到的结果也会大不一样。目前,还没有什么很强的理由肯定其中的一种。

现在我们唯一可以说的就是,这些统计结果不是非常有说服力,也许到读者看到本书时这个谜底已经揭开了。根据推理,这个体系可能的确降低了储蓄,这也意味着美国的国民生产总值(GNP)确实比应有的要低。然而注意,美国人不仅在国内投资,也会到世界其他地方投资。可能美国的储蓄降低导致了整个世界产品生产的减少,结果是实际对美国的效果却不是特别的显著了。换句话说，许多比美国穷的地方的人收入更低了，而美国人本身的收入只有略微的下降。

现在让我们假定社会实际是在不断增长中，而人口仍然是稳定不变。因此，增长就表现为人均收入的提高。虽然在实际中增长大部分是由新知识带来的，而新知识在传统的会计技术下也不是来源于通常的投资，但我们这里仍然假定增长的主要原因是投资。

首先，我们假定人均收入的增长率正好等于利率。比如，收入增长率和利率都是5%。[14]我们仍然假定在最初个人储蓄部分收入并把它用于投资。但是不可能再假定养老金是一个恒定收入的60%了。因为现在收入是不断增长的，而不再是稳定不变的了。更进一步，在职业生涯的前面一段时间工资较低，而储蓄累计所得利息却较多。后来，工资多了，但利息收入相对来说却少了。仍然假定个人存储收入的10%。这些储蓄外加利息使得他们可以在65岁时购买一份年金。这份年金每年支付的额度他们认为是“最优”的——当然是越多越好，但是想要得到更多的话就必须储蓄更多。

在上述的环境下，假定又要进行改革。他们需要缴纳20%的收入税以支付已经退休的人的养老金。养老金的额度等于当前工作的人收入的60%。这就是说，随着每年工资的上涨，养老金的绝对值是在以5%的比例增加的。显然个人的回报是远大于付出的税收的。实际上，如果仅盯着个人账户的话，他会发现他“投资”的回报是相当高的。但现实生活中，在当前的保险体制下，人们很难保证他的养老金以这种方式增长。当然我想精算师也许会做出这样的假设。

现在来看谁从上述的改革中获益了，谁又受到了损害。这里我们不考虑可能的总储蓄的下降以及由此带来的增长的下降。我们简单假定经济仍然以与利率相同的速度增长。同时也会有足够的储蓄支撑这个增长。

在这样的条件下，年龄超过65岁的人是这项改革的受益者。[15]而64岁的人受益也相当的大，但不如前者。随着年龄往下，受益也逐渐减少。但是在这种情况下，那些改革进行时就已经进入工作岗位的人几乎不会损失任何东西，除了他们现在不能自己决定某些事情外，比如决定储蓄多少。这肯定会带来某些不愉快，但暂时我们将会忽略这种负面效应。

这个体系与我们最开始介绍的体系类似。第一代人得到了大量的好处，其中又是年老的人受益最大。一旦这个体系达到萨缪尔森式的稳态，它的存在就不再给社会中的人带来任何好处或者损害。而体系终止时，则会有巨大的转轨成本落在那时的人身上。年老的人再一次承担着最重的成本，年轻人的负担相对来说会轻一些。

在现实中，通常会出现增长率低于利率的特征。当然也有可能在某些情况下，增长率高于利率，特别是在那些能进入国际资本市场同时又有良好发展前景的国家。但是总体而言，利率是高于人均(收入)增长率的。考虑到这个事实，我们前面讨论的情形就不再那样简单直观了。假定社会中利率为5%，增长率是3%。同样征收20%的收入税以给付数额为收入60%的养老金。如果个人把收入的20%用于投资的话，他将会得到更高的养老金，或者只需要更少的投资就能获得相同额度的养老金。

再一次，投资激励的降低将会使得人均收入下降，但是我们将在计算中忽略这个方面。当社会由自愿储蓄提供养老金向社会保障模式转换时，年轻人肯定会受到损害。受损害的程度要取决于利率和增长率之间差别的程度。但是可以肯定的是，年老的人是受益者。受益与受损的年龄界限也取决于利率和增长率的差别。在新的体系被引进时，选民中的大部分人都获得一个正的收益也是完全有可能的。

一旦新的体系达到稳态，即那些从进入劳动力市场起就参与了这个体系的人也开始领取养老金时，所有的人从某种意义上说都遭受了损失，因为如果他们不被征税而是自己投资的话会生活得更好。并且，如果系统终止的话，每个人又会遭受损害，其中年老的人则是最大的受害者。这是一个典型的例子。政策刚开始实施时，大部分人会享受到短暂的好处，但是所有的后代却会因此显著受损。这几乎可以说是转型红利陷阱(transitional gains trap)[16]的完美案例。这也是民主制度的一个很不幸的缺点。那就是后代不可以(在现在)投票，因此，当代的人就不必充分考虑他们的利益。这可能是一个以后代人的福利为代价使当代人受益的例子。最近几年，美国经济增长的速度显然没有通行的利率高，至少对于精明的投资者来说是这样。在历史上，似乎一个州的人口增长率是一个高度不规则和不可预测的变量。

事实上，在某一点上人口快速增长并不意味着它会一直增长。更重要的是，现实中我们观察到的人口增长率的波动可能意味着即使在总人口变化不大的情况下，退休人口与工作年龄段的人口之比也会迅速变化。因此，依赖人口的增长来支撑社会保障体系是极度不明智的。要指出的是，美国政府多年以来正是这样做的。该是为这种远大的预期买单的时候了。

到现在为止，在我们讨论过的所有体系中，都有这样的结构特征：第一代人中的相当一部分人会受益，其中最主要的又是年龄较长的人。如果社会增长率高于利率，那么年轻的人也会获益，反之增长率低于利率，他们将受到损害。一般来说，后一种情况是一种更合理的假定。当系统处于均衡时，即当社会中的每一个人都是从开始工作就参与该体系时，除非是利率低于增长率，那样会使每个人都受益，否则再没有人从体系中获益了。虽然不再受益，但体系的终止却会使大群人受损。具体来说，受损的就是那些年龄够大的人。由社会保障支付向投资付息方式转换会压缩他们应得的养老金。当然，年轻人则会从这个转换中获益。具体的分界线还是取决于增长率和利率之间的差额。无论如何，一旦这个体系启动了，想要终止它在政治上显然是非常困难的了。在最后一代，体系的终止对社会中的大部分人来说都是一个灾难。当然，在利率和增长率满足适当的关系时，年轻人有可能获益。

更复杂一点，我们假定人口以及人均收入都在不断增长。这是西方世界在采纳俾斯麦那套制度之前近200年里发生的情况。目前，这个系统被认为处于危机中的一个重要原因就是这种增长态势将不再持续了。虽然人口仍然在不断增长，但人口数据预测表明，它将会下跌。而人口构成的变化更进一步扰乱了体系，但是这个出现的时间可能更晚一点。

在那些情形之下，个人对这个体系的预期就是，你会对一个比领取养老金的人更多的人群征税。从高到低，每个年龄段的人口都较上一年龄段人口多，即使在我们的设定中，人口稳定增长，而每个人都是在80岁时去世。

因此，考虑到人均收入的增长以及人口增长，税收体系可以对每个工作的人征收一定比例的税收，用以支付相当于平均工资收入60%的养老金。如果收入增长率——也就是总国民生产总值（GNP）增长率——高于利率，那么从体系一开始，所有人都会从中获益。

不幸，抑或是幸运，[17]这些方面的情况发生了迅速的变化。在大多数发达国家，出生率下跌得非常厉害，实际上已经低于维持人口在目前状态所需要的水平。而在那些出生率还没有低到不能维持人口不变的国家，不幸的是生孩子的人群又处于非平衡状态。在美国，所谓的非婚生婴儿是总出生率中重要的一部分。那些孩子一般来说没有很好的前景。如果把他们排除在外的话，按照现在的预测，人口增长率会负得更加厉害。

需要指出的是，人口学家对未来人口规模的预测已经有很长一段历史了。但是，除了极少数例外，预测几乎都是错的。因此，我们不应当过分地强调那些人口学推断。它们看起来还行，但可能最终却是错误的。

还有一个已经发生了并且我觉得还会继续的变化，那就是预期寿命大大延长。结果处在适合领取养老金年龄段的人大幅度增加。换句话说，人口中超过65岁的，以美国为例，已经大幅上升，预计还会进一步提高。我认为这几乎是肯定的。这带来的效应就是，在下个世纪初，养老金适龄段的人口如此之多，以致较低年龄段的人群承担的税负可能非常之高。我前面提到，大家都认为这个体系目前处在危机之中。很大程度上，这就是那个预见到的危机。

有个技术上比较简单但政治上不一定简单的方法来解决这个问题，那就是推迟退休年龄。实际上美国政府已经开始向这个方向努力了。当然，推后的时间是有限的(2年)，同时在一段时间内也不会立即实施。议会制定这样的法律是因为为继续支付养老金游说的集团主要是由那些已经开始领取或者即将领取养老金的人组成。将推迟退休的举措推后到将来，政治家才确信不会受到损害。[18]意大利的养老金改革计划把退休年龄延迟得更厉害。看起来似乎它会被广泛地接受。因此，三种摆脱“危机”的方法是：提高税收，降低养老金支付的额度，或者是通过推迟退休的办法减少领取人数。

我们今天观察到的人均寿命的延长很大程度上是因为医疗条件的改善。同时，条件的改善也使得老年人继续从事经济活动更加容易。从这个角度看，以及它又能减少需要的税收，因此推迟退休似乎是合理的。

这等价于削减养老金或者是部分地终止计划。换句话说，与继续维持目前的体系相比，年老的人，在这里指的是刚好在退休年龄以下的人，受到了损害；年轻的人则得到了好处。实际上这只是一个很小的修正，他们的获益或者受损远不如整个体系被废除那么厉害。

注意，在整个讨论过程中，我简单地忽略了通货膨胀的影响。只是偶尔地用真实价值代替货币价值。这是因为，社会保障体系可以很容易地实现指数化，并且实际上，美国的体系已经指数化了。[19]通货膨胀有一个效应需要特别提到。在社会保障体系最近的历史中，它具有经验上的重要性。美国从一个相当长时期内没有持续的通货膨胀趋势的经济环境——如果说不是一直稳定的话——转到了一个快速通货膨胀的环境。这种从币值相对平稳向通货膨胀的转化通常都是令人恼火的。因此，有一段时间内，许多人的实际利率事实上为负的。

比较一下，如果不是像实际的那样缴纳社会保障金，而是他们自己储蓄的话，在大多数养老金领取者获得养老金的时期内，即使社会保障体系没有大规模扩张，他们在社会保障上做的可能跟投资一样好。这个特点我们可以称之为“新通货膨胀”(new inflations)，即在人们调整以前就已经开始的通货膨胀。但是，在长期来看，不可能通过通货膨胀的方式来压低实际利率。实际上，美国在 20 世纪 70 年代后半期就发现了这一点。

因此，假设通货膨胀继续的话，未来更可能的情形是，储蓄回报率与增长率之间又会重新建立起通常的关系。如果通胀停止的话，那些在通胀时期进行储蓄，并且获得了由于通胀而升值幅度巨大的资产的人获益颇多。与他们相比，社会保障体系支付的少得可怜了。但是，这个再一次只是过渡效应。在稳态，无论是有或者没有通货膨胀，与国民产品(national product)相联系的社会保障体系支付的通常比实际利率要少，虽然大家都期望它应该支付更多。

没有人给出一个清楚的统计证据表明社会保障体系是增加还是减少了储蓄。我认为，它是降低了的。并且美国的储蓄率比采取社会保障政策以前要低很多。当然，不是说我把它作为我的猜测的依据。

假定就像我猜测的那样，社会保障体系使得储蓄降低，这将有两方面的效应。第一个可能是使得我们的经济没有原来增长得快了。不过，考虑到美国对外资是开放的，这个效应也许不是那么巨大。第二个结果就是由于投资稀少了，投资的回报可能更高。再一次，由于对外资开放，这个效应同样可能不是那么大。

如果上面的假设是正确的，那么社会养老保障计划的终止意味着不仅较年轻的人储蓄会更多一点，而且他们所获得的利息回报也比现在要低。因而它对储蓄率的净效应是不确定的。我想说说我个人的意见，但是要强调的是，这仅仅是我的个人意见，而不是得到明确证明的理论。

有一个真实的试验表明事情可能的变化。在智利，皮诺切特在芝加哥男孩们(Chicago boys)* 的建议下事实上将养老金体系私有化了。

---

* 指的是那些在美国接受了自由主义经济学教育后回到祖国的经济学家。——译者注

目前看来，私有化体系似乎获得了巨大的成功，但是由于下面将要讨论的原因，它很难复制到其他国家。

智利是怎么做的呢？它要求在智利工作的每个人按照收入的一定比例储蓄。这个比例大约在10%，比一个美国人平均向社保体系支付的15%的比例要低得多。它可以投资于各个私人投资信托基金。政府对那些投资信托基金进行监管，以防它们被用于做不明智的投机交易。

当年龄较老时，储蓄人可以相当自由地支配那些自己储蓄的钱。他们可以用它购买年金，甚至在一定程度上可以把它取出来投资于任何你想投资的地方。虽然这个体系存在的时间还不是很长，但是，到目前为止，它都运转良好。

如果我们也想采用相同的政策的话，问题在于，那些预计有大额养老金收入的人，比如说那些已经55岁的人，他们在新的体系下不可能也有那样一大笔与养老金收入相当的资金去投资。而智利有一笔巨大的财富。它以前的体系非常混乱，那些理应得到的养老金的总的真实价值被通货膨胀吞噬。通常情况下，为买断那些人的养老金所需要的总的资本价值就不是非常庞大了。智利政府简单地用与那些老体系下累积的养老金差不多数额的政府债券来补充私人退休账户。

这确实是个简便的方法，但不幸的是，对于大多数现在处于"危机"状态的国家来说，这都不是一个在政治上可行的方法。以将来的预期额来说，美国对未来的养老金领取者的资金缺口高达现在整个国家债务的三倍。而目前国家的债务已经很庞大了。实际上，这同样是一笔债务。把它从社会保障账户上转移成正式的国家债务可能在政治上跟其他的摆脱危机的方法一样令人痛苦。再一次，它不单单是个技术问题，而是一个政治问题。

在智利采取的储蓄系统上，我想做一点评论。无论他们是用保险公司或是通过政府审查的银行来打理私人储蓄，基本的问题是人们可能会犯错误。他们不是完全无风险的。虽然到目前为止，智利人的体系都运作良好，但是也不是没有可能将来各种基金走向破产，或者至少是其中的一些会破产。到那时，智利政府该如何处理这个问题？我不知道。

在银行倒闭时，美国政府将会保护储户。这意味着我们应该把这个保证的现值纳入美国和智利政府的债务中。也许幸运，也许不幸，政府账户并没有这样做。

当然，需要记住的是，政府同样可能破产，就像任何一个俄罗斯人会告诉你的那样。圣经警告你别相信国王，并且即使像我这样的无神论者也同意这个观点。

现在，我们应该转向问题的另外一个方面，那就是该政策对收入分配的影响。我们将会看到，它并没有帮助穷人，并且事实上可能还对他们造成了损害。但是，应该强调，这并不构成对该项政策的主要批评。即使我们的政府有强烈的再分配动机，并且把再分配狭义地理解为对穷人的帮助，也没有任何理由要求任何一项政策都以此为目标。

因此，社会保障政策没有照顾到穷人这个事实不足以用来批评我们的政府。警察机关，作为我们政府的一部分——我想这点大家应当没有异议，也起到了一点从富人向穷人转移支付的作用，并且总的来说它的功能是有利于富人的。但无论如何，它是一项值得的事业。

放弃这一点争论的话，现在让我们来看看实际是怎样的。要指出的是，现在我讨论的是美国的政策体系，而不是其他国家的。我相信，仔细考察的话，大多数体系都具有与我们体系类似的特征，但细节可能会不一样。

第一个要说的事实就是养老金安排是极少数真正受累退的税收支持的政策之一。每个人大约在(养老)基金中存入雇主付给他们工资的15%。但是，那些收入在某个限度之上的人例外。他们只付了一半的税金。名义上由雇员本人缴纳的那一部分只到那个上限，然后就不再支付。另外的7.5%则继续缴纳，但名义上它是由雇主支付的。因此，以我本人为例的话，大约在6月或7月份，我从大学里领到的薪水就会突然增多。这是因为我已经为社会保障体系缴纳了全年应缴的税金。

这里我们不得不赞扬俾斯麦伟大的政治才能。就像每个人对经济学思考的那样，他也意识到，薪金的税负实际上是由工人承担的，而不是雇主，虽然有可能是由雇主代政府征收的。如果仅仅是说它全部由雇主支付就会显得太明显了，因此，他提议声称税收一半由雇主、一半由雇员缴纳。

看起来似乎许多人都被这个愚弄了，而美国的社会保障管理当局投入了大量的资源来说服大家相信它的确就是那样。(前)总统克林顿在他任职之初提出他的医疗计划时，比俾斯麦又往前了一步，宣称税收的80%由雇主缴纳，只有20%的税负由雇员承担。不用说，这至多表明克林顿并不理解他自己的计划。更有可能的是，跟俾斯麦侯爵一样，他也是在故意地试图愚弄百姓。

领取的养老金起初大约还是与你缴纳的金额成比例，也不用缴纳收入税。因此，如果我们只是单独地看这个政策，它似乎在不同收入水平上没什么再分配效应，但是在不同年龄段有较强的再分配效应。当然，事实上，年龄较大而如果又特别贫穷的话，他们会受到政府或者私人慈善组织的照顾。

实际上，社会保障体系采纳了被称之为"补充安全收入"(supplementary security income)的政策。当有些人的养老金太少了，在社保管理当局看来不足以满足基本需要时，[20]向他们支付一个最低限度的金额，即补充安全收入。因此，真正贫穷的人承担了相对于他们挣的收入来说很重的税负，而他们退休后所领取到的养老金与那些完全没有缴纳过税金的人一样多。它的净效应就是有一个微小的从非常穷的人向社会中的其他人的转移支付。

我已经说过，养老金收入最初是不用缴纳税收的。国会在非常缓慢地推进，使越来越多的养老金收入进入可税范围。看起来似乎没有任何理由认为，这个特定的收入不应该像其他的收入一样被征税，但国会显然是害怕较年长人的院外活动，因而还没有使它完全进入可税范围。

社会保障体系的另外一个方面是，使得一些我们可以称之为“很少收入”的人受益。许多政府雇员，当然也有一些私人雇员，有其他的养老金收入来源。比如，军事人员有常规性的养老金计划。他们很有可能也工作了足够长的时间，因而符合社会保障养老金的条件。在一些环境下，这常常是回报丰厚的。他们因为一小段工作时间而符合条件领取的养老金的折现价值数倍于他们的付出。再一次，国会已经逐渐地削减这部分收入，但是退伍军人和公务员的游说使得这项权利被保护得相当好。

再次申明，所有这些都不能证明该体系是有缺陷的。我们没有理由认为政府的任何单项政策都应该具备由富人向穷人进行收入转移的特点。我这里提到它是因为许多人误认为社会保障系统就是一项劫富济贫的政策。养老保障计划主要是从青年向老年的转移支付。

事实上，在我们的社会——美国，老年人并不贫困。在一些年里，算上他们领取养老金后的平均收入比那些缴纳这些税金的人的(平均)收入还高。在社会意义上它可能是明智的，但它不是从富人向穷人的收入转移。

这里我应该提一下美国收入统计的一个特点。很多美国人都住在自己所拥有的房子里，常常也会有住房抵押贷款，比如我自己。但是许多退休老人都已经还清抵押贷款，不用再支付租金或者任何其他的费用。本质上，他们收到了大抵与他们住房租金相当的额外收入。而这部分收入没有包括在美国的收入统计中，因而收入统计数据所反映的老年人的生活跟他们实际的要相差很多。肯定也有许多老年人并没有属于自己的已经还清抵押贷款的房子，但毕竟也有很多人有。同时，拥有房子的人也更有可能还有其他投资。因此，它再一次表明，这个政策并不是起到多少拉平不同人群收入的作用。它本质上是在不同年龄层之间转移。

注释

[1] 我将名声或者责难算在了俾斯麦侯爵的头上，但事实上，他只是复制了由各个私人公司以及德国工会采取的一些制度。他的目的很清楚，那就是赢得下一次选举。幸运抑或不幸的是，他并没有达到目的。

[2] 他们大多居住在房子的最高处，也许是房子顶楼的某个专门的房间里。在当时，人们还没有认识到可能患心脏疾病的人不应该爬楼。

[3] 应该记住的是，在美国一个接受政府资助的穷人通常高达世界平均收入的三到四倍。与其他的福利制度一样，我们的福利体系也是民族主义的，它确保我们公民的生活水平在世界平均标准之上。

[4] Paul Samuelson, "An Exact Consumption-Loan Model of Interest with or without the Social Contrivance of Money," *The Scientific Papers of Paul Samuelson* (Cambridge, MA: MIT Press, 1966) vol. 1, p. 219. 我对它的模型做了细小的改动，但并不影响他的主要的结论。

[5] 如果我们假定儿女为他们的父母分担一部分费用的话(当然，只要儿女们有足够的收入，他们也有义务这样做)，那么这个模型需要做一些修改，但这并不是重要的变动。

[6] 注意，为了简化起见，我假定在一项政策建立时，那些已经退休的人开始领取养老金。但是大多数养老金体系建立时并没有这项特征。只有那些至少已经交了一些税收的人才能领取养老金。我的模型是简化形式，并且这点没有实质上的意义。

[7] 这里，有一个特定的问题，那就是可供消费的商品超出了当前的产出。我们可以假定储蓄是以真实消费品的方式或者资金方式的储蓄与某些不被使用的商品相匹配。当然，在现实世界，投资主要是在生产资料上，因此，它转向消费意味着国家资本存量的下降。我认为，资本存量的消耗是一个真实的现象，但是我们以后再讨论这个问题。目前，我建议读者将储蓄理解为当前可消费的商品的形式。

[8] 一些学者提出社会保障体系的终止并不会给当代人带来任何损失。参见 Peter J. Ferrara, *Social Security: The Inherent Contradiction* (Menlo Park, CA: Cato Institute, 1980)。我怀疑那些机制是否真的能起作用。

[9] Sherwin Rosen, "Some Arithmetics of Social Security,"未发表，第 3 页；Hal R. Varian, "Pensions and Public Policy,"未发表，第 1 页。

[10] 作为一个经济学中的技术细节，在这种情况下，穷人未能进行储蓄可能会也可能不会对中产阶级施加某种外部性。它完全取决于定义。我试图就该问题问该领域的专家，它是否会真正产生外部性，我得到的最好的答案是："这是个错误的问题。"

[11] 在经济学中，这是一个相当有争议的问题，那就是在这样的稳态下是否还有利率。我个人认为，那些认为有利率的人是对的，但是如果读者不同意我的观点，也请读者暂时将这个批评放到后面。我们马上从目前的一个稳态社会转向讨论一个增长的社会。

[12] 参见 Edgar K. Browning, "Why the Social Security System Is Too Large in a Democracy," *Economic Inquiry* 13 (September 1975): pp. 373—388。现在，社会保障体

系出现了严重的财务危机，因此可以肯定，要么是它的支付体系，要么是它的税收体系要做出一些调整。在这样的条件下，没有必要给出详细的所涉及的转移支付的数字。

［13］参见 M. Darby, *The Effects of Social Security on Income and the Capital Stock* (Washington, DC: American Enterprise Institute for Public Policy Research, 1979); and R. J. Barro, *The Impact of Social Security on Private Saving* (Washington, DC: American Enterprise Institute for Public Policy Research, 1978)。

［14］再一次，我不想争论说这就是必然要发生的事情。假设条件会在后面放松。

［15］在实践中该项政策第一次被引进时，可能有些超过 65 岁的人不能加入这项计划。

［16］参见我的文章"The Transitional Gains Trap," *Bell Journal of Economics* 6 (Autumn 1975): pp. 681—678。

［17］我已经 74 岁了。

［18］政府实际上对老年金的游说活动每年补贴高达 7 300 万美元，从这个方面来说它是非同寻常的。

［19］事实上，它在一段时间内被过度指数化了，结果看起来似乎最终老年人将会吸收掉整个国民产出。国会现在已经纠正了这个错误。

［20］再一次，这并不意味着它不够生活。世界上大多数人在远低于这个金额的状态下生活。

第八章 医疗补助

在俾斯麦侯爵建立他的现在被称之为社会福利的基本政策时，[1]他提出了三种主要的福利措施：养老金、医疗补助以及失业保险。我们已经讨论了养老金补助，现在转向医疗，而失业保险是本书具体部分最后一节的内容。在1880年俾斯麦建立该体系时，疾病的细菌理论还处于初始阶段。人们进入医院其实更加危险，因为现代的卫生设备还没有发明出来。俾斯麦实际上可能提高了早期的医疗补助受益者的死亡率。不用说，那应该只是在一个非常短时期出现的效应。随着细菌理论的建立以及严格的卫生条件在医院的实施，他们就不再危险了。

然而，应该指出的是，虽然麻醉剂和消毒药的采用意味着外科学能够、并且事实上得到了迅速进展，但是内科医生在20世纪30年代和40年代之间的抗生素革命之前，都很少能对他们的病人做什么真正有帮助的事情。无论怎样，人们被送进医院治疗可能还是比在家里要好。

许多国家通常都直接移植俾斯麦侯爵的整套计划，但是美国迟至20世纪30年代才开始实施养老金计划，又过了很久才开始认真制定医疗补助政策。更重要的是，美国政府的医疗政策仅仅覆盖贫困者和年老的人。当然，人们也可能因病致穷，由此而符合获得免费医疗的条件。

本章主要关注美国的经验，但我想在其他国家可以很容易地将我的推理适用于具体的条件。让我们再一次回到我的孩提时代。那时，不仅没有政府的政策，甚至直到30年代中后期，连私人医疗保险都没有。这并不意味着贫穷的人们无法接受治疗，或者得不到外科手术服务。首先，那些照顾穷人的全面计划一般也会包括对穷人提供医疗救助，并且至少对医生进行部分补偿。其次，医生自己也会对穷人进行免费治疗。

应该说，对穷人的免费医疗是受一个梯级定价（graduated fee schedule）补贴的。这个梯级定价使得医生可以对收入高的人收取较高的价格。那些没有太多经济学背景的读者可能会问，医生为什么可以做到这一点呢？原因很简单：一个接受了阑尾手术的人不可能将这个手术再转售给别人。一个地区的汽车经销商很难对每个顾客收取不同的价格，因为那样的话他们就会把它转售掉，然而对手术来说就不是这样。

最后，有许多医院是由地方政府建立和运营的，它们提供的服务收费低于全额支付定价，还有许多医院是由慈善机构兴建的。把这个政策看成是一个全面的系统的话，最大的缺陷是抗生素还没有发明出来，因此医生不能治愈大多数疾病。一般来说，只要是可用的医疗方法，几乎所有的人都能够享受到。虽然在那时，可能一个富有的人比穷人会得到一个好的外科或者内科医生，就像现在一样，但是在抗生素发明前，或多或少每个人都能够得到充分的医药服务，因为那时几乎任何的医药服务都可以被看作是充分的。

我想稍微偏离一下主题，指出大多数读者现在都忘记了的一个事实，抗生素带来了多么巨大的变化。我们那时把它们称为神药，并且也认为它们的确是的。我还记得这样一件事情。我经过我母亲的一个朋友家门口时，看见她坐在门廊上，看起来很可怜。我问起关于她的情况时，母亲说："哦，是的，她得了肺炎。"

我"知道"我母亲肯定是搞错了，因为得了肺炎就意味着6—8个星期的住院治疗以及40%的死亡率，因此我就说："不，不，不可能是肺炎。"母亲回答说："哦，是的，有新药出来了。"那个人是我们的邻居中第一个接受磺胺类药物治疗的人。当然，在今天，与其他的比较而言，磺胺类药是非常普通的了，但在那时它们被视为不可能的药物。虽然I. G. 法本（I. G. Farben）——那些发明者就是在他的实验室里工作，已经利用它挣得了相当大一笔钱，但是，我想没有人会认为这是对他的无上成就的过度补偿。

再回到我们的主题，那时正是大萧条的时候，医生和医院都发现病人很难支付他们的账单。这些医院，其中一些是地方政府的，其他的是慈善性质的，就自行组织起来，建立了一个共同的保险公司以支付医院的费用。你可以购买保险，然后由保险公司为你的医院花费买单。不用说，对于拥有保险的人来说，这会消除不同财富人群之间的医疗服务的价格差别，当然，高收入的人仍然有可能付出额外的费用以得到私人病房等等。到20世纪30年代末，医生又组织成立了另外一家保险公司以支付医药费用。

很显然，医疗问题很适合用保险来处理，无论保险是私人提供还是公共提供的，因为你不可能提前预测到什么时候会生病，因此它不适合用简单的储蓄来解决。[2]

当然，在这时大多数欧洲国家已经建立起政府对穷人的救助体系，并且在许多情况下，它们是覆盖了整个社会的，就像现在它们当中几乎所有国家所做的那样。然而，在美国，第二次世界大战后的相当长一段时间内，我们有一个主要由地方医院、慈善医院、私人慈善机构和保险公司组成的体系。然后我们就转向了现在拥有的这套系统，而克林顿总统则希望用一些新的安排来替代它。

为了欧洲读者的方便，也许我应该解释一下它是如何运作的。它共有两套计划。一个是几乎对所有收入低于一定水平的人提供由政府资助的医疗服务，并且这个收入水平的设定在州与州之间是不同的；另外一个是对所有人，包括高收入者和超过65岁的人，提供免费医疗。这第二项计划的花费不菲，因为年老的人远比年轻人更容易生病，并且他们的疾病也难以治疗，成本高昂。

那些剩下的没有被上述计划照顾到的人口很多都被私人医疗保险所覆盖，但也不是全部都有。那些保单通常是由雇主而非雇员自己购买的。这样做的原因在于，我们的收入税制安排使得雇主为你支付远比你自己购买便宜。换句话说，一个提供医疗保险的公司比不提供的公司要更有竞争力，因为购买医疗保险的成本间接地受到了一些补贴。

不幸的是，这套体系由于政府的一些怪异的管制而运行不畅。各个政府——联邦和地方政府，都通过了一些法律来管制那些保险。那些法律通常不允许保险公司对不同身体状况的人进行价格区分。因此，它们不能够对一个从大学足球队退役刚进入办公室工作的人收取低费率，以及对一个身体状况糟糕的人收取高费率，虽然前者生病的可能性非常小。

更严重的是，通常那些保单的价格都非常昂贵，因为很自然的保险公司要求个人在投保前进行身体检查，以确保在当前没有明显的疾病。这就出现了道德和选择风险的问题。

保险公司也经常被要求为一些它们认为不合适的医疗服务提供保障。有许多奇异治疗方法的供应商游说集团就成功地使一些州议会要求所有在该州出售的保单都必须覆盖那些怪异的方法。

还有一项就是，那些没有任何医疗保险的个人也间接地得到了保障。联邦政府通过了一些法律，要求所有医院都必须要有急救室。那些急救室必须对送进来的人进行治疗，不管这个人是不是能支付得起。[3]更重要的是，他们不允许抛弃该病人，除非他已经治愈或者有装备更好的医院接受他。所有的这些成本都只是简单地附加在其他病人的账单上。

另外两个问题可能或多或少算是美式体系的特点了——即所谓的第三方支付和相当不负责任的处理意外伤害的方式，其中也包括医生在治疗过程中造成的伤害。

我们从第一项——第三方支付——开始讨论。如果保险公司或者政府计划会为你的医疗服务买单，你自己肯定就没有特别的动力去控制健康方面的支出。你的医生也不会这样做。在这样的情况下，你可以预计付出的费用、就医的次数等等都会非常的高。

使问题更加严重的是，医生可能因各种理由被起诉疏忽大意，并且做出判决的是基本不懂医疗的陪审团。这样，医生就会倾向于在实践中采取被大家熟知的辩护性医疗，那就是，建议进行各种测试、X 光等等以便在将来的诉讼中保护自己。

一段时间以前，我扭伤了手腕。给我治疗的医生对我说，问题非常简单，并建议我带大约一个月的固定绷带，但是他又说你应该去附近的X光室拍一些照片，如他说的那样，“只是为了留作证明”。

这个损害索赔问题本质上是一个美国问题，而不是真正的医疗问题。我们的民事侵权行为和法律体系造成了大量的损害索赔。在许多案例中，被告实际上并没有过错，但是陪审团对原告心生怜悯，并且认为被告可能能够支付损害赔偿。一家大公司刚刚由于损害索赔而被迫破产，而科学界认为赔偿完全是不应当的。

问题在于，陪审团不知道该相信由原告聘请的专家证人还是另外一方的领衔科学家。还有就是，在这个特定的案例中(胸部注射物)，表明判决错误的证据需要花费一些时间才能收集到。显然，这是美国社会的缺陷，而不是我们医疗政策中特有的缺点。

美国社会还有另外一个缺陷，导致人们常常低估它的效率。事实上，美国在大多数疾病上的住院康复率都是世界最高的，其他的大多数也是排名第二或者第三。更重要的是，对于那些已经达到65岁的美国公民来说，预期寿命比世界上任何国家都高。但是，新生儿的预期寿命却比许多国家要短，其中就包括许多拥有大规模政府医疗计划的国家。[4]

然而，对此的解释排第一位就是很高的谋杀率。如果一个16岁的人被杀，为了保持预期寿命不变，需要59个85岁的老人延长一年寿命。毒品依赖的人和特别是吸毒上瘾的母亲生出来的小孩的存在都急剧降低了预期寿命。

这些对美国社会的批评都是正确的，但是如果用它来批评美国的医疗体系却不那么恰当。如果你去了一个美国医生的那里，你可能比在世界上其他任何地方都安全。如果你正遭受枪伤的痛苦，或者你是一个一岁的婴儿，妈妈在怀孕期间吸毒并且没有很好地照顾你，那么去看医生就可能不是那么有帮助。一旦你去了医生那里，她会给你极好的治疗，但是你的预期寿命仍然很低。

大多数人可能会想，那些疾病的高康复率在一定程度上也许是在医疗上过度支出的结果。一个医生为了保险起见，以应对可能的诉讼赔偿而对病人开出了大量的检查处方，那么他事实上会发现一些原本可能不会被发现的疾病。同样，使用高质量的药物，比经过仔细的利益权衡而用药在提高预期寿命上更有帮助。问题在于是否值得这么做，而大多数仔细思考过该问题的人都认为答案是否定的。

下面我引进一点形式化的分析。图 8.1 的纵轴表示从医疗中获得的收益，横轴表示给予某个患特定疾病的人总的医药施用量。成本用直线 C 表示。曲线表示各种医药量的收益，从该曲线可以看出，它永远不会降低到 0。但是，它会与直线 C 交与 O 点。该点就是最佳的医药用量点。[5]

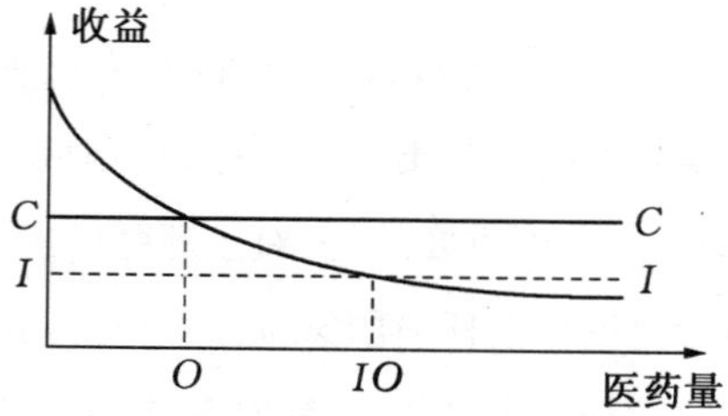

图 8.1　医药治疗的成本收益分析

当然我们应该在 C 点就停止治疗，因为超过该点成本就大于收益了。但是，如果治疗对于医生和病人来说都是免费的，并且医生也最终会得到报酬，那么我们可以预计到医药用量肯定会超过 C 点。因为在任何情况下，医生和病人实际上也会承担一点不方便带来的成本，所以我用虚线 I 表示这个不方便成本。治疗就会一直进行到与收益交叉的地方，即图中 IO 处。虽然一个非常富有的人不在乎医药支出，因而会选择用量到该点，但是用量达到该点对整个社会来讲是不利的。当然，死亡率在 IO 点肯定低于 O 点，然而这点降低不值得那些成本。

我们不希望政府支付那么多。我们大多数也不希望保险公司为此买单，然后由我们付出更高的保险费率。实际上，大多数人可能会决定忍受那一点痛苦甚至冒一点死亡的风险，以省下那笔钱。也许节约的这笔钱是留给了我们的后代的。

绝大多数政府提供医疗的政策都采取了这个态度。实际上，它们会拒绝那些费用高昂而回报又有限的治疗。举个具体的例子，在英国，如果你已经超过 55 岁，除非在特殊条件下，否则一般你不会进行透析。那些需要透析而又没有进行透析的人会很快去世，因此，不进行透析有效地减低了英国医疗计划的支出，但是如果政府为此付费的话人们不会自愿选择这样做。

这个不是特例。在欧洲，所有类似的情形都隐含着成本收益分析。在我看来，这不应该构成对它们的一个批评。我认为这样的成本收益分析是必须的。据我所知，还没有哪个人愿意为了使一个长者延长 10 秒钟寿命而宁愿花费 100 万美元。但是，大多数人都不高兴听到这种说法。[6]

比如，《纽约时报》有两篇文章，其中一篇来自德国，另外一篇来自荷兰，讲述那儿的医疗制度多么的好，因为它允许人们“有尊严地死去”。而这意味着他们是留在家里而没有被送入医院。两篇报道里提到的病人，并没有对此有任何抱怨，并且实际上，他们有可能没有被告知如果去医院而不是停留在家里的话预期寿命可能更长。

但是，再一次强调，我并不是在批评它。那些成本收益权衡是应该的。还有另外一个地方也进行了同样的权衡，那就是美国的健康维护组织 HMO（Health Maintance Organization）。虽然它们也像一般的外国政府那样做的，但它们不会讨论这一点并且可能还会撒谎。我想，这就是它们比起另外的一种制度安排成本要低的根本原因。在相应的其他的制度安排下，由保险公司为你全额付费，你和你的医生决定怎么治疗，而你自己不用付出任何费用，医生则得到足额的报酬。

看起来似乎正是基于这样的成本收益考量，克林顿政府试图将政府医疗支持计划转向 HMO。健康维护组织的确能够节约资金，但是它们节约的方式是成本收益权衡，因而不会为了延长短时间的寿命而进行极其昂贵的治疗。我没有批评世界上其他国家的政府计划或者是HMO基于成本收益分析而对治疗进行实际上的限制。我想这样的限制是必要的。

如果我们没有任何的政府计划或者保险，那么个人或者家庭毫无疑问会进行成本收益权衡，即使可能只是粗略的分析，也会做出决定不进行某些种类的治疗。[7]尽管如此，当听说欧洲国家的医药费用远比我们低时，你应当记住导致这个差别的一个更重要的原因是它们所提供的药品和治疗条件都不如我们。

在美国，对穷人的医疗救助和对他们的其他帮助的运作方式类似，当然，除了你是处于急救状态。换句话说，你去一个普通的医生那里，你们共同决定该怎么处理，然后政府对账单进行结算。政府并没有建立一个标准。

但是，有一个这方面的先行者。俄勒冈州（Oregon）已经通过了一系列的关于治疗标准方面的法令，主要就是哪些疾病他们应该治疗，哪些疾病不应该。这是全民公决通过的。这表明俄勒冈州的选民事实上愿意进行这样的成本收益权衡。具体到医疗来说，当他们认为某种治疗太昂贵时，它就不应该提供。

然而，应该指出，在那些政府计划对医疗实行这样的限制的地方，人们都倾向于购买私人医疗保险以弥补这个缺口。在西班牙、英国、意大利以及其他的国家，私人保险所占份额一直都在稳定增长。显然，在成本收益计算中，你所认为的生命价值部分地取决于你所拥有的财富量。当然，当有许多私人保险时，好医生会被私人保险的高额回报所吸引，而不是政府计划中的行政性支付。

排队和等待是配给医疗服务的方式。作为一个经验的规律，在美国，如果你需要任何一个手术，你都会得到；你只要等上五个月。

在政府提供医疗服务的大多数情况下，它都会有一定的时间延迟，而这个延迟可以很容易达到五个月。不用说，这种推迟是在没有紧急医疗服务需要时。尽管如此，一些事情像心脏旁路手术（heart bypass）

很少是急需的，但如果推迟的话它也可能导致死亡。作为一个说明性的例子，我们假设没有做心脏旁路手术时死亡的可能性是每个月1%。因此，如果你的手术推迟三个月实施的话，你就有3%的可能性去世。这不是真正的急救状态，因此这类手术推迟也是普遍的，比如在加拿大。[8]这也是较高收入阶层的人购买私人医疗保险的另外一个原因。这可以确保他们不用等待。

在这个问题上，加拿大是个特别有趣的例子。几乎所有的人口都居住在靠近美国的边境上。他们有一个政府提供的非常充分的医疗服务体系，并且实际上对医生的治疗付费是非法的。结果就是只要负担得起，每个人都向南驱车80公里，到美国看医生。有趣的是，你现在在加拿大可以购买到健康保险，以支付你往美国的路费以及在美国的住院费用。不久以前，魁北克的首相在选举中还谈论加拿大的制度是多么的完善，刚当选不久后他生病了，迅速地被送往一家美国医院。没有人对此感到奇怪。

我们已经在这里看到了两个方面的问题。对穷人进行救助也包括在医疗方面对他们进行帮助。其他一些我们将在下一章讨论。事实上，在一些情况下，对他们提供的医疗服务好于一般人所得到的。比如，在20世纪30年代的英国，穷人和富人得到了最好的医疗服务，因为穷人不用自己支付，而富人自己负担得起。只有中产阶级相对来说做得最差。

在战争快结束时，工党上台执政，开始实行全民的政府医疗服务计划。结果显然是，一部分医疗资源从穷人那里收缩，因为中产阶级的需求大幅度攀升。尽管当时正在进行我们曾经有过的最伟大的医疗革命——引进抗生素，英国人口中最底层的20%人口的死亡率事实上上升了。显然，中产阶级在自己担负费用时，愿意在医疗上花的钱是有所节制的。随着免费服务的到来，他们消费也越来越多，因而从穷人那里抽走了部分资源。富人则继续获取私人医疗服务，无论是在英国还是在瑞士。

但是,本书的目的是讨论收入的转移而不是那些计划的组织细节,我们现在必须转向它的实际转移效应。我们将会看到,它涉及各个集团的一系列的细微的转移。并且在大多数情况下,那样做除了使得它在管理上更加方便外并没有什么正当的理由。

我们首先从穷人开始。一般来说,在引进俾斯麦式的福利国家制度以前,穷人有免费的医疗。这里我指的是真正的穷人。那些比中间阶级收入低一些的人并不属于这个范围。因此,狭义的穷人在这方面并没有从引进福利国家中获益。当然,像所有的人一样,他们从医疗技术的提高中享受了巨大的好处。

事实上,许多穷人都遭受了损失。福利计划一般是由收入税支持的。如果你把俾斯麦侯爵所声称的由雇主承担的那部分也包括在内的话,收入税是非常沉重的负担。因此,薪水微薄或者是间歇性工作的穷人,收入中相当一部分都缴纳给了这个计划。但是,他们所得到的医疗服务却与他们完全不支付时所得到的没有区别。事实上,他们与那些因为各种原因没有工作,因此也就没有缴纳社会保障税的人没有区别。

欧洲的情况与此类似。与以前的状态比,他们的计划中涉及从真正的穷人那里转移出一小部分收入。这很有讽刺意味。因为,人们经常为这个计划辩护的理由就是它能够帮助穷人。当然,古老的那种帮助穷人的制度安排已经消失很久了,因此简单地推倒当前的计划至少在一段时间内会对穷人造成困难。在原来的制度下,由慈善医院安排医生为穷人提供免费的医疗服务。应该说,在废除其他的福利计划时,当前为穷人提供医疗服务的计划应该保留。可能那样的税收成本只是现在实行的福利计划的税收成本的很少一部分。

现在我们转而讨论问题的另外一部分。一个事实是,政府办的保险以及在美国绝大多数由政府控制的私人保险公司都不允许对不同健康状况的人实行差别费率。这意味着从身体健康的人向身体状况差的人进行了一些转移支付。当然,就像我前面提到过的那样,几乎所有保险都是某种特殊形式的转移支付,比如那些房子完好的人向房子烧毁的人进行一些转移支付。一般来说，我们并不把这个称为再分配，而是理解为一种降低风险的行为。当然，它事实上具有两种作用。毫无疑问，我不是说火灾保险应当被取消。

这种形式的转移支付规模可能相当庞大，但是从行政管理上说，这是最简单的操作方式。而且，保险公司实际上在这个领域鉴别风险的能力也很弱，因此可能禁止它们实行差别费率的影响有限。

在世界上其他国家都没有，唯独在美国出现的特有问题是急救室为没有保险的人也提供服务。这非常接近于免费治疗，但实际上是由医院其他的持有保险的病人买单。这种转移非常特殊并且也规模庞大。它不在美国政府的预算中。我想没有人确切知道这个转移的数额，但考虑到那些利用这项服务的人群的数目，它应当是一笔不菲的支出，并且是一种纯粹转移支付。

更重要的是，那些得到这部分转移支付的人并不是因为他们的确应该得到而被挑选出来的。一般来说，他们是年轻而身体健康的人，并不想有一张常规性的保单。还有一些人，虽然不再年轻，但是身体健康又在不提供保险的小公司工作，即使有政府补贴，他们也认为并不值得购买医疗保险。

人们对他们有同情的心理，但是我想并不该这样。的确，得到急救服务并不是一件愉快的事情，但是它所提供的医疗服务跟普通医院所提供的一样好。

作为美国的特点之一，医疗上的过度支出严格说来并不是一种转移支付，因为它适用于所有人。而这个过度支出保证了如果生病的话，你在美国可能会比在欧洲拥有更长的期望寿命。如果一个行政性管理方法能够控制居民的过度支出的话，它显然是一种社会进步。

需要指出的是，在美国也有两处与欧洲的政策所提供的服务相当的地方。现役军人可以利用完全社会化的医疗体系，但是该体系下的医生有权决定该使用哪些治疗手段。你不可以从一个医生那里转向另外一个医生就医，而医生在所提供的治疗上也受到集中的控制。

第二个与完全社会化的医疗体系相当的地方是退伍军人医院。退伍军人医院的建立原本是为了给战争后生病的军人提供服务的,而现在,任何曾经为军队服务过的人都能够得到它。这里它再一次是一个受控制的医疗体系。有趣的是,几乎 90%有权免费得到退伍军人医院[9]服务的人都不利用它。这些医院臭名远扬,因而大多数潜在的有免费资格的顾客都不愿意使用这项权利。

因此,现行的政府医疗计划在很大程度上并不是一个转移支付计划;它并没有在根本上通过社会进行资源再分配。尽管如此,人们通常为它辩护时都是把它当作这样的一个再分配体系的。人们宣称说,如果离开了它穷人就不可能得到充分的医疗救护。而一个专门为贫穷的人提供医疗服务的计划显然被认为在政治上不具有可行性。

当然,生了重病也是导致一些人贫穷的原因。因此,如果有针对穷人的专门的计划,那么,一些原本处在中上阶层的人因为患了重病也可能符合这个计划的条件。一般的人会对处在这种情况的人表示同情,因而,在他们变得赤贫前就给予医疗救助,我们也会认为这是合理的慈善行为。我想,仔细地考量可能预示着,如果实施救助的理由是一旦不为他们提供救助的话,他们最终会变得一无所有,然而你并不愿意为那些境况相当不错的人提供医疗救助。当然,这是一个难题,我也不想为我的结论的正确性进行辩护。

然而,这个计划作为对传统体系的一种替代,总的说来并没有对穷人有特别的帮助。特别是考虑到如下这个事实时更是如此:美国的私营保险公司在面临管制的障碍情况下仍愿意出售医疗保险,因此,贫困或者是在紧急情况下,你没有多少现金在身边并不是一个问题。在传统体系下,医疗服务对穷人是免费的,由收入较高的人来支付。

现在,所有这一切并不是证明我们不应该有医疗保险计划或者是政府不应该提供医疗服务。我要说的是:第一,它的收入再分配效应没有这个计划的总成本所预示的那样大;第二,它的再分配效应是很分散的,并且看起来只是因为各种行政管理上的困难所造成的结果,而不是故意这样设计的。

对现行体制的辩护说辞通常是为了帮助穷人，但是事实上恰恰相反，与以前的体系相比，它损害了穷人的利益。因此，这种说法很明显是错误的。这并不意味着目前的政策是不可取的，它说明的是那些为目前的体制辩护的人应当重新思考这个问题，看能不能找到更适合的理由。既然本书讨论的是收入再分配，而且这里所讨论的再分配相对于它耗费的总成本来说并不大，因此，再费更多笔墨谈论它就显得奇怪和不明智了。

注释

[1] 记住，他的计划实际上复制了当时德国经济中私营公司以及工会已经开始采用的计划。

[2] 我应该说，在现在的许多制度安排下，个体居民实际上能够为将来的医疗费用进行储蓄，但是也必须有一些安排，使得你即使刚刚加入就生病了也能够得到治疗。这使得这些制度非常复杂。

[3] 他们也会尽自己的最大努力，但常常是无效的，他们只会从客户那里收取更多的费用。

[4] 他们并不全都是政府性的，因为许多人也会有私人保险。这个问题后面再讨论。

[5] "为了避免一个给病人做过多而昂贵检查的体系，为了避免过多的专家咨询"，我们需要"病人治疗环境的微观管理"。"专家咨询不仅昂贵，而且会导致沿着昂贵的路线前进。"

[6] 参见 Guido Calabrisi and Phillip Bobbit, *Tragic Choices* (New York: Norton, 1978)，以及我对它的评论，Gordon Tullock, "Avoiding Difficult Decisions," *New York University Law Review*, 54(1)(April 1979)：pp. 267—279。

[7] 参见我的文章，"The Cost of Medical Progress," *American Economic Review* (May 1995)：pp. 77—80.

[8] 弗雷泽(Frazer)研究院每年发布一份关于这个延迟的报告。

[9] 本书的作者是其中之一。

第九章　失业保险

我们现在来总结俾斯麦侯爵的另外一项福利政策——失业保险。实际上在19世纪末期之前是没有失业保险的，而美国则是在20世纪30年代后期才有的。在那之前，穷人由政府或者私人的慈善团体照顾，而不单独把失业的人与其他的穷人区分开来。结果，某个原来大体上是中产阶级的人失业之后立即就跌入社会支持的底层。在一定程度上，失业保险确保被雇用时挣钱较多的人失业后也能领到较多的钱，但是替代率不可能是1∶1的。

类似的政策不是一定被称作失业保险，但是它们运作的方式是一样的，在讨论它们时给人们的印象也是一样的。人们可能会认真地指出，有的人被解雇并不一定是因为他们自己犯了错误。实际上，在我最熟悉的衣阿华州，如果某人因为自己的错误而被解雇的话，他就不会享受到失业保险。在这种情况下，如果他自认并没有什么失误的话，经过各种申述程序后，他也可能继续享受失业保险。

通常人们认为私人公司是不能够提供失业保险的。“不可保”的理由有两个：逆向选择和道德风险。我们在讨论其他问题时也提到这两个原因。比起那些自认为安全的人，即不太可能被解雇或者很快就可以找到另外一份工作的人，失业可能性大的人显然更有购买失业保险的需求。因此，你选择的人群就是就业能力比较差的，而这会使得费率上升，进一步使选择失业保险的人更加糟糕。另一个问题就是在有失业保险时，人们也许会自愿失业，或者至少不那么积极地寻找工作。这就是道德风险。

应该指出的是，许多人认为第二个理由也许有正面的效应。他们觉得中产阶级的人在失业时会面临很大的压力，如果没有失业保险的话，他们就会从事任何可以得到的工作。如果给他筛选工作的机会或者给他时间等待一个更好的工作也许更有利。我把这个问题留给读者自己思考。

第一个问题——逆向选择——可以通过让所有人参与的方式来解决。这样的话就不存在逆向选择了。一般来说，这是福利国家制定政策的方法，特别是用来处理失业保险的问题，它可以很好地解决这个问题。但是请注意，这并不是说如果有私人提供失业保险，同时他们以某种方法解决了逆向选择的话，你还是会认同这种方式。如果私人能够提供的话，必然各个人之间的费率依失业的预期概率或/和重新找到工作的快慢而区别很大。而政府的政策并不依你找到另外一个工作的可能性大小做调整。就像我们下面将会看到的，他们对不同的公司采用不同的费率。这意味着产生了一定的转移支付，除了一些很短的偶然的时期，都是从那些不太需要失业保险的人，转移到那些很难找到工作的人。

这是一个小问题。我们通常讨论的失业保险面临的基本问题是另外一个问题——道德风险。这可以分为两类。很重要的一类是有些人不再积极努力地工作，或者是不愿学习很难的技能以使自己保持工作。而一旦他们失业的话，他们也更有可能长期失业，因而依赖失业保险为生。这个问题我们推到后面讨论。目前我们先讨论一个次要的，但是为了逻辑的完整性必须要考虑的问题。

这个次要的问题就是一种安排，在那样的安排下，雇主和雇员都完全了解失业保险，并认为是有利可图的。人们会有意识地接受那些在部分时间肯定会失业的工作。这主要是季节性的工作，但不全是。在一些情况下，他们的工作特别容易受到对最终产品需求波动的影响。这样，个人是在一些时段收入空白的情况下计算他一生的收入的。[1]

于是出现了这样一种情况。一些企业对工人的需求是高度季节性的。企业管理者以及雇员都把失业保险当作是工资的有效补充。举个例子,假设某个人是做圣诞商品生意的,并且除了这个什么也不做。圣诞商品店在夏天就开始准备了,开始营业也很早。在我经常去的一家商场里就有一家 1995 年 9 月开业的店。职员被雇用的时间有 7 个月,其中包括在春天把小店清算关掉的时间。7 个月的就业已经足够资格领取失业保险了。这样假设失业保险可以持续三个月。[2]净的效应就是虽然雇主才付给他 7 个月的工资,但实际上他得到了 10 个月的收入。

这个问题可以通过一个简单的安排来解决。那就是使雇主缴纳保费的费率与高的失业率相适应。在美国,雇主缴纳费用是一种“经验费率”。这就是说,如果你雇用的员工中很多人会领取失业保险金的话,那么你就得支付更高的保险费。

这种制度是不好的。有两个原因。第一个就是增加的额度远远不如雇员们实际领取的多。这些雇员们就像享受政府的带薪假期一样。因此,从公司和雇员的角度看,这是相当划算的。

另外的一个问题就是高的经验费率毕竟只是一种事后的提高。一个公司在运营的初期可能存在一些困难,员工的离职率较高。即使随后成功了,经营稳定下来,它仍然要在一段时间内继续缴纳较高的保险费。可以判断,这会使得它不愿意雇用新的员工,对待现有职员也必须非常小心。当然我不是说这个是主要的效应。刚才我提到的这两个都是那种有一些小的妨碍但不会有大的影响的事情。或者说它们只是使得失业保险不那么完美但还没到一无是处的地步。

失业保险最主要的症结在于人们可能会由于不努力工作而失业,而不努力工作的原因却在于他们有了失业保险。的确,单单这个还不是灾难性的后果,但它真实存在。更严重的是一旦失业了,人们也不会有强大的压力逼迫他们寻找新的工作。在美国,失业保险一般是有期限的。因此,这段时间也就是个短暂的假期,你可以不用努力地寻找工作,但最好还是留意一下人才市场上的职位。

在一些欧洲国家,失业保险可以说是永久性的。一个人可以领取失业保险金10—12年。这显然不是我们希望看到的现象特别是失业救济非常的优厚，而不像贫困救济，贫困救济也只是一个世纪以前才有的事情。虽然通常失业救济的数额还达不到各位读者所满意的收入水平，但它肯定高于社会最底层的收入。这导致了在一些欧洲国家产生了相当大范围的几乎永久性的失业群体。虽然各个国家对这个现象有不同的看法，但是它们也可以简单地减少支付的额度或者施加一个时间期限，就像美国采用的方法那样。

需要强调的是，失业保险与普通的贫穷救济唯一的不同是，有失业保险的人经济状况要比单纯的穷人要好。后一种人指的是以前从来没被雇用过，因而没有任何“积累”的人。之前也讨论过一个问题，那就是社会简单地提供一个最低的收入保障，还是应当对那些时运不佳但是正常情况会有高收入的人区别对待。

这不是件无足轻重的事情！虽然20世纪20年代英国长期失业的统计数据遭到大家质疑，但是那时的失业津贴被定得过高的原因却是肯定的。用第一个谈到这个问题的人的原话来说就是：“那些说英国被一支庞大的失业大军侵入的人应该记住，这是一支志愿军。”再重复一次，这虽然遭到了严厉的批评，但它也有可能是对的。不幸的是，在这个地方，数据不是非常有帮助。毕竟，它只是个例。更重要的是，那些说20世纪20年代所有关于当时英国失业是多么严重的文献实际上搞错了的说法，遭到了学术界的激烈反对。

不单单是这个例子，对于俾斯麦所有的政策，有一点需要牢记，那就是他不是简单地在收入下面设个最低标准。有高收入的人，在失业时领取的失业保险金一般比低收入者失业时领取的更高，就像工作时期收入高的人在退休后得到的养老金也多一样。但这样设置是好是坏目前还不清楚。

还有一个问题在欧洲多数国家都出现了，也许很快在美国也会出现。那就是与失业保险相关——但实际上不是与保险相关——的一些规定，使得解雇员工非常困难。甚至在有些情况下，根本就不能解雇员工。我提到过，很多人认为欧洲高失业的一个原因是失业保险太优厚了，因此人们就没有动力去工作了。另外一个原因人们就是一旦被雇用，也就很难被解雇。在这样的情况下，雇主在决定招聘一个人之前，被迫非常小心地考察。事实上，他更愿意购买机器设备而不是雇用人，因为机器可以随时被关闭。

这通常被用来说明欧洲的高失业率。需要特别指出的是劳动力市场上的年轻人失业率特别高。因为雇主很难判断他是否愿意留下他们。这不是真正的失业保险，但很显然想法是一致的。

我已经花了三章讨论我称之为“俾斯麦计划”的政策——那一套始于德国俾斯麦侯爵并被许多其他国家采用的政策体系。就像我已经说过的，各地区现在处于危机四伏的状态，包括在俾斯麦的祖国德国。因为需要为那些政策征税筹资，所以他们在政治上已经越来越难以维持。但记住，这只是一个政治危机！没有实质性的理由认为国家不能通过提高税收或者如果这种方式太痛苦的话，以削减养老金的方式来解决这个问题。当然，这就是危机！政治家两种方法都不愿意采纳。实际上，政治家不愿意是因为选民不希望这样。而选民们更愿意相信整个事情由牙精灵(tooth fairy)负责融资！

让我们稍微偏离一下本书的主题。在19世纪，关于民主政治的一项讨论就是，与君主制不同，它不会造成巨大的赤字。显然现在已经不是这样了。相对于其他民主国家，美国进入财政赤字的时间是非常晚的，赤字所占国民生产总值(GNP)的比重也比其他民主国家小。但是由于经济总量巨大，相对来说比较小的项目看起来也十分惊人。

再一次，这个问题只是一个政治危机。除了政治上的痛苦以外，没有什么阻止我们提高税收或者削减开支。至于说，为什么现在要比19世纪在政治上更加痛苦，就我所知，这个问题还没有答案。

现在我们从整体上来看俾斯麦计划。很清楚，它涉及从一个群体向另一个群体的大规模转移支付。同样清楚的是，这个计划并不是专门为帮助穷人而设计的，虽然有时它宣称会帮助贫困者。大体上它包括一系列设计得不是很好的保险政策，覆盖了退休、医疗以及失业等问题。这些政策部分地以其他结果为目标。就像我以前说过的，这对穷人帮助不大。收入不错、在旧的体系下不会被认为是慈善捐助对象的那部分人（也就是不那么贫困的人）实际上会从这些政策中获益，而那些收入非常高的人总体上是受损的。

但是，从高收入阶层向低收入阶层的转移支付是非常有限的。最基本的形式是从年轻的向年老的转移，从健康状况好的向健康状况差的转移。这里健康状况差并不是说一定是生病了，它也可能是指在任何时候都没什么大的毛病，但却经常不舒服的人。第三种转移形式是从整个社会向失业的人转移。

当和人们讨论这些时，我发现他们的想法是，那些退休前有高收入的人在退休后应当继续享有高收入，而那些工作时有高收入的人失业时也应该享有相对高的收入。无论你觉得事情就该这样，还是认为只该提供一个最低的收入保障，据我所知，这个问题甚至都还没有一个科学的答案。它似乎完全是个人喜好问题。在谈话中，我发现那些政治上持极端左倾、收入在平均收入以上的人，一般喜欢那种对他们有一定转移支付的制度安排，而不是对那些转移支付说不，以使得其他的人收入可以提高到最低收入水平以上。

我首次接触到这些事的经历非常有趣。早在二战前，当我还是芝加哥大学的本科生时，我有个朋友，他是坚定的社会主义者，把罗斯福新政视为第二社会主义。因为他非常信仰平等，我对他说，一个合理的建议是首先确定一个最高收入水平，对超过部分全部作为税收转移给穷人。我建议的这个最高收入水平大概会使得20%的人收入降低。

那个年轻人的期望是在福利系统做公务员。他当即就反驳说，你不应该把收入降低如此之多，同时又设定一个人人都要达到的最低收入。美国不可能对每个人都支付那样一个最低工资的事实表明，这样做并不好。理所当然的，你不应该把本来收入高于这个最低限度的人数削减到这个限度，即使你所认为的这个过低的收入限度实际上已经比 80％的美国人收入都高了。即使这些征收来的税是被用来帮助最穷的人，使他们达到一个离这最低限度都至少还有一定距离的收入水平，这种税收也是不应当征收的。

我不认为他是个特例。实际上，在与其他人讨论类似的问题时，我发现，那些宣称自己是平等主义者的人也持有相同的观点。大多数人没有仔细思考过这个问题。但是，基本上绝大多数人都认为他们的收入或者是——像我朋友这样——大学毕业后渴望得到的收入是他们应该得到的，而不应当被征税。有时，虽然他们的收入已经高出平均水平不少了，但仍然期望能够得到转移支付。显然，他们认为那些高于平均收入的人的收入也超出他们许多。换句话说，变相的嫉妒仍然支配着他们的观念。

当然，所有的这些讨论都不是为了批评这类人，虽然他们的偏好与我的有所不同。我们应当记住的是，这就是许多宣称自己是平等主义者的人想要的。

俾斯麦体系与这个模型吻合得非常好。人们经常争辩说这是为了帮助穷人，虽然它实际上与俾斯麦之前的体系相比是损害了穷人的利益，但它的确也使得相当一部分人受益，其中肯定也包括一些收入低于平均水平的人。体系一旦建立起来，通常也会使许多知识分子受益，虽然没什么本质的理由说明为什么应该这样。看来我们应当，或者至少读者应当仔细考虑他们在这些问题上的态度。

我不想故意隐藏我个人的偏好。我相信我们应该简单地设置一个最低的保障额度。并且，为了得到这个最低保障，人们还应当做好去工作的准备，即使所提供的工作可能不是那么有生产率。换句话说，我不想既给他们收入又让他们享受闲暇。也许其他的人在这里会有不同的看法，但并没有一种正式的理论支持我的或者是别的看法。但是，在一个收入转移支付的体系建立前，这个问题必须解决。

注 释

[1] 事实上,在那些间隙他可能会有一些小的工作,并且特别是在地下经济繁荣的地方,他有可能不会向保险当局通报他的工作。

[2] 在欧洲,它几乎会永久性地存在。

第十章　教育与慈善

很多人认为教育体系并没有多少收入转移的功能，部分是因为它并没有涉及多少收入。然而，当我们想到财富时，人力资本是任何一个现代化国家的财富中最重要的组成部分。大量的人力资本是我们离开教育体系以后通过参与各种经济活动获得的。在很大程度上，我们的人力资本就是关于那些活动的知识。尽管如此，最初在教育体系里的人力资本积累仍然非常重要。特别是对于高等教育来说更是如此，但是初等教育在一定程度上也是这样。

绝大多数学校是由各州立机构办的，当然也有一些私立的中小学和大学。下面我们从初等教育开始讨论。

我们回头看一下简化的模型。在那里，每个人从出生到 20 岁，不从事任何工作，在 20 岁到 65 岁一直工作，然后退休。我们假定人口是稳定的，且每个人都一样。这就是说每对夫妇刚好生 2 个小孩，同时假定，小孩出生时，这对夫妇刚好 20 岁。就像我们在讨论养老金时忽略童年一样，我们现在忽略老年而只讨论童年。首先，我们考虑没有政府行为时的情况。我们再假设每对夫妇将其在 20 岁至 40 岁生日期间一半的收入用于抚养他们的孩子到 20 岁。其中的一半，即总收入的 1/4 用于孩子的生活支出，另外一半则用作教育支出。

现在提出，所有的人都要纳税，所征得的税收用于年轻人的教育。在当前假定的条件下，一旦过渡阶段完成，终生的支出不会有任何变化，但是，支出的时间发生了改变。如今，除了在第一个 20 年里要支出收入的 1/4 以供养孩子，他们在所有的工作年限[1]中每年还要花费收入的 1/9 在教育上，而不是像前面提到的那样，只是在第一个 20 年里，将家庭收入的 1/4 用于教育，另 1/4 用于孩子的直接抚养。假设某人在19岁时展望他未来的生活，并且在这两种方案中进行选择。他如果选择在工作期间每年都缴税的方式来为他孩子的教育付费的话，我们不会感到惊讶。这会使他一生的消费更加均匀。

但是，如果我们看一下过渡时的效应，它几乎与养老金计划完全相反。当采纳对教育进行补贴的公共学校体系时，那些40岁以上、已经完成了子女教育义务的人会突然发现他们每年还要缴纳1/9的收入税。在这个税收上，他们不会有任何直接回报，是净损失者。而20岁到40岁的人或多或少也会遭受损失，且年龄越大损失越多。对上述所有的人，除了已经支付自己孩子的全部或者部分教育费用外，他们也为别人孩子的教育支出买单。举个例子，30岁的某个人，在采用新体系前的10年里，已经将每年收入的1/4用在他孩子的教育上，现在在剩下的工作生涯里他还得支付每年收入的1/9。这意味着，他总的支出远远多于在原来的体系里他支付的20年收入的1/4。当体系终止时，它的效应再一次与养老金计划终止时完全相反。这里，每个21岁以上的人都会受益，具体受益的多少取决于他们所处的年龄。受益最大的是40岁的人，年龄往下到20岁或者往上到65岁，受益逐年减少。

在这里，加入利息因素不是必需的。因为，他们不仅没有存钱和收取利息，并且可能在20岁到40岁之间还要借钱来支付孩子的教育费用。所以，利率越高，他们就越有可能受益于向支持公共教育体系的转变。如果社会(经济)增长率显著高于利率，那么比起一直支付收入的1/9来说，他们先借钱支付孩子的教育费用然后等孩子毕业后用自己较高的收入来还钱更划算。但是，就像我们已经指出的那样，这只是不大可能发生的偶然事件。更重要的是，对年轻人来说，仅仅用以后的收入作为担保也很难借到钱。

当然，祖父母一般是乐意支持孙辈的教育的，甚至是支持重孙的教育。在我们的社会里，实际上过了40岁的人会有孙子(女)教育上的支出，而在40岁之前人们觉得没有必要支付所有的费用，但是在私人供给的情况下，能否让每个人将收入的1/9用作孩子的教育支出也是值得怀疑的。当然，如果真是这样，那么转变为公办学校也就只是名义上的区别了，而无实质性的不同。

所有这些看起来好像说明的是，没有哪个群体可以从公共教育机构中大量获益，但就像我们下面将要看到的，的确有部分人获益，部分人受损。在我看来，虽然我会花大量的精力探讨那些得益，但是那些受益并不能完全说明这个制度的合理性。我们这里有个真实的慈善供给的例子。[2]

不难理解那些没有子女的人会有这样的想法：既可怜那些不能负担子女教育的人，因为他们要承担很大的压力，也可怜他们的孩子，因为父母负担不起，这些孩子不能获得很好的教育。但是要指出的是，初等教育的总花费不是很高，在现在大约占 GNP 的 4%。有理由相信，大约其中的一半是由那些有孩子在校念书的父母，孩子还小但是将入学的父母，以及那些虽然现在还没有孩子但是预期将来会有孩子上学的人支付的。如果我们假定，在私立学校体系下，祖父母愿意为其孙子(女)的教育负担一部分费用，并且他们认为至少教育税的一部分是为此做的贡献，那么可以说更高比例的费用都不是由私人支付的。这留给我们大约 GNP 的 1%，而这看起来并不是一个过分庞大的数额，难以从慈善募捐中、对机会公平的担忧中、教师组织施加的官僚主义压力中等等获得。在倡导公共教育体系的时候，教育并没有这么长的时间，也没有这么复杂，因而花费也少得多。

关于美国公立教育体系的发展有另外一种解释。面对着大量被认为无知和不良美国人的移民，19 世纪的美国人认为将他们“美国化”非常重要。在 1840 年到 1860 年间，教育基本上变成了政府职能的一部分。这段历史清楚地表明，美国化以及提高居民选举的质量是主要动因。这明显是一个从外部性角度论述的观点，并且很容易在理论上进行说明。但要指出的是，试图从经验上度量这个外部性的努力失败了。但是，这些努力主要是发生在 20 世纪 60 年代到 70 年代，即教育社会化 100 多年以后。我们不能责怪 1850 年的市民，就因为他们相信初等教育具有公共产品的外部性。毕竟，密尔顿·弗里德曼和我都确信直到1960年才是这样。[3]

在许多民主国家也采取了类似的措施。在瑞士和瑞典，必须“教育政府官员”的理论经常被用来支持公共教育。另外，大多数的独裁者也偏爱广泛的公共教育。对他们来说，也许这部分是为了增加国家的总收入，因此也增加了他们的权力、名声和瑞士银行账户里的数额。当然，不管什么恰巧成为主流的意识形态，这也是对孩子进行教育灌输的绝佳机会。实际上，这种教育灌输应该是教会为什么会时时处处都有很强的兴趣发展教育的基本原因。

因此，我们会有一个例子说明，转移支付的首要动机是慈善帮助，其次才是外部效应。然而，应该指出的是，还有许多其他可能的动机，并且毫无疑问的是，一些转移支付的进行仅仅是由于接收者想得到这些转移，而不是基于慈善或者外部性的考虑。

让我们从一个很奇特的例子开始。我们假定每个人都有相同数量的孩子，显然在现实中不是这样的。在生活中，对所有拥有不动产[4]的人征收的税起到了一些转移支付的功能。获益的是那些有孩子，特别是孩子比较多的父母，具体获益的多少取决于孩子的数目。就我们能够说明的，并且调查统计也显示的，与那些有孩子的人，特别是孩子很多的人相比，没有孩子的人觉得学校经费应该少一些。[5]然而，即使在这里，也不能说没有一些慈善的因素在里面。没有子女或者子女较少的人也许会同情那些有很多孩子的人，虽然只有很少的钱。另外，无子女的人也许对美国的未来比较关心，希望看到未来的选民受到良好的教育。

第二种转移是从生活较好的人向生活不那么好的人转移，因为前者一般来说有更多的不动产。这里，统计数据再一次清楚地说明，与拥有不动产较少的人们相比，有更多不动产的人觉得学校系统的规模应该更小一些。[6]

另外还有两个重要的群体可能也接受了直接的转移。首先，考虑到早期的学校体系完全由不动产拥有者支撑，现在大部分也仍然是由他们支撑的，我们应该意识到，在短期，房屋承租人不会受到地产税收上涨的影响。并且，在这里短期其实是相当长的。只有当新的进入市场的单元房的数量逐渐减少，租金才会上升到弥补新税收的那个价格。在一般的地方，这个过程可能需要 10 至 20 年的时间。进一步地，由于在学校上的花费减少导致的地产税的降低传导到承租人那里也需要大致相当的时间。

传统上，很大一部分美国人都是房屋租赁者，并且在 20 世纪 30 年代，租房住的比例比现在更高。[7] 因此，在做出将教育体系社会化的决定时，大多数人根本不必立即承担这部分成本。实际上，因为这些选举都是在地方社区层面进行的，而美国人流动性又很强，所有没有特别的理由认为，一般的承租人会觉得他们将为投票赞成教育体系社会化承担成本。这个因素有多重要呢？我不知道，但我自己认为它不如慈善动机和外部性重要。

另外一个从社会化中受益的群体就是教师和教育体系行政人员。事实上，埃德温·韦斯特(Edwin West)对英国公共教育从它以前的体系中脱胎发展的历史的研究暗示了，这才是主要的、真实的政治力量。当教育转入政府的基本体系时，实际上每个适龄的英国小孩都已经在学校就读了，在私立学校或者是各种各样的教会学校里。因此，启用一套政府体系似乎主要是由教师和政府管理者推动的。[8]

在美国，韦斯特的工作没有那么适用，部分是因为每个州，甚至每个社区都有一些不同的历史，但是他指出教师是主要的推动力。[9] 不难理解教师试图垄断教育的愿望。进一步看，老师具有教书育人的专业素质，也试图成为当地的显要人士。在这样的情况下，他们能够将他们自己的利益说成是其他人的利益所在也就不足为怪了。但是，我再一次要说的是，这个因素感觉上不如前面讨论过的慈善动机和外部性重要。因此，在我看来，学校体系社会化是转移支付的案例，其根本的动机是慈善心理和将某些外部性内部化的努力。

但是，近些年来，老师试图以更高的薪水的方式接受转移支付的愿望成为一个重要问题。许多学校的改革者认为学校的垄断与其他方面的垄断一样糟糕，因而想建立起竞争性的学校体系。通常的建议是政府不应该为所有孩子提供学校，取而代之的是，让家长能够选择教育成本，让其凭教育券选择学校。显然，这样会把教师置于一个竞争性的环境中。有时候，人们也建议，教育券只允许在公立学校使用，这样给父母一个选择公立学校的机会。同样，这会在教师之间引发竞争。

所有这些受到了教师组织的激烈反对，他们也为此投入了大量的资金。总的来说，他们不希望有竞争。这种态度会得到那些拥有了终身教职的大学教授的同情。然而，他们的确是有论据的，因此为了这个目的，我必须指出并非所有的孩子都是进入公立学校的。

大多数国家，包括美国在内，都有相当活跃的私立学校体系。在美国，大量的私立学校以这样或者那样的方式与教堂联系在一起，但也有一些学校是完全世俗化的。这类学校中每个学生的支出是很低的，因而通常比公立学校的花费要少得多。教师的薪水也比公立学校教师要低，然而他们的教育成果却很明显更好。

虽然相对于公立学校，他们的成本要低很多，但是孩子父母的负担却更重了。他们除了要为支持公立学校缴纳税收外，另外还要支付私立学校的学费。因此，大多数送子女去私立学校念书的人都处于收入金字塔的上端。教师经常用来反对教育券的理由是，为所有孩子提供免费的教育券的净效应是富人节约了资金，因为那些现在把子女送往私立学校的人也会得到免费的教育券。当然，老师并没有明说无人从中获益，但是他们却强烈暗示了这一点。事实上，嫉妒和对嫉妒的教化是一种政治现实，虽然我觉得它经常被夸大。

顺便提一下，本书作者现在居住的亚利桑那州，在教师工会的完全赞同下，相当自由地为孩子的父母提供教育券。总有一些孩子，由于某种原因比如智力低下或者好斗因而难以管教。亚利桑那州并没有试图亲自来照顾他们，相反它出资金由私立学校来教育他们。毫无疑问，这些人是最难教的，但是私立学校至少取得了部分成功。这是对教育技巧的相当好的考验，而私立学校做得很好。

当前，大多数国家的教育制度安排都会产生相当巨大的转移，从一些父母转移给另一些父母，从没有子女的人转移给有孩子的人。许多的这些转移只是一个简单的时间交换。本质上，年轻的父母只把子女的教育费用推迟，到以后他们还是继续交税。

在美国，有一种转移是来自于承租人而不是拥有不动产的人。在其他国家，有转移是从那些因为各种原因缴纳低税率的人向缴纳高税率的人，但是这些似乎并没有特别地提出来被反对。另外，也有从整个社会向获得过多报酬的教师的转移支付。作为老师，虽然获得了比其技术水平应得的更高的工资，但实际上并没有得到多高薪水，因此，这样的转移也没有引起很大的反对。

然而，当转向高等教育时，我们会看到一幅完全不同的景象。支持高等教育的税收体系可以确定地说是一种极端累退型的转移——即向高收入者转移。普通的纳税人是在补贴那些在一生看来收入更可能在平均收入之上的人。

在讨论这个之前，我先评论一下高等教育的其他两个方面。首先，从过去到现在，一直有真正自愿的礼物被捐赠给大学。这些礼物的赠送有许多动机，比如，这会赢得声誉。在一些情形下，它可能还会以某种方式带来回报。一个公司在工程学院设立奖学金也许会发现学院会给它优先挑选优秀毕业生的机会。另外，在以前，教育系统主要是为了培养牧师而存在的，所以捐赠给学校本质上是宗教献礼。信徒的宗教献礼是为了建立“天堂的财富，在那里既没有虫子咬，不会受到腐蚀，也没有盗贼挖窟窿来偷”[10]。

现在，给教育体系慈善捐助的一般是收入远高于大众百姓的人。站在他们的角度来看，他们这样做是为了帮助那些生活不如他们的人。的确，也有一些给高等教育机构的礼物是来自于中产阶级，但这相对来说只是很少的一部分。大学通常会暗示对学校的捐赠就像如同回报母亲的养育一样，以此恳求获得更多的资助。

除了让穷人补贴富人外，维持大学的第二个原因是为了可能存在的合意的外部性。早期的大学在被称之为“伦理科学”的学科上花费了太多的精力，实质上就是努力让学生按照主流的道德法则行事。我不认为他们是成功的，但是到现在为止，他们产生了很多外部性，并且可以推断，大多数持有这种道德观念的人认为这种外部性是积极的外部性。

如今，虽然大学有许多非正式的道德教导，但是已经没有正式层面上的了。认为它们有正的外部性的观点是建立在这个基础上的，即它们会提供培训使毕业生成为民主制度有效运作的领导者。这是一个精英论观点，而据我所知，并没有人强烈地表述过。[11]当然，大多数州议会都要求大学开设关于美国政府的必修课，但是似乎没有任何特别的理由认为这些课程发挥了很大的作用。

外部性也可能以这种方式产生，即人们因上了大学而生产效率更高，这个生产的增加对社会整体来说是一种财富。这个结论并不是先验地成立的，而我作为大学教师对此也是持怀疑态度的。

人们以各种各样的方法对教育的回报进行研究。我想大多数熟悉这些研究文献的人都会同意，它们并没有显示出明显的外部性。教育的回报以更高薪水的方式被接受教育的人获得了。我个人认为，那些经验研究还没有取得确定性的结论，不是因为他们的工作做得不好，而是他们所使用的数据不理想。在这样的情况下，那些试图说服别人赞同高等教育有正的外部性的人还必须承担起证明这个结论的重任。

我们观察到的是，税收筹资系统使那些将来生活不错的人变得更好了。比如，在弗吉尼亚工艺学院(VPI)，只有在大学入学考试(College Board Examination)中取得了很好成绩的人才能够进入该学校念书。显然这些人至少是属于高中毕业生中排名前40%的人。并且，这所学校仍然在计划提高入学门槛。很明显，在一生中看来，这些人是在平均收入水平之上的。尽管如此，他们一旦进入了VPI念书，却只用支付教育学费的30%，而这个教育又给了他们挣取更高薪水的能力。支持这架机器工作的税收体系将税负以如下的方式安排在收入结构上：尽管高收入者缴纳的税款比低收入者更多，那些终身的收入已经处于高收入阶层的人们所得到的宝贵资本是不对称的，相比之下，高收入者缴纳的税金的不对称性要低得多。

对这种形式的收入再分配，人们并没有给出支持它的理由。偏爱补贴高等教育的人通常都忽略了这一点。然而，另外一个从穷人向富人的转移却得到了现有机构的一些辩护，而原本这些人是支持给予穷人帮助的。

现在大多数学校选拔学生的方式不但是选择那些将来有高收入前景的人，而且一般来说（虽然不是全部）他们也是来自于平均收入水平以上的家庭。再一次，统计数据清楚地说明了这一点。虽然较高收入的家庭比低收入家庭负担更多的税，但是在公立学校中，比如伯克利（Berkeley），来自于高收入家庭的孩子要远多于低收入家庭，因而其分布的不均衡性也远大于税收上的不均衡。事实上，在美国的高等教育体系中，没有哪个学生不是拥有超过平均能力水平的人，并且一般是远远超过。因此，他们在以后的人生中也更可能获得高收入。然而，也有少数的学生来自于贫困家庭。他们通常接受慈善捐助以及各种特别的帮助，并且他们也通常被认为是慈善捐助的合适的接受对象，尽管无论上大学与否，这些人都是有着高收入前景的人。

与高收入者占社会整体的比重相比，高收入家庭将其孩子送入顶尖大学——事实上是任何大学——的比例都是较高的。然而，有些富裕的父母将孩子送往私立大学，在那里学费包括了所有的实际教育费用，或者至少是包含了最主要的一部分。如果我们将所有富人看成一个阶层，并考虑他们缴纳的税收和以孩子教育的方式获得的回报，那么实际上从他们那里有一些资金转移出来，因为有些父母在缴税的同时又会把孩子送往斯坦福或者哈佛这类学校里。即使考虑到这点，应该说对有天赋的学生的补贴仍然是高度累退的。同样，那些将孩子送往公立学校的富裕家庭也事实上受到了补贴。这些补贴中的一部分来自于其他的把孩子送往私立学校的富裕家庭，而这个事实却并不十分相关。

坦率地讲，当发现很少有人对我们高等教育的运作方式感到混乱时，我觉得很惊讶。我已经养成了一个习惯，在公共课堂上，面对往往是我的主要听众的教授们的时候，经常评论说他们的职业主要是增加富人的资本价值。这有时候会导致一些不自然的笑声，但是我从来没有遇到过否认或者给出合理论证的人。也许的确对生活水平较好的人进行补贴有好的辩护理由，但是我从来没听到过。我听到过的最接近的辩解是说，这样做能够增加他们的收入，因而也增加了税收，结果从长期来看他们返还了补贴。

当然，针对贫穷而又有能力的人的信贷市场的改进措施得到了人们的支持。然而，应该允许他们借钱以完成学业这个论点并不是不合理的。因为并没有任何特别的理由认为他们不能通过私人信贷市场做同样的事情。事实上，现行的为贫困生[12]提供贷款的政府政策起源于一个私人慈善基金会，他们筹集资金，为学生在银行以商业利率贷款提供担保。这项政策非常成功，而后来政府以提供补贴贷款的方式介入了这个领域。

低于市场利率的贷款实质上跟直接的补贴是差不多的。[13]但是必须得承认的是，目前的信贷市场比较糟糕，并且在一些特别的制度安排下人们能够借钱交学费，而一些规定却使得想要规避还款比在私人银行进行借贷后逃避还款更难。关于这一点，密尔顿·弗里德曼的建议是实行精算型的还款方式——即你借钱的条件是以后按照收入的一定百分比进行还款——更加合理。这意味着如果你在日后的生活中不是很成功，你并不需要还很多，但是如果你非常成功的话，那么你将会支付很多。

我们现在来讨论一些看起来在本书范围之外的一件事情——私人慈善。本书主要是讨论政府的收入再分配，那么我这里讨论它的理由是，在美国和其他许多地方，私人慈善实际上受到了政府的补贴。通常为这种补贴辩护的理由是，政府的工作没有做好，因而需要鼓励私人进行个人捐助以弥补这部分缺口。

这也许是对的，但应该指出，在早期那些补贴推广之时，主要的私立慈善机构是教会，而那时教会也正是国家权力的代表。私人慈善捐助也许仅仅代表了对有权有势的政治团体的回报。教会的管理者以非常良好的心态恳求这种回报，因为他们相信把钱交给他们会得到明智的使用，并且是用于善举的。

在美国和其他许多地方，慈善活动，特别是宗教性的慈善活动通常都是免除了所有税负的。因为他们实际上也得到了跟其他所有人一样的政府服务，因此这部分免税就构成了数额庞大的补贴。比如，尽管没有缴税，他们仍然享受了地方警察的保护服务。同样的，他们也享受了所有其他的普通的政府服务。

被讨论最多，可能也是最重要的一种税收豁免是对慈善捐助的税收减免。只要这个慈善捐助经过了财税局（Internal Revenue Service）[14]的同意，它就是完全免税的。实际上，在特定的环境下，有可能在你为慈善基金捐助后，你口袋里的钱反而比你不这样做更多了。这是一个例外的情形，但是它很有趣，因此我应该在这里解释一下。

假如我在过去某个时候投资了 10 万美元，而且收益不错，它现在增值到 30 万美元了。如果我将这笔投资出售的话，我将为这 20 万美元的收益缴纳所得税。[15]然而，如果我将这部分资产捐赠给慈善机构，在这样的情况下，我不需要为这部分增值缴税，同时还被允许冲抵我 30 万元的收入，或者如果这笔资产已经过继给我的继承人的话，就冲抵他的收入 30 万元。

极有可能，在一定的税率等条件下，捐赠者的境况比不捐赠反而更好了。或者即使没有那么好，它也节省了一大笔钱。

再重申一次，这种补贴以及所有其他的补贴都是来自于其他纳税人而又转移给各种被认可的慈善机构。那些机构就用这些钱来从事他们的管理者——推测起来应该是那些捐钱的人——认为合理的事情，因此他们是整个过程的受益者。

这个课题还没有得到足够的研究，但是据我所知，的确是有许多经济学家认为它并没有达到理想的效率状态，但事实上却没有人对此愤愤不平。当然，也有经济学家认为这是个不错的主意。在这样的情况下，这项特殊的转移看起来并没有受到特别的非议。

在结束本章以前，我要提到一些我以前谈论过的东西——那就是，真正贫穷和处境窘迫的人主要生活在远离我们所讨论的国家的地方。大多数国家的确实行一些旨在帮助外国贫困人口的援助项目。但是几乎一致的是，这些援助都远少于支付给大城市地区的人的数量，即使在受援助国家，它是按照人头平均分配的，援助额也远低于大都市的贫困标准线。

很不幸，实际上大量的资金并没有分发给穷人。很大一部分流入了盗贼统治者在瑞士银行的账户中。抛开这些不论，还有大量的资金又被高薪请来的专家用于各种他们认为合理的建设项目了。

也应该指出的是，在许多有这类援助的地区，那些援助计划的外方管理者是属于高收入阶层的。他们当然比不参加这个项目要生活得好了，因此我们也可以把这个称为一种转移支付，但是它只是一个相当次要的方面。进一步来看，虽然在落后的非洲地区该国居民的生活水平与美国的援助标准有很大差距，但是花在援助任务上的资金总量通常是微不足道的。

注 释

[1] 为了简化起见，我假定对退休人员没有征收教育税。当然，现实中美国并不是这样做的。在其他一些国家，孩子津贴也倾向于将这部分费用安排在一生的时间中。

［2］注意，我所谈论的是政府支持初等教育，而并非这个特定的组织结构。对于是由政府直接提供服务，还是由政府以教育券的方式雇用私人来提供教育的问题，我必须说的内容与这些相对无关。

［3］在这个问题上我仍然持开放的态度。虽然统计证据并没有证明这种外部性的存在，但是我个人认为，它也没有否认外部性的存在。

［4］这几乎是对整个学校体系支持的最初来源。

［5］比如，见调查，"Attitudes Toward Year-Round School in Prince William County, Virginia," Ned Hubbell 及其合作者，Port Huron, Michigan, 1972。

［6］尽管如此，那些拥有不动产的人并不希望消灭学校。这里我想可能既涉及慈善心理也有外部性因素。

［7］农民的问题比较特殊，但是应该指出，农业用地的征税变化非常缓慢，并且也只有一部分最终传导到了承租人那里。

［8］Edwin G. West, *Economics, Education, and the Politician* (London: Institute of Economics Affairs, 1986).

［9］Edwin G. West, "The Political Economy of American Public School Legislation," *Journal of Law and Economics* (October 1967): pp. 101—128.

［10］《马太福音》6：20。

［11］相对于没有上过大学的人，当然是大学毕业生更有可能成为地方社区的领袖，但是也很难说某个人因为接受了工程、医学或商业的教育就获得了领导整个国家向正确的方向前进的能力。

［12］并非所有的这些人都是贫困的。实际上，里根就因为将它变为只供最低三分之二的人利用的政策而受到批评。

［13］参见 Wilson Schmidt, "The Economics of Charity: Loans vs. Grants," J. P. I 72(August 1964): pp. 387—395。

［14］财税局在决定哪些是慈善捐助时非常慷慨，只有偶尔会因为认为是欺诈而拒绝一个"潜在的慈善捐赠"，或者在极少的情况下对慈善捐助无论想资助什么都予以否决。

［15］这可能会发生变化。它是一项非常不明智的税收，因为它可能会冻结人们的投资热情。也许它将来会变成这样的，即如果你只是从一项投资转到另外一项投资，那么资本收益将不会被课税，而只有在你决定消费获益时才纳税。这样的话，美国的经济体系将会运转更顺，并且统计表明这样实际上能产生更多的政府收入。

第十一章 行政性转移支付

在前面三章,我们考察了大多数现代国家中占最大“福利”支出的一些政策。其中的一项医疗,虽然在美国还不完全是,但在其他大多数国家已经是政府支持的了。在所有的那些政策中,当然有部分对穷人帮助的因素在里面,但似乎如果不实行现在的政策,而仍然沿用俾斯麦以前的按照收入对穷人进行救助的体系的话,他们可能境况更好。在本章我们将讨论转移社会的另外一个方面,确切地说,就是现在称之为“寻租”的东西。[1]

几乎所有的政府行为,除了产生(但愿的确能产生)一些普通的产品外,还影响个体的财富。比如,国防拨款通常在国会有很多讨论,像该在哪里布置军事基地,哪些公司会拿到建造飞机的合同,以及部队的军事效率等等。与此类似,警察显然也是公共产品的生产者,但一个事实是纽约市的警察中爱尔兰人占绝大多数。这并非偶然。还有,全国都尽量雇用黑人警察也不完全是出于提高警察队伍效率的考虑。在这些决定中显然是涉及对爱尔兰人和黑人的资助的因素。如果在这些提供公共产品的政府行为中都可以看到一些转移支付的影子的话,要知道还有许多其他的政府行为不是提供真正的公共产品的。

在修订本版的时候,国会刚刚决定纽约州的牛奶厂的农民应该得到补贴。这样做的净效果,简单说来就是纽约奶农的日子将会更好,而威斯康星州(Wisconsin)的奶农以及纳税人则境况变坏了。实际上,该问题能够得到报纸的大量关注,基本的原因是威斯康星州的乳制品生产者的院外游说者把整个故事透露给了媒体。那位使得该法案通过的议员,接受了代表纽约奶农利益的各个集团的1 000美元一份的竞选捐助。他只要简单地放出风声来,说除非该法案获得通过,否则他不会投票赞成共和党的预算提案。正是这样使得法案获得了通过。因此，原本试图削减支出、取消特殊补贴的计划，由于对国会议员的寻租行为而使得该项补贴得到保护。[2]

对这种形式的财富转移的批评是，仅仅由于受益者希望得到转移收入，并且事实上变得依赖于转移支付，因而转移支付就发生了。如果政府停止支持的话，他们也许已经换了职业了。

本章的目的是分析几个这类的转移支付。当然，我不会试图事无巨细地考察它们，因为一般说来，即使它们在原理上非常简单，但在涉及细节时也非常的复杂。所以读者应该充分意识到这种复杂性。那些限制和管制的价值很难准确衡量，但是每年 3 000 亿美元的数额绝对没有低估他们。还有，虽然补贴、税收和管制等这一整套网络对经济的净效应肯定是负的，但也得承认，从成本收益的角度来看，某些细节也许是值得的。

在严肃地分析这些政策之前，我们首先来看一些例子。在大萧条时期，联邦政府禁止银行对支票账户付息，目的是为了使美国的银行业更具竞争力。它改变了银行业通常的模式，但显然它对银行是有利的，因为它使得银行的主要原材料——支票账户，免费了。这项限制直到 20 世纪 70 年代后期才开始松动，部分是因为知识环境的变化，也有部分是因为非银行机构以及外国银行机构成功地争取到了储户的资金，还有部分的原因是，通货膨胀使得储户不太可能在不支付利息的支票账户上闲置大量的资金。

实际上当这项不付息的政策开始生效时，银行业正在从 1929—1933 年的严重困境中恢复过来。当前的研究倾向于认为当时银行业的管理并不糟糕，而是那些他们不能控制的因素导致了银行业的灾难。但是，在那时，许多人都在讨论不健康的银行业，在政治上详细研究那些使它们变得“健康”的一些措施。没有任何明显的理由认为，取消对存款支付利息可以使银行业变得更健康，至多不过是起到跟它们自己削减成本一样的作用。但是它的确使得银行业受益了，这一点毋庸置疑。虽然我不知道有没有人研究过这个问题，但看起来似乎这种规制的动力来自于银行业。显然它们获益了！

注意，上述的制度安排跟许多其他的无偏颇的变革一样，实际上并不是对每个人的影响都相同。具体地说，那些经常与某银行打交道的商业活动虽然不会直接从支票账户中得到利息，但在贷款时，却会按照它在支票账户中存款多少获得一些特别的优惠。从小的经营者到大的商人都有可能得到这种好处。实际上，你在支票账户中的存款越多，贷款时的利率就相应越低。那些在支票账户上有存款但不会从银行借钱的人则没有收到“利息”。

即使在这里，银行很快会为新储户实行奖励政策，提供更加方便的银行设施以及其他的服务。这些的耗费可能与实行利率政策时付出的利息一样多。可以推测，相对于现在的这些替代性的优惠，消费者更喜欢直接获得利息，因此他们的福利受损了。所以，银行业的受益本质上暂时的，只是在它们还没有增添设备、扩展服务之前的一段时间里会得到好处；而一旦它们采取了某些措施，比如设立更多的分支机构等，再转回到利息支付方式就会增加它们的成本。在过了最初几年之后，对利息的管制可能完全不再使银行从中获益，相反，取消管制则使它们受到伤害。

该管制终止生效时，银行业正处在一个相当混乱的时期，支票账户付息的成本对它们来说是一个次要考虑的因素。即使有个别雄心勃勃并且有竞争力的银行家认为他可以通过削减成本来盈利，但是，一般的银行家仍然反对这件事情。

所有这些都是非常典型的。我们将要讨论的许多制度安排都有这样的特征。第一，政府不提供预算，只需要简单的管制。第二，管制最终被竞争性市场消化掉了，到后来，没有任何人收到额外的好处。但是，它们却会处在一种尴尬的境地，取消管制将使得它们受损。最后一点，也是非常重要的一点是，整个事情的经过公众都是不知情的。这一政策在公众的印象中是为了使得银行业更加“健康”。事实上，它只不过是从储户向银行的一个转移支付。这使得它们更加富有，从这个意义上说，银行业变得更健康了。更进一步，在长期来看，它甚至连这一点也做不到。我们将会在其他的例子中看到，至少部分的错误信息是几乎所有转移支付的特征。

我的第二个例子与美国进口商品的“自愿”配额有关。美国的保护型关税结构无可否认是一个轮廓清晰的以社会其他人为代价换取特殊利益的例子。但是，从 20 世纪 30 年代以来，关税整体上已经削减了很多。与此同时，国际运输成本也下降了。结果，美国拥有了一个巨大的国际贸易部门。在以前，比如说 1929 年，它所占的份额是极小的。保护程度下降的具体机制对我来说还有些神秘。看起来，似乎是好的经济学最终渗透到了政策决策过程中。但是，可以肯定，被关税保护的各种利益集团在每一个削减的步骤上都会反击。我下面就来讨论他们的一个杰作——在我们进口商品中引入“自愿”配额。

在这样的体系下，在一些由于进口而对美国的部分企业造成困难的领域，比如鞋类，我们不是提高关税壁垒或者是建立一个总的进口配额，而是让外国“自愿”限制它的出口。在许多情况下，配额确实是自愿的，尽管我加了引号。假设韩国通常运到美国的鞋是 100 万双，而我们建议韩国政府把数量控制在 80 万双。这时，80 万双鞋的出口许可就是一件有价值的商品了。韩国政府可以按照它希望的那样来分配这个权力。任何一个经济学家都会建议韩国政府，最有效率的分配配额的方式就是拍卖。虽然这样做是经济上有效率的，但它显然在政治上不是最有效率的。通常，行政性的分配可以赋予政府使它们的伙伴受益的权力。

不清楚为什么，在美国的国内政治条件下，这种特别的措施比其他的关税或者配额方式更容易制定出来。也许是因为如下的事实：签订各种条约，答应不施加保护性关税，实际上对我们的政策也是有一定影响的。当然，我不愿意过分相信，当组织良好的强大的施压集团利益会受损时，国际条约会对民主政治造成很大影响。在这个例子里，唯一受到自愿配额损害的人仍然是美国的纳税人，就像在一个关税措施中一样，而纳税人并没有很好地组织起来。

有趣的是，这种配额体系所起的作用，不仅仅是以美国纳税人为代价而使特定的产业受益，它同时还损害了穷人的利益。而据我所知，对穷人造成损害并不是利益集团推动这项措施的目的之一。之所以出现这样的情况，是因为它等价于对每双鞋征收一定的关税，这意味着，低端鞋比昂贵的鞋关税占价格的比重要高，因而它对低价鞋进口的阻碍作用更大。[3]

作为一个一般的规律，从韩、中、日这些地方进口制成品的进口商开始都是以低端市场为目标，因为他们很难使商品的质量满足高端市场的需要。假定他们在生产鞋方面具有比较优势，你可以预见到，如果没有任何进口限制的话，他们最终会扩张并占领高端市场。然而，自愿限制体系的存在会逼迫他们更快地向高端市场爬升，而且实际上有可能使他们一起停止供应廉价的鞋。甚至有可能，加速发展的结果是中上收入阶层的人在有配额时在鞋上的花费更少了。当然，这是以较低收入阶层的人为代价的。虽然美国的关税越来越低，我们也应当为此感到高兴，但是上面的例子清晰地表明了福利国家实际运作的方式。

我们应当记住这不是国家那方面的恶意。它是一个资源如何被消耗的例子，一个直到最终端的例子。鞋制造商、与鞋生产有关的工会以及从产鞋区出来的议员都在这项阻碍美国居民福利的政策上投入了大量的资源。因此，成本不仅仅来自于配额对经济施加的扭曲，也有很大一部分来自于获得这个配额所付出的资源。

更重要的是，没有任何明显的理由认为，把资源投资于操纵国会带来的回报超过投资于其他的活动。你可以想象，人们会在不同的地方投资直到各个渠道的收益近似相等。因此，试图影响国会而进行的投资带来的回报大抵与其他地方相当。这也意味着，虽然鞋制造商、鞋工会、国会、各地区等等通过游说获得了大量的收益，但净的结果是收益大部分被成本抵消了。因此，消费者付出了成本，但是生产者只有很少的净收益。

最后一项因素的作用在一定程度上被下述事实削弱了。从鞋制造商和鞋产地的角度来讲，参与游说是一项公共产品。因此，他们倾向于少投资。尽管如此，那些活动的净效应几乎可以说是没有任何人获得大的好处，但许多人却承担了不菲的成本。

让我们现在转向第三个例子——民用航空局（Civil Aeronautics Board，CAB）。谢天谢地，它现在已经被解散了。民航局（CAB）可能是我们例子中最清楚、最直接的由政府资助的斯蒂格勒式的卡特尔组织了。在20世纪30年代后期它成立的时候，除了航运业外，没有任何人支持它。它成立的初衷是为了防止恶性竞争。该行业的代言人并没有说已经出现了恶性竞争；他们只是宣称，在将来这有可能发生。然而，在罗斯福新政时的知识氛围下，几乎所有的政府干预的提议，在国会都是有前途的。很不幸，这个特殊的政府卡特尔组织也被建立起来了。

在航运业发展过程中，DC-3的发明可能是最重要的单个因素了。它也可能是历史上飞行过的最成功的机型了。DC-3使得航运业从一组地方运营机构发展成一个真正的产业。在民航局建立时，DC-3的后继者洛克希德大型运输机以及道格拉斯DC-4也快正式参与营运了。因此，一个有影响力的产业正在诞生，它才能够对国会施压以获得支持。

国会对航运业的早期支持主要集中在对私营飞机以及军事备用飞机的支持上。顺便指出，在我看来，在20世纪20年代以及30年代早期的环境下，对私营航空公司的刺激，使得很多人能够利用飞机出行，其来源是真正的军用资产。当然，在30年代后期，情况已经从根本上发生了变化。

该卡特尔组织正是以大家预期的政府卡特尔方式运作。首先，它限制进入。实际上，从1937年组建到快被解散，民航局都不允许出现任何新的干线飞机。票价也受到管制，远高于竞争性定价。另一方面，也不是完全禁止竞争。航空公司可以在服务上自由竞争。[4]因为航运业的需求是富有弹性的，所以整个航运业的规模肯定比不受管制时要小。不过，似乎大多数航空公司都没有认识到这一点。

事实上，除了对服务进行过度频繁的补贴外，这个体系还补贴了许多其他的事情。为了保持许可证的有效，多年以来，Piedmont航空公司被迫维持进出珀拉斯凯县(Pulaski)的航线。还有一个我本人也从中受益[5]的事例，头等舱乘客受到了其他旅客的费用补贴。也许可以这样说，飞机订票的出现是由于一些退伍的空军军人竞争的结果。第二次世界大战后，他们被允许在一个短时间内搭载乘客，是他们引入了打折的机票，而其他的大航空公司则被迫跟进。

在这个复杂的现有航线拥有者(使问题弱化的新航空公司则受到了压制)的特殊利益集合体中，各种利益团体，比如那些想飞出珀拉斯凯县的人或者头等舱乘客只是航运业补贴的一部分。出于一些模糊的理由，政府通过联邦航空局(FAA)，以提供导航和空中服务的方式为航空公司的营运提供了可观的补贴。后面这种补贴是直接由纳税人支付的，而民航局(CAB)行政性垄断则是由那些能够负担得起高费率的乘客所支付的。

这套体系的运行成本不菲，尤其是它在航空公司管理中的成本。容易成为老总的不是那些懂得管理航空公司的人，而是一些跟许多议员熟悉、善于与民航局打交道的人。这可由两个卡特尔已被打破的事例得到证明。第一个是，二战刚结束，由退伍军人建立的新航空公司带来了激烈的竞争。他们引进游览优待票以及其他的技术革新，从而在根本上改变了整个行业。主要的航空公司被迫紧随它们的步伐，但是已经不可能再回到政府管理的卡特尔形式了，也不可能逼使新的竞争者只从事包机和货运业务。

放松管制运动导致民航局的权力锐减以及导致它最终灭亡时，爆发了第二波技术革命的高潮。这使得航空业迅速升级，同时大量的新航空公司涌现，旧有的航空公司则面临严重的经营困难。大体上，它也使得原有航空公司的高管层大换血，精通经营航空公司的人替代了善于政治公关的专家。

我的第四个，也是最后一个例子是关于农业政策的。一系列精心设计的农业政策在扩大世界上贫困地区饥饿人群与欧美高质量农场的拥有者之间的鸿沟上起了很大的作用。美国的政策主要由互为犄角的两个方面组成：一方面是针对农户的以提高农作物产量为目标的科学研究、技术指导以及灌溉补贴；另一方面是以减少出口为目标的一组限制政策。如果我们把这组政策的目的视为影响出口农民的生产的话，这看起来似乎有毛病。但如果我们换个角度看它们，假设它们的目的是为了提升优质农用地的价值，那么这就合情合理了。科学研究提高了单产量，而出口限制则提升了最终产品的价格。这两者均能使农用地产增值。

上面已经提到过，这项政策的后果之一是饥荒。应该说，饥荒仅仅是来自于对出口的限制，而不是来自于科学研究。还有，我们完全不清楚，自二战以来，那些限制政策以及与之伴随的补贴政策共同作用的净效果如何，到底是增加还是减少了食物供给。但是，很清楚的一点是，在 20 世纪 30 年代，最初的农作物生产的大幅下滑以及随后的产量限制减少了原本可以更多的世界粮食供给。

当然，美国几乎没有饥荒，并且我们在欧洲的传统客户也几乎没有，但是世界粮食总供给的下降意味着在印度或者中国这些地方就缺少吃的，死亡率必然也会升高。

自第二次世界大战以来，价格补贴与产量限制和提高单产的研究共同作用的结果，可能是美国的粮食净产量比没有这些政策时有所提高。我倾向于认为事实并非如此，也许在没有补贴和限制时，[6]我们能生产更多的粮食，因此出口也更多，但是对世界粮食供应的净效益并不清楚。

现在，让我们从这个政策对外国人的影响转而讨论对国内的影响，毕竟国外的人不参与投票。它对国内的影响在表 11.1 中清晰地显示出来。表 11.1 差不多是 1978 年到 1979 年我们所有政策的一个列表。这些政策覆盖了 60%的农业。当前的数据也应当是类似的。

表 11.1 1978—1979 年农业政策效果汇总估计

商品	占美国农产品出口总额的百分比(%)	有无政策时的价格率之比	纳税人成本	消费者成本	生产者所得
			(百万美元)		
小麦	6	1.175	1 100	400	1 300
饲料谷物	12	1.06	1 020	700	1 500
大米	1	1.02	10	0	10
棉花	4	1.02	90	0	90
烟草	2	1.33	0	425	400
糖	1	1.88	−770	1 440	600
花生	1	1.4	0	200	200
牲畜	21	1.035	−40	1 200	1 100
牛奶	12	1.11		1 500	1 200
羊毛	0.2	1.3	30	−15	15
其他	40	1.0	0	0	0
总共(或平均)	100	1.06	1 440	5 850	6 415

资料来源:Bruce L. Gardner, *The Governing of Agriculture* (Lawrence, KS: Regents Press of Kansas, 1981):73。授权后复印。

更具体地说,总的净成本超出生产者所得大约 10 亿美元。当然,这些都是直接的现金转移。原本农产品的价格会更低,可以预料消费者应该比现在消费更多。因此,用传统术语来说,我们还遗漏了“福利三角”。社会净成本应该至少再增加 10 亿美元,也许是 20 亿美元。

那些特权的价值是巨大的。这显然就是农民会喜欢它们的原因。但是,也应当指出,他们也面临不确定性。在 20 世纪 80 年代早期,严重的农业衰退表明了这种风险。那些特殊权力的受益者很早以来就知道了他们面临的这种风险,这可以从特权与土地可以分离的例子中的交易价格中看出来。在各个县内,烟草种植配额的持有者可以将它们出售或者出租给其他的生产者。因此,种植一定面积烟草的许可权的租赁或者售卖价格可以从市场上获得。有趣的是,售卖价格仅仅是租赁价格的 4 倍。考虑到这个投资是可以抵抗通货膨胀的,看起来似乎你可以只以年付额的 4 倍就能买到一份永续年金,而不是以 10 倍或更高的显然更合理的市场价格获得。

解释非常简单,因为这个投资是有风险的。国会随时有可能废除该法案。这不仅意味着该许可证的价值远低于它当前收入暗含的内在价值,同时也表明该许可证的持有者需要投入大量的资源以维持它的存在。持有一项风险资产必须要投入相当的资源来防护风险。

烟草种植面积的限制是由多种原因引起的,最重要的是如下的事实:为了减少癌症发病率,大多数的"消费鼓吹者"应当支持高昂的烟草价格,并且种植面积限制的确也做到了这一点。它是一份由承担高价格的吸烟者赠送给烟草生产者的慷慨礼品。那些认为吸烟应当被判违法或者通过其他途径予以限制的人几乎跟烟草种植园主一样喜欢这种措施。唯一的反对派是宁愿冒得癌症的危险也要吸烟的人以及烟草公司。看起来,这项政策至少在最近不会被取消。

我们可以直接衡量烟草行业的政治风险,这点是它比较特殊的地方,但是,很明显,我所列举的其他例子中也同样有政治风险。实际上,我选取它们作为例子,部分也是为了说明这一点。民航局被解散了。"自愿配额"是特定行业最后的防护手段。在早些年,这些特定的行业也许是为直接的保护性关税所庇护的。联邦政府在 19 世纪和 20 世纪早期发展的主要的转移机制就是保护性关税制度。它们的消失证明这种转移支付肯定也是不可靠的。

不仅仅是为获得那些转移需要争斗,维持它们同样需要不断地努力。总的来说,它们只是暂时的现象。但是,所有这一切并不是意味着它们没有社会危害性。单独的某个转移机制是生命短暂的,但是大量的转移机制的存在作为政府的特征已经有很长的历史了。转移的规模在政府较小时,比如在 19 世纪,也较小,但是它随着政府的膨胀而增长。更重要的是,那些转移支付的不确定性意味着,它们从未完全地融入市场体系而成为安全的财产。如果它们真融入而成为安全的财产，那么我们至少可以抽出为了维护或者摧毁它们而投入的那些资源和政治手段。传统的社会福利三角损失也就只包含它们的直接成本，而没有政治争斗带来的经济负担了。

对支票账户付息的管制是表明这类控制式转移支付具有政治不稳定性的最清晰的例子。在刚开始付诸实施时，它没有遭到公众的抗议。只是到了最近，[7]它才遇到公众的严厉批评。此外，我也怀疑银行体系并没有投入多少时间游说，以维持一个看起来似乎不会遭受攻击的政策。无论如何，世界发生了改变。无息支票事实上已经消失了，即使在法律上还存在着。储户把资金放在 NOW 账户、货币市场基金或者是某个新成立的可开支票的共同股票基金，又或者是如我这样，把资金放在与通过电子网络互通的储蓄账户里，其结果都一样，那就是支票账户也得到利息。只要储蓄金额足够大，那么为了满足支票需要的简单功能就不足以吸收资本回报的全部价值，需要额外付息加以补偿。如果这个特权都会消失的话，想想其他的又是多么的不稳固。

本章所列举的特权的例子还有另外一个共同的特点：它们都是使相对小的人群获益，而使成本在相当大的范围分摊。这是行政性转移的典型特征，但它绝不是一成不变的。读者可以回想一下，在社会保障体系中，会涉及为了给一个大群体的转移而使相当沉重的成本落在另外一个非常庞大的群体上。当然，在这里，部分成本被隐藏起来了。因为，根据法律，雇主被迫错误地引导他们的雇员，声称成本实际上只有真实成本的一半。[8]公共教育是另外一个在大的群体之间进行转移的例子。社会化医疗，如果我们有的话，可能也会符合这个条件。事实上，给予老年人以及贫困人口的医疗救助就是一个例子。

也有一些情况下，行政性转移的方向是从一个小团体转向大的群体，但是，这样的情况比较少见。可能最明显的例子就是对石油和天然气的价格管制了。在长期来看，这些政策不会使任何人受益，但在前面一段时间里，非常庞大的人群中每人都会得到一个小额的收益。这些收益构成了一小群人——油气田的拥有者的沉重负担。在这里，虽然人均受益相对于油气田拥有者的人均损失来说微不足道，但它仍然不少，特别是由于它的这种管理方式，更容易被大家感受到。因此并不总是组织良好的少数群体打败无组织的大众百姓。

当然，这里的关键在于天然气和石油的管制是显性的。大多数其他的特别转移并不是这样。甚至，许多转移是在"公共利益"的掩盖下进行的。对那些可能会造成轻微损害的政策，个体投票人并没有动力去理解并一直挂念到下次选举。相反，那些受益者却获得了足够的好处，因而有强大的动力。

那些过程大多相当复杂，难以解释清楚。看起来，似乎这种复杂性的来源有两个：一个原因是本来就努力使之复杂化，这样人们就不容易理解它们作为与其他施压集团交换的安排。回顾一下现代管制机构的鼻祖——州际商业委员会(ICC)，你会清楚地看到，最初用来协助道路像卡特尔那样运作的措施，同样给美国的农民带来了丰厚的回报，因为削减了他们产品的费用。还有各种其他的利益集团从该政策的某些措施中获益。毫无疑问，所有上述的这些会依次为最基本的政策争取支持。同样，上面所描述的也适用于最初的民航局(CAB)的政策以及大多数类似的管制。还有，这种给特殊利益集团带来回报的迷惑性不仅限于发起该政策时，它的管理执行过程也倾向于走同样的路线。所有这一切都使得一项政策非常复杂和难以理解。

复杂性的第二个原因是，这样容易蒙蔽一般投票人的眼睛。这可能不是游说的主要动机，但它对使它们获得通过非常重要。这些法案原本就非常复杂，并且也没有明显的理由认为它们的支持者试图使之简化，当然，我想可能也没有必要使之进一步复杂化。复杂性可能更多的是来自于各个利益集团相互妥协的需要，而不是故意设计使然。无论如何，复杂性的确是增加了一般选民(理解)的难度。

法案所宣传的目的经常与它真实的意图完全不同。这是进一步有助于它通过的因素。从南北战争到大约 1900 年这一时期里，以收入和保护为目的的内战关税(Civil War tariffs)逐渐地演变成一个只能带来很少收入,但却有很强保护效应的关税体系。这种变化主要是通过一系列每年制定的法案来实现的。它们名义上是为了"减少收入"。这些法案的引进应该是为了改变关税结构,并且它们同时也实际上带来了关税收入的下降。这些法案的赞助者对选民宣称说,它们降低了整个社会的收入负担,同时他们也会对各种利益集团说,比如钢铁进口项的关税收入的减少,原因是钢铁进口量的跌落,而不是税率的降低。类似的误导在这类立法中比比皆是。

当然,那些法案要获得通过,除了要具备上述的条件外,还得要有一定的知识迷惑性。作为一个普遍的法则,几乎那些所有的规制在当时都受到了知识界的广泛欢迎,从州际商业委员会(ICC)到民航局(CAB),再到农业政策都是如此。因为,大多数知识界的人都不属于某个能从中获益的特殊利益集团,所以这种流行只能归因于知识上的迷惑性。

当然,特殊利益集团会尽一切努力来增加这种知识上的迷惑性,但是它是一个"公共产品",很难在此投入任何资源。比如,我们以 20 世纪 30 年代试图实施农业计划的农场主为例。假如说一般的知识环境认为政府对市场的干预是正当的,那么他们几乎肯定从中受益,无论这个干预是什么,但是如果他们自己试图投入资源,制造这样一种氛围,则大量的回报被其他的利益集团获得,而不是他们自己。他们搭乘其他人投资的便车更为合算。这说明,大量的这种能够使所谓的新阶层获益的知识迷惑性,必然来自于特殊利益集团外部。但这里,我暂缓讨论新阶层,而是在它不代表任何特殊集团利益的假设前提下,先分析这种知识时尚与迷惑性。

知识界喜欢追随风潮,原因在于,他们与别人一样,没有任何强烈的实事求是的动机,把政府政策彻查清楚。如果你也是知识分子中一员的话,把当前所讨论的,以及在通常情况下把正在发生的事情当作惯例是可取的。随着时间的推移,个体的批判的确在事实上改变着传统智慧,但这种变化是缓慢的,并且也必然不是纯粹的提高。显然,朝着美好的、真实的、漂亮的方向上的小步移动也伴随着大量的随机游走成分。这不是对个体知识分子成就的批判。他们在给定激励的情况下以最大化的方式行事,但我们必须意识到谬误也可能得到广泛传播。

可以预料,特殊利益集团也会注意到这一点,至少是无意识的。他们会利用当前碰巧正流行的风尚。但是不能因此而责怪他们,因为他们也很难提前预测到什么将会流行,并且一般来说,为了反对那些与他们的利益关系不大的观点,要他们投资来改变一般的知识潮流,也不是他的兴趣所在。尽管如此,他们的确从中获益。

下面,我将履行前面的承诺,来讨论所谓的新阶层。新阶层是职业知识分子与公务员的统称。他们在事实上享受到了政府膨胀带来的好处。政府的扩张不仅仅带来更多的职位,也更多地需要知识分子建言献策。换句话说,他们从中受益。大多数的公务员都偏爱它的扩张,甚至抱怨它扩张的速度太慢。从这个现象里,我们可以推断他们也是为"阶级利益"所推动的。

毫无疑问,这样定义的阶层肯定有兴趣推动政府的膨胀。但是,这是一个合成的谬误。这个阶层的个体成员并不是随之就有同样的兴趣。他为什么要投资来为其他成员提供公共产品呢?知识分子站在反对的立场也可能获得极大的成功。威廉·巴克利(William Buckley)以及欧文·克里斯托(Irving Kristol)就是杰出的例子。在偶然情况下,个体知识分子有可能这样考虑:政府扩张与我虽然没有直接利益关系,但它会增加我所提供的服务的需求,从而间接地产生利益关系,因此也支持政府的扩张。但是,这样的驱动力似乎不会很强。绝大多数知识分子会最大化他自己的利益,而这不意味着会最大化整个知识阶层的利益。对大多数知识分子而言,重要的是与某个团体保持一致,要么是整个知识阶层,要么至少也是它的一个子类。首先,你很难在所有事情上都拥有独立的观点,即使有,也不可能事事考虑周详。劳动的分工意味着你应该只研究其中的一些事情,然后从"专家"那里汲取其他方面的想法。显然,知识界里充满了这样的专家。

当然,你可以只是某个知识阶层子集中的一分子。很长时间以来,马克思主义者就是这样的一个子群体,但是另一方面也有所谓的芝加哥学派,或者是在某种程度上重叠的公共选择学派。他们给个人提供了同样的机会,让你从所信任的一个群体里选取一组关于世界的"事实"。如果你愿意的话,你也可以更进一步地为该群体里的正统思想贡献力量。从知识的角度看,这种结构或多或少是必需的,但是毫不奇怪,属于同一个群体的人都倾向于以相同的方式思考问题。

作为公共选择学派的一员,以及芝加哥学派的松散成员,我会说大多数时间里我们都是相当科学的,而马克思主义者则是反启蒙主义的(obscurantist)。但反启蒙主义的马克思主义者会否认这一点。[9]作为一个一般的规律,知识界总是由一个很大群体的正统人士,以及马克思主义者[10]或所谓的新保守派这类的少数边缘群体组成。主流的思想是指那些当前最有政治影响力的思想,然而一些边缘性的小团体都有可能把他们所持的观点变成主流。实际上,这就是他们主要的政治角色。

注意,这里我仅仅试图进行描述,[11]而不想赞扬或者批判(某个派别)。当然,就我个人而言,像所有人一样偏爱这样一种制度:在这个制度里,那些控制着我们学术生活的人唯一感兴趣的就是那些美好的、真实的、漂亮的事物,并且为之不懈努力。但是,我在现实世界里并没有看到多少这样的希望。个体的智力精神是有限的,因此,知识分子个人通过努力,即自己研究所能学到的只是相关知识中极少的一部分。他也必然要依赖其他的人获取大量知识,而这就导致了我刚才描述的通行的观点。你可以期盼,这些观点中心,会朝着美好的、真实的、漂亮的方向移动,但是没有理由说现在就已经达到了那样的状态或者每一个变化都是朝着这个方向前进。事实上,我读到的思想史告诉我,偏离该方向的大的、随机的移动普遍存在。

我下面给出一个明显的这种随机波动的例子。孩提时,在伊利诺伊州罗克福德,我是保护性关税和金本位制的坚定支持者,原因在于,在当时,罗克福德稍微落后于知识潮流,那些知识界二十年前的主流观点仍然占据统治地位。这时,在芝加哥大学亨利·西蒙斯(Henry Simons)的引导下,我很快、也很容易地修正了我的那两个观点,但是在我认为理所当然之前,那些观点作为美国知识界的主流已经存在二十年了。还有,我也不清楚这套观点在哪些方面劣于在20世纪30年代成为主流的思想。虽然它们都是错误的,但相对而言,我更能接受20年代顽固的共和党知识分子的谬误,而不喜欢40年代自由主义的新政知识分子的错误。那些不同意这个评价的人可以考虑如下事实:那些我归之于顽固的共和党人的观点在19世纪20年代的美国并不占主导地位。它是缓慢变迁的。

一个极端的自发性变迁的例子发生在日本,而不是美国。在德川幕府(Tokagawa)控制日本时,他们就建立了现代集权国家的雏形,极端重视秘密警察和思想控制。尽管如此,直到在19世纪中叶,美国海军准将佩里敲开日本的大门时,一般的日本知识分子仍然认为德川政权是非法的。似乎德川将军(Tokagawa Shogun)本人也持有这种观点,或者说,在任何情况下,他都没有把自己定位为一个暴力镇压反抗的统治者,即使是对那些威胁推翻他权力的人。即使有很强的控制,知识变迁也是在相当长时期内,以微小的步伐逐渐产生的。它是一个在随机的方向上产生知识构建的例子。我这里不得不用随机这个词,因为没有任何理由说明为什么人们偏爱君主制,而不是幕府将军。我们不理解这些变迁,但至少我们观察到它们的存在并且还有很强的效应。

看起来,似乎知识界所持有的任何一种观点都至少会帮助一些利益集团。更进一步,他们也可能严重地损伤特殊集团。放松管制的潮流就是一个例子。当前知识界朝着放松管制的方向转变——我个人认为是令人满意的——触动了许多特殊集团的利益。当前,这个转变似乎仅是先前趋势的简单逆转。并且,大多数变化,尽管可能会使特定集团受益,但仍然是朝着更有效率的方向前进的。从趋势中预测未来虽然不可靠，但还是应该指出，英国从重商主义社会到 1850 年成为一个完全开放的社会，似乎的确是一个知识界被当时称为“激进主义”思潮所说服并成功将其施加于整个社会的例子。我们希望现在发生一些与此类似的事情，但是希望不等同于预测。

这已经稍稍偏离了主题。我认为，为了理解施压集团的运作机制必须至少得对知识界也有所了解。施压集团基本的操作方法是第四章里描述的互投赞成票过程。他们首先说服一小部分议员，说某些事情对他们是有利的；然后再使国会中其他的议员相信，成本很小，而且可能并不会引起公众的注意。因此，他们使得它通过。我认为我所给出的都是很好的例子，但是应该说，大量的这类政治活动所决定的都是次要的问题。个人管制上的相当小的变化，收入法案上的特殊条款以及一个特别军事基地该选址在哪里，诸如这类的决定，加在一起可能比州际商业委员会（ICC）这类更显眼的决定要更为重要。

知识界所起的作用是重要的。因为，一般来说，要使得那些事情获得通过，要么获得媒体的同意，要么至少使它们保持沉默。如果媒体鼓动起来，那么不会直接通过选民获益，或者不会获得竞选献金以及其他贿赂的议员们就不愿意继续坚持，因为对他们来说，采取不受欢迎的行动也是要承担一定成本的。因此，作为一般的规律，这类活动要么在暗中进行，要么符合当前的知识逻辑。我认为，虽然这决定了特定的供给以及哪些特定的集团能够从中获益，但是，在大多数情况下，它都不会改变获胜的特殊利益集团的数目。当然，我给出的 19 世纪早期的英国的例子是个例外。

本质上，我们有一个互投赞成票的体制，它正适合议员们进行交易。他们希望做一些事情使选民受益，因而能够提高在下一次选举中胜出的可能性。因此，任何事情，只要某个选民的所得能够弥补其他选民的成本的话就将获得通过。然而，如果这就是事情的全部的话，我们的境况应该比现在好得多。我刚才所描述的要求的信息条件意味着，在实践中，大量的小事情对政治家是有利可图的，即使它们的成本超过所带来的收益。

如果事情的影响足够微小，以至于他选区中的个体纳税者觉察不到这个成本，那么议员在适当的补偿时就会乐意投赞成票，即使这个交换在整体上损害了他的选民。相反，如果媒体由于某些原因对这个问题抨击得厉害，议员可能就会投反对票了，因为这时，已经不可能没有人注意到了。从效率的角度看，所有这些的总效应是负面的。此外，在再分配方面，它具有一点累退的性质。看起来似乎是那些游说成功的人平均比没有成功的人更为富有。

应该注意到，不幸的是，普通百姓的慈善天性有时用在了对较高收入阶层的本质上是无效率的转移支付上。当前，常被用来作为论据支持保留烟草和糖的进口配额的理由是，如果取消它们的配额的话，那些利益攸关的农民就会破产。[12]那些可能会破产的农民通常都是有较高收入的人，并且即使破产了，他们也有足够的能力在几乎任何可获得的就业岗位中得到超过平均水准的薪水。让普通的纳税人，或是普通的花生和糖的购买者对他们进行补贴的提案虽然具有累退的性质，但人们会以慈善为名支持它。

同样，该评论也适用于对洛克希德（Lockheed）以及克莱斯勒（Chrysler）进行拯救的案例。在这两个案例中，股东以及雇员的收入和财富都在一般的水平之上，即使公司破产了也是如此，当然，他们必须得找到新的工作。因此，这又是一个例子，由慈善天性（或者至少是原因之一）导致了由低收入者向高收入者进行累退的慈善转移。

然而，也该指出这个再分配的一个副产品，那就是使得大量的知识分子收益，其中当然也包括本书的作者。在华盛顿特区，由于大量寻租产业的发展，华盛顿已经从一个地方性的城市成长为世界性的大都市。在 1948 年至 1949 年，我作为外事官员在那里接受培训。还记得，在当时那里事实上还没有任何形式的现场剧场，最好的餐馆也只是中西部普通的小镇上就可以找见的那种美国传统饭店。现在，它已经发生了翻天覆地的变化，不只是有了肯尼迪中心、卡特巴能（Carter Barren)——正是在这些地方游说者施展他们的才华，获得联邦政府的补贴——还有数量惊人的法式、意式、中式以及其他类型的饭店。像我这样的偶尔的造访者也会被它们深深吸引。从支付这一切的中西部的劳动者的角度看，我想它是一个负向的转移，但得承认我个人的确从中受益。

尽管如此，本章所讨论的这类收入转移的净效果显然是极端负面的。然而，我并不清楚是不是有何种办法修正民主制度以避免它们的后果。这个问题将在下一章讨论。如果有可能的话，我们当然还是愿意弥补这些缺陷的。事实上，19 世纪的英国在很大程度上就已经把它们消灭了。再重复一次前面所说的，我认为本章所提及的这类转移支付总额可能跟前面描述的福利国家行为的成本相当。此外，我认为每美元的净成本甚至更高。这后面一句听起来让人迷糊。它的意思是说，一些特殊集团得到一些优待时，比如更高的烟草价格，社会的净成本比社会保障制度下进行同额度转移的净成本更高。甚至有可能在社会保障制度下的转移并没有真正的社会成本，因为这种制度带来的效用提高超出了效率方面的损失。当然，对于小麦种植面积的限制就不是那样的了。

注 释

[1] James M. Buchanan, Robert Tollison, and Gordon Tullock(eds.), *A Theory of the Rent-Seeking Society*(College Staition, TX: Texas A & M Press, 1981).

[2] *New York Times*, December 8, 1995, p. 1.

[3] Joon H. Suh,"'Voluntary'Export Restraints and Their Effects on Exporters and Consumers: The Case of Footwear Quotas,"工作论文 No. 71，华盛顿大学，(圣·路易斯)。这篇最近的工作论文度量了鞋类的自愿出口限制的福利效应以及它的反贫困效应。

[4] 然而，它受到服务次数竞争的限制。CAB 管制着飞机上能够配备哪类椅子，能

够提供哪种食物以及能够提供的酒精饮料的数量之类的事情。它唯一没有控制的就是服务的频次。显然,这样的结果就是服务次数大大超过在那些价格下合理的次数。

[5] 在较高收入的那部分人中,我是最低一级的。我几乎所有的飞机旅行都与公务(business)有关。

[6] 这些粮食当然是已经付过费的了。实际上,在美国,为了减少大量的粮食库存带来的麻烦,在各种计划下我们送出了很多粮食。

[7] 我曾经听米尔顿·弗里德曼引用过这个例子,用来说明偏爱自由竞争的商人如何寻求政府管制以保护他们自己,但这是我听到过的唯一的公众批评。

[8] 这样说不完全对,因为"雇主缴纳"由于税收的原因并没有包括在雇员的工资中。这样会略微地减低对雇员的那部分成本。

[9] 这证明了他们的确是反启蒙主义者。

[10] 它有许多更小的分类。

[11] 对于这个方向的更进一步研究工作,参见 Gordon Tullock,"The Economics of Media",公共选择研究中心,工作论文 NO. CE-78-1-15。

[12]这可能是对的,也可能是错误的。

第十二章　怎么办，怎么办

到目前为止，我们已经描述并分析了美国的再分配体系。世界上大多数国家所建立的体系也与此类似。我想，虽然我没有完全排除个人的偏见，但到现在为止我都尽量做到进行科学的分析，而不是纯粹规范性的讨论。但是，在本章我想谈一下我们可以为之努力的改革方向。我尽量避免以我个人的价值观来做出判断，而是假设以最大化我所认为普遍持有的价值为目标。那些价值在一定程度上指的是善念，但也包括使经济体尽可能的富裕和高效。我不能确信我们该仁慈到什么程度，然而前面已经提到过我的看法，绝大多数人不愿意付出超过收入5％的捐赠。这个观点仍是本章表面下的基础。当然，那些愿意付出超过5％或者反对付出超过0.05％的人可以做出适当的调整。

让我们从收入再分配的慈善动机开始。图12.1是前面一张图的重复，在该图中，从左向右表示人口由穷到富进行排列。为了简化，我再一次假定，按照这种方式排列时，我们得到的是一条直线，即直线1。我们认为有一个最低的生活标准，人们不应该低于它，这里暂时假定为直线 CZ。如果对穷人的补贴只不过是在原有收入的基础上，那么社会净成本就是阴影部分的三角形（OCZ）。然而，在实践中，一旦人们有了保证收入 C，除非有某种防止性的管理措施，否则那些收入少于 C 的人

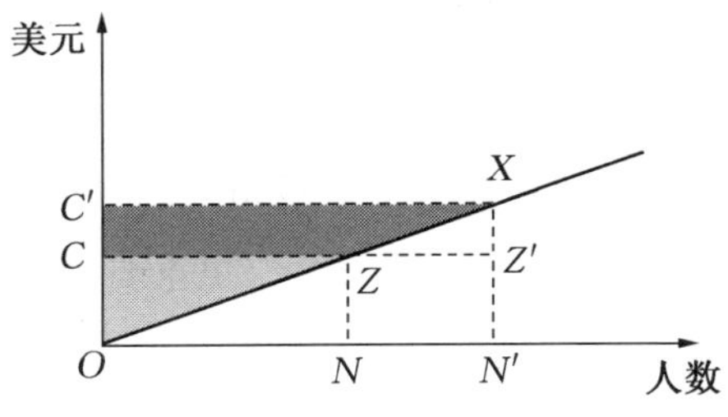

图 12.1　收入再分配中的慈善因素

可能将不再工作。在第四章已经讨论过了可能的一些措施。

因此，成本可能就不再是那个三角形而是整个矩形 $OCZN$。然而，这并不是问题的全部。有了保证收入 C 而又不用工作，一些通过努力工作才获得稍高收入的人可能就会选择较低的收入和闲暇。在图中，我假定他们就是收入 C'线以下的人。如果事实的确是这样，那么社会产出就会损失 OXN'，需要付出的税收成本等于矩形 $OCZ'N'$的面积。如果我们能通过某种措施使接受补贴的人继续工作，我们只需要补足生产与最低收入之间的差额就可以了，那么社会总成本仅仅只有三角形 OCZ 的面积那么大了。显然，只要能够确保接受补贴的人继续进行可能的生产，我们就可以以相同的税率保证更高的最低收入。

在我看来，对穷人补助的目标应该是较高的最低收入，但无论接受哪种资助都不能同时享受闲暇。换句话说，即使工作的产出不多，救助对象也应当继续工作。虽然这要求我们目前的政策实践做出大幅度的调整，但我想这并非是不可能的。特别是那些今天声称要达到这个目标的社会福利工作者要被迫更加努力了。事实上，我们可能用类似边沁—阿尔钦(Bentham-Alchian)过程的一些机制替代社会福利工作者。

这个目标我想应该是被广泛接受的，唯一的问题是它在管理上是否可行。对此，我并不确定，但在我看来，为达到这样的目的我们至少应该愿意进行大量的试验。为次，我建议当前的救助机构进行根本的分散化(decentralized)改革，激励各个地方团体试行新的技术，并且需要一些研究团体关注这些技术，应用统计手段进行分析，对它们在实践中是否有效做出判断。

这个分散化改革可以采取多种形式。我们先讨论救助分散式管理的方法，而不涉及筹资问题。该问题留到后面解决。第一个提议显然是救助行动应该在各地分散进行，可以以州为单位，或者更好是以市和县为单位。这样做能提供足够的多样性。更重要的是，我认为它在行政上更加容易管理，因为只有当地居民才清楚受救助的个人是否能够工作。在这个问题上，要对被怀疑偷懒的人削减资助，显然，地方官员，就跟联邦官员一样也必须得做出大量武断的决定，并且我们如果想从那些接受资助的人那里真正得到某些产出，也必须得行使大量的裁量权。地方官员，受到地方选民的制约，比一个中央官僚机构更可能这样做。它需要做大量的具体决策，而这是中央集权的官僚不擅长的。

看起来似乎由私营机构而不是政府机关来进行这样的试验更为可取。传统上，大量的对穷人的救助是通过私立慈善组织进行的。最近一些年来，私立慈善组织虽然仍然广泛存在，但关注焦点逐渐转向其他方面了。这可能是由于政府已经投入大量的资金在帮助穷人上，因此私立慈善组织认为它不再是适于投入资金的救助领域了。[1]

我看并没有特别的必要由中央对那些计划进行监管。当然，如果有联邦政府基金资助的话，监督那些资金是否真正用于慈善的目的仍然十分必要，以防资金流入当地官员的腰包。但是一般说来，目标应该是给予地方政府或私立机构充分的自由权利，只要他们是名副其实地进行慈善援助，就应该让他们按照自己的想法来支配资金。这会出现最大的多样性，因而发展出新技术的可能性也最大。在这个领域，新技术是必然需要的，因此，这也是它最主要的优点。

然而，即使除了防止资金挪用外，中央没有必要进行其他的监管，但是由中央对它们进行调查和研究却是非常必要的，不是为了控制的目的，而是试验的需要。我们可以很容易地设计出统计检验，它会告诉我们哪个地方政府采取的技术措施运转最好。假以时日，这会引导各地政策质量迅速提升。

如果有中央拨款的话，还有另外的改善政策质量的方法，那就是按照负收入税试验同样的方式安排资金。因此，如果大约有3 000个社区接受联邦资助的话，我们可以使某 100 个社区采取某种措施，另外再随机选取 100 个采取其他的措施。随着时间推移，我们最终可以判断哪一个是更有效率的。当然，真正的试验可比这里描述的远为复杂。然而，在整个试验过程中，你必须确保中央官僚体系并没有对地方机构的大量政策实施细节进行控制。

现在我们回到筹资问题。这里有三种可能的筹资方式：自愿慈善捐助、地方政府征税筹资以及中央政府征税筹资。我们从后往前依次考察它们。中央政府筹资的方式只有一个明显的问题，就是与地方机构的激励相关的问题。按道理来讲，资金应当按照需要来分配，但是我们必须避免给予地方政府不恰当的激励，否则他们会夸大救助对象的数目以表示非常“需要”[2]。我们最好有这样的一个体系，地方社区或者是私立慈善机构（如果政府也资助它们的话）只能通过提高效率而不是玩弄数字获益。

我认为这并不是特别困难的事情。我们可以以某种方式测算的需求为基础分配资金，当然这个测算要不受地方机构控制。举个例子，一个特定区域内的人均收入就可以作为计算需求的基础。高效的地方机构，使用那些资金为较小的人群提供较多精细的慈善措施；而低效的机构则发现它只能为很多人提供低水平的慈善服务。可以推测，地方的压力，无论是来自于地方选举还是来自于自愿机构在当地的委托者，都会逼使他们朝着效率改进的方向努力。当然，从经济的角度看，这种压力不是最理想的，但它至少是在正确的方向上。

地方政府征税筹资与中央政府征税筹资并无显著不同，除了如下两个方面：首先，地区间贫富不均；其次，从选民的角度看，使用全国性的筹资方式而非地方性的筹资方式只是一种虚假的效率。让我们先看贫富差距的影响。这里，为了讨论的方便假定以州为单位。

加利福尼亚州显然是美国非常繁华的地方。我个人的感觉是，如果加利福尼亚州的资助范围除了本州的穷人外，还包括其他的穷人的话，那么补充的资金就应该给加州的近邻——贫穷的墨西哥，而不是远在 1 600 公里外的密西西比州。虽然，密西西比州的确比加州要穷，但它仍然比墨西哥要富庶得多。因此，从这个方面看，似乎我个人的偏好不同于普通的美国人，[3]所以我将收入分配问题的范围限制在国内。

我们假定为了救助的目的，从美国富有的地方向贫穷的地方进行转移支付是合理的。有三种直接的方式可以做到这一点。第一种是富有的州自愿向较穷的州进行收入转移。由于某些我不太清楚的理由，我认为这种方式显然行不通。我不知道，为什么加州的选民愿意选一个支持中央政府进行这样的转移支付的议员，但却不愿选一个支持进行直接转移的州议员。无论如何，它似乎是一种传统智慧，我在这里不试图驳斥它。

因此，我们需要一个中央政府政策。这个政策必须采取一个税收加上补贴的计划，它们组合的净效果是从加州向密西西比州进行收入转移。本来简单的方式是加州承担较重的税负，然后把税收收入转移给低于平均收入的州。但是，再一次，这种方式给我的感觉是不可行。一个政治上可能能够实行的基本方案是对所有的州都征收较重的税，然后再以补贴的方式返还给各州，而加州比密西西比州的人均补贴要少。同样的，我也不能理解为什么这种方式就更有政治上的可行性，而不是本质上相同的政策，即主要由富裕的州承担一个低税率的税负，然后将其转移给较穷的州这样的措施。我怀疑持这种观点的人是对我前面提到过的好意的马基雅维利主义着了迷——即，他们认为可以用这种方式愚弄加州的选民。我不认为加州的选民这么好糊弄。但是，无论如何，假定他们的确是这样，在我所给出的条件下，这样的计划相当容易被付诸实施。

现在我们转向讨论“虚假的效率”。我想除了我的《非仁慈者的仁慈》[4]外，没有人讨论过这一点。个体如果是理性的话，他就会意识到一张选票所起的作用相对有限，并且在全国性选举中比在州内的选举中所起的作用更小，在州一级的选举中又比在地方的选举中所起的作用小。这为他采取这样一种行动提供了机会：那就是采取一些彰显自己的仁慈，但实际上却并不耗费他多少成本的行动。假定一个人面临如下的四种选择：(1)自己给穷人 100 美元；(2)在地方性选举中投票赞成对社区中每个人征税 100 美元，然后把它支付给穷人；(3)在州一级的选举中赞成对本州的居民征税 100 美元；(4)在全国性选举中让联邦政府对每个人征税 100 美元以对穷人进行转移支付。只要在心理的计算中稍微有点不谨慎，他就可能会觉得这在一连串的行动中任选一个都是等价的。从另外一个方面来看，第一个到第四个选择损失 100 美元给他带来的负面影响是逐渐减少的。因此，你可以想象，他更容易在全国性选举中而不是地方选举中投票赞成慈善行为。

虽然事实就是这样，但不幸的是，如果联邦政府所征税超出了他自愿捐赠给穷人的数额，他却很容易反感。结果就是他很容易投票赞成超出他意愿支付的慈善行为。当面对这样的选民时，理性的政治家们在慈善行动上就会选择雷声大、雨点小。这也是我们在现实生活中观察到的政治家们的行为。从这里我们也可以看出政治家和选民都是理性人。

考虑到这就是政治家言谈和行动的逻辑，把救助转到地方一级实施，除了带来贫富地区之间转移的减少外，完全不会使上述效应削弱。毫无疑问，这样做会激怒地方的政治家，并且也可能引起选民的愤怒，因为它剥夺了个体选民认为比真实的自己更仁慈的机会。

这里，在谈到政府的慈善行为时，我们会遇到一个相当常见的问题。人们对这个主题的讨论通常都没注意到这样一个事实：选民和那些进行慈善捐助的人实际上是同一群人。的确，作为捐助者的权力分布与作为选民的权力分布有一些不同，但这个差别带来的后果不会很严重。较低收入但并非赤贫者确实在选举中比在慈善捐助中有更大的权力，但是作为一种平衡，他们也可能运用这个权力使他们自己而非赤贫者获益。如果让他们投票选择，把从富人那里得来的钱在他们自己与一些善款的接受者之间进行分配的话，他们绝不会比花自己的钱时更仁慈。因此，我们没有明显的理由认为，一个民主政府比它的居民作为个体更加乐善好施。当然，如前所述，由政府进行慈善供应会更有效率。有些人认为，即便是同一个人，他作为选民会比作为私人捐助者更仁慈。我想这样的观点肯定不是出于弗里德曼式效率改进的考虑，而只是出于好意的马基雅维利主义的想法。他们认为选民会受到愚弄，因而比作为私人捐赠时更富有仁慈之心。

这引导我们的话题转向第三种筹资方式——自愿捐助。如上所讨论的那样，我假定选民和慈善捐助者同等的仁慈，当然政府出面会有一些效率上的优势。但是，正如已经发生的那样，政府通过税法上的恰当调整可以把效率优势扩展到私人捐助上。在这方面，我们已经做得非常成熟，政府占据了慈善事业中最“贫穷”的部分，因此现在很少的私人资金流向该领域。政府如果让出这块阵地的话，私人捐助极有可能迅速攀升，适当的收入税条款调整甚至可以使它达到任意想要的数额。

这只是政府对慈善事业的间接补贴。国会常常讨论的慈善供应削减也是采取这样的方式，要回答的最基本的问题是“处理该事情哪种方法更有效?”我个人的感觉是在这个领域，地方政府具体负责管理慈善供应是最好的，但我想至少也该试验让志愿组织参与。再一次，回到我个人在这个问题的偏好上，我认为在全国范围内进行筹资，地方政府和志愿组织进行分配的方式是理想的体系。

还有许多其他的转移支付规模都比针对穷人的帮助要庞大。第一类是社会保障体系，公共教育以及对非贫困者的公共医疗服务等等。在美国，公共医疗主要是对老人和穷人提供服务，但是在世界上其他许多地方，它是对所有人开放的。

人们批评这些宏大的政策通常都是从效率的角度考虑，但这纯粹是经济效率。没有理由认为，在这些领域里，选民在总体上没有得到他们在选举时想要的东西。这些政策如此庞大，税收成本以及收益对涉及的每个人来说都是模糊不清的，以至于人们都不敢确定这里面是否有猫腻。在这方面来说，它们与第十章所讨论的行政性转移非常不同。行政性转移我们暂时先放一边。

如果我们详细考察这些庞大的政策，第一个要注意的事情是它们在细节上缺乏效率。比如，无论从哪个角度讲，我们都很难说美国的初等教育在最有效率地利用资源。假如，我们用教育券制度把它改造成竞争性产业的话，将会以更少的投入获得更高的教育收益。但是，这个问题是一般经济学该关心的，它所讨论的是一个已经决定了的再分配如何有效的实施,而与收入再分配本身无关,所以我不把它包括在本书的范围里。

让我们从养老金体系开始依次来看这三个主要的政策。跟参议员哥德沃特(Goldwater)一样,我无法避免这样一种感觉,我们进入这样一种体系实际上非常糟糕。而一旦我们处在了这样的体系下,我们又很难跳出。这个政策的发起在政治上非常具有吸引力,因为它是从后代向现在具有选举权的当代进行转移。一旦它存在并达到了稳态,只要增长率低于利率,它会大幅度降低每个人的永久收入。另一方面,终止它会给现在的选民带来巨大的成本,而收益主要累计到了将来。因此,这个体系在纯粹的形式上是一个由政治动机导致错误的完美案例。进行这样的提议有许多政治好处,而一旦建立起来了,想要消除它就得承担许多政治上的后果。

然而,看起来这个政策在目前的环境下似乎处于严重的困境中。它主要有两方面的问题。首先,1977 年修正案里的支付方式的调整使得大约较富的三分之二的人口处在不利的地位。他们不但比较穷的三分之一的人数要多,而且在政治上要更有影响力。因此,平均来看,这自然增加了对这项政策的怀疑。这个体系承诺说我们为父辈支付了养老金,我们的孩子将来也会这样做,一旦当人们对这项政策起了疑心,它隐含的承诺看起来就可疑了,甚至这项政策对当代人的好处也开始消失了。

当前的社会保障支付体系的再分配只有在它对贫困的老年人进行支付这方面才具有正当性。然而,他们在任何情况下都能够从救济计划中获得资助,因此在我看来,目前的这种安排不再继续才是更可取的。坦白地说,个人从社会保障体系中以他所交纳的税金的简单线性函数的方式领取资金的方案将来会占主导地位。对贫穷的老年人的照顾则采用其他的方式。这样运作的成本会更小,因为在现行的制度下,许多并非贫困的人也被当作穷人来对待了。我推测这样的一个变化将会大幅度提高对该计划的政治支持率,并且也会降低政治风险,而这又更进一步推动了对它的支持。

医疗主要分为三种情形。第一种情况是对慢性病患者的救护。该种情况在各地都是一样的，对他们提供的医护救助低于一个慈善人士认为的理想水平。在美国也是这样。第二种情况是对穷人的医疗救护。在这种情况下，我并没有看到应该为他们制定一个特殊计划的任何理由。对他们提供收入补充我认为就足够了，因为那也提供了获得医疗保险的可能性。对他们制定一个特殊政策的动机来自于这样一种理论，穷人不能够管好他们自己的事情，不愿意购买医疗保险。我个人认为，虽然不可否认穷人相对于其他人不擅长处理他们自己的事情，但仍然比一些公务员或者民选的官员要更有优势。尽管如此，那些认为穷人不能按照他们自己最大化利益的方式行事的人，或者不希望穷人以自身最大化利益而是以基金捐赠人所认为的最优的治疗方案行事的人可能会偏爱提供这种服务，包括在医疗、住房等领域。看起来似乎这里的分歧本质上来源于个人偏好以及对穷人的智力和动机的判断。

第三种情况是个人患了严重的疾病又没有能力支付医药费用。这显然是亟须保险的一个领域，但的确没有任何明显的理由认为政府保险比私营保险要更好。应该指出的是，目前的私营保险方案远没有达到最优的地步。根本的原因在于它们最开始是由医疗专业人士通过“蓝十字和蓝盾”(Blue Cross and Blue Shield)发起的，因而医疗专业人士甚至在私营保险中也保留了相当的控制权力。结果，管制那些保险的法律由于受到了医疗专业人士游说活动的强有力的影响，严重地偏向于最大化医生的收入而非最大化病人的利益。这导致了低效率。很自然的，我希望这种情况能够得到改变，但是这里的症结是政府受到了医生的影响因而产生了低效率。受到医生影响的政府毫无疑问在任何的政府政策中都会产生类似的低效率。我们必须做的是从医生方面着手。实际上，它是另外一个在第十章中所讨论的行政性转移的例子。这是一个重要的问题，但是与帮助穷人的转移支付只有很少关系或者没有关系，而与对一个已经非常富有的群体通过行政性方法进行转移有很大的关系。

现在我们转向讨论公共教育。对高等教育我已经表明过我的观点，它是一个高度累退性质的计划，是从境况不是很好的人那里向富有的人那里转移资金。从社会的角度来看，我唯一能够想到的它的优点是它支付了我的工资。然而，我很怀疑会在这个上面采取某种措施，因为它的受益者在政治上极具影响力，并且事实上他们控制着所有的信息传递渠道，所以受到伤害的人们可能永远都不会发现他们受到了损害。

当转向讨论初等教育时，并且忽略提高它的效率的方法(那仅仅是谈到它的再分配效应)，它涉及三种不同的转移支付。第一种是由高收入阶层向低收入阶层的转移。它可能规模不大但实实在在地存在。我特别强调可能是因为在美国，教育的组织和筹资方式使得很难确切地衡量这个效应。如果我们对穷人抱有仁慈之心，并且认为对穷人的帮助应该以这样的方式而不是现金形式，那么至少这种转移的最底层部分是合乎需要的。然而，应该指出，有一些穷人的孩子，在以后的生活中也属贫困人口(他们相对来说没什么才能)，他们从这个教育过程中获益极少。当然，在穷人的孩子中也有极具才能的人从教育中得到了极大的好处，但是他们在后面的生活中应当算是较高收入阶层的人。

第二种是从没有孩子的人向有孩子的人进行转移，或者是从孩子少的人向孩子多的人进行转移。我相信从绝对数量上来说它要比第一种转移的规模大，但是我没有见到过对此规范的度量。应当指出，那些担忧人口问题的人应该严厉批评这样一种制度安排。如果你想让人们自动地控制小孩的数量，取消对孩子的补贴是一个好方法。实际上，我认为附加一个正的税收更有效。

最后一种是，从那些孩子已经过了读书年龄的人向孩子还在学校读书的人进行转移。在我看来，这最好视为一种信贷安排。年轻人隐性地进行借贷，他们在孩子离开学校后通过纳税支持学校体系来还债。应该注意到，这个体系可以设计成不用对孩子多的家庭进行补贴。只要简单地让家长全额负担孩子的教育就能做到这一点，但是这个成本让他们在一生的时间内承担而不用全部落在孩子还小的那段时间范围内。[5]当前的这个体系可能对个体一生收入影响很小，但是它却在政治上有些危险，因为年老的人没什么希望像他们在社会保障体系中那样受益了，因此可能会投票反对它。

这里我忽略了教育系统可能的外部性，因为似乎我并没有看到它在实证研究中得到确认。但是，有许多人认同教育的外部性，而这对它获得政治支持非常重要。

对三个大的政策的讨论就到此为止。它们单个的转移都涉及数额庞大的资金。现在我们转而讨论我称之为行政性转移——通过类似农业政策或者州际商业协会（ICC）等方式从一个群体向另外一个群体的无数的小额转移。我已经表达了对这些政策的个人的反对立场，因此下面将会谈谈如何才能缩减这些政策。

当然，在许多情况下有一个综合税收支持对小群体的特殊利益支付，但是这个小群体所得到的却超出了税收总额。因此，在这些情况下税收落在受益群体上就是更好的办法。这只是众多可能的宪法改革中的一个。这样的变化可能能够消除对这个群体无效的转移。如果我们能够使得所有类似的政策成本都由受益者承担，那么受益者只有在收益大于成本时才会支持这项政策。

还有其他的改革方案。自从我的文章《多数投票的问题》（“Problems of Majority Voting”）[6]发表后，我的工作都集中到提高政府效率上。现在已经有了一个职业群体，公共选择学派（Public Choice Society）专注于这个领域。他们提出的各种建议都涉及宪法的根本改变，因而也不可能很快被采纳。实际上，考虑到这些建议的激进性质，合理的方法是首先考量周全，然后小心谨慎地付诸实施。当然，从长远来看，我们政府效率的提高仍然要求宪法有较根本的变化。毕竟没有理由认为，一群在200年前相遇的人能够解决民主的所有问题。当然我对他们的能力怀有最崇高的敬意。

但是如果那些宪法上的改变必然很困难，并且需要相当长的时间，那么是否有一些我们可以立即着手的事情呢？考虑到本书的读者大多数都是知识分子，该问题的答案是肯定的。就像我已经指出的那样，绝大多数那些行政性政策都是不牢靠的，它们并不会永久存在，并且在很大程度上，这些政策得以实施要么是公众被误导支持它们，要么是公众不知情。因此，知识界有可能履行真实公共服务的角色。他们在这些问题上仔细计算，并利用控制的沟通渠道让选民知晓。这肯定不会完全地消灭这些政策，但是应该会降低它的数目，并且提高那些试图通过政治手腕捞钱的人的风险，因而也会降低对这种行为的投入。

这个建议的问题是知识界在传统上是支持这些政策的。保护性关税、州际商业协会、农业政策以及华盛顿的肯尼迪中心的建立都是无效转移的例子，从群众向少数人的转移，他们当中多数还是在平均收入以上的人。在当时，所有的这些都是为知识界热情拥护的。很清楚，如果想在这个领域扮演更富建设性的角色，知识分子应该学习如何更加聪明地行事。

这自然引出了一个问题。单个知识分子不可能在所有的事情上都了解得很清楚，因此他必须从一些一般是值得尊敬的渠道那里获取知识。并且，通常来说他没有动力把问题了解得特别清楚，相反他却会追赶时髦。尽管如此，我并不认为该问题是不能解开的死结。在该领域需要的是提高信息的流动性。这也可能是普通的读者能够发挥最大作用的地方。当然，如果普通的读者也偏爱那些行政性转移的话，他可能就不会那么做。

在本章的前面已经讨论了各种改革的办法，我想以呼吁大家做一项具体的研究作为结尾。人们支持现代福利国家最常用的理由就是它能够帮助穷人。我不会对读者隐藏我个人的观点，福利国家在对穷人的帮助上并不比之前的国家做得更好。帮助穷人是政府行为的特征，而不论它是独裁政府还是民主政府。在这方面，也许民主政府更加慷慨，但我们并不确切地知道。同样我们也不清楚向民主政府的变迁对穷人而言是否意味着生活相对改善。几乎肯定的是，它阻碍了增长，结果，和所有其他的人一样，穷人的生活变得糟糕了，但是没有足够的研究能够使我们确信，相对来说它使穷人受益了。我个人的观点是它并没有使穷人获益，并且事实上还有可能轻微地损害了穷人的利益，不过这并没有获得广泛的认同。

在该领域的研究是困难重重的，因为，帮助穷人的政策在不同时间、不同地点都不一样，并且它还在继续变迁中。因此，想要找出比如1850年美国的穷人是否比现在的穷人生活更差，这要求进行大量的针对该目标的不同的研究项目。每个单独的项目都会涉及很长的时间跨度，因为对穷人的帮助在历史上是周期性的。一波高潮后随着经济增长会有一个低谷，接着又是一个高峰。对单独一年的研究可能落在周期中的任何一点上。然而，在我看来，这项研究仍然是值得的，大量的人以此为博士论文都是可以的。除非该项工作结束，否则我们就不能够确切地说福利国家到底是帮助还是损害了穷人。

作为本书的结束，合理的是把上面最后几段提到的在特定领域内进行研究的请求扩展到对整个政府再分配政策的更多研究。在本书的开始，我说在这个领域内的研究非常薄弱的主要的原因是大家认为它是属于道德的范畴而不是科学研究的领域。虽然它可能是道德的问题，但是我们应该尽我们的所能去知道事实真相。我希望本书的读者，如果他们不喜欢本书，则开展研究来推翻它，如果他们喜欢本书，则继续沿着本书建议的路线前进。

注释

[1] 偶尔，慈善资金也会流向政府而不是从政府流出。布莱克斯伯格(Blacksburg)的地方教师协会在许多年里都向学校董事会支付资金以购买各种东西，而通常人们会认

为这是学校董事会的职责。

[2] 对类似的问题在不同文章中有讨论，请参阅我的文章“Competing for Aid”，*Public Choice*，21(1975 年春)：第 41—51 页。

[3] 我假定他们与普通的墨西哥州居民是一样的。

[4] Gordon Tullock，“The Charity of the Uncharitable”，*Western Economic Jounal*，11(4)(1971 年 12 月)：pp. 379—392。它再版了多次并被广泛引用。

[5] 当然，它也可能通过信贷安排，由孩子自己在成年后还清未成年时接受教育的费用。

[6] Gordon Tullock，“Problems of Majority Voting”，*Journal of Political Economy* 67(December 1959)：pp. 571—579.

图书在版编目(CIP)数据

收入再分配的经济学/(美)戈登·图洛克(Gordon Tullock)著;范飞,刘琨译.—2版.—上海:上海人民出版社,2017

(现代政治经济学前沿译丛)

书名原文:Economics of Income Redistribution (Second Edition)

ISBN 978-7-208-14561-0

Ⅰ.①收… Ⅱ.①戈… ②范… ③刘… Ⅲ.①收入分配-研究 Ⅳ.①F014.4

中国版本图书馆 CIP 数据核字(2017)第 144257 号

责任编辑 王舒娟

封扉设计 人马艺术设计·储平

收入再分配的经济学(第二版)

[美]戈登·图洛克 著

范飞 刘琨 译

陆铭 校

世 纪 出 版 集 团

上海人民出版社出版

(200001 上海福建中路 193 号 www.ewen.co)

世纪出版集团发行中心发行 常熟市新骅印刷有限公司印刷

开本 635×965 1/16 印张 14.75 插页 4 字数 194,000

2017 年 7 月第 2 版 2017 年 7 月第 1 次印刷

ISBN 978-7-208-14561-0/F·2457

定价 48.00 元

现代政治经济学前沿译丛

同意的计算——立宪民主的逻辑基础
[美]詹姆斯·M.布坎南　戈登·图洛克 著
陈光金 译

制度与社会冲突　[美]杰克·奈特 著
周伟林 译

实证政治经济学　[美]詹姆斯·E.阿尔特　肯尼思·A.谢泼斯 主编
王永钦、薛峰 译

守规的代理人:良政的政治经济学　[英]蒂莫西·贝斯利 著
李明 译　王永钦、薛峰 审校

公共物品的需求与供给　[美]詹姆斯·M.布坎南 著
马珺 译

转变参与——私人利益与公共行动　[美]艾伯特·O.赫希曼 著
李增刚 译

特权和寻租的经济学　[美]戈登·图洛克 著
王永钦、丁菊红 译

收入再分配的经济学(第二版)　[美]戈登·图洛克 著
范飞、刘琨 译　陆铭 校

充分理由——能动的实用主义和经济制度的含义　[美]丹尼尔·W.布罗姆利 著
简练、杨希、钟宁桦 译　姚洋 校

民主的经济理论　[美]安东尼·唐斯 著　姚　洋　邢予青　赖平耀 译
赖平耀 校